LETÃO

VOCABULÁRIO

PALAVRAS MAIS ÚTEIS

PORTUGUÊS
LETÃO

Para alargar o seu léxico e apurar
as suas competências linguísticas

9000 palavras

Vocabulário Português-Letão - 9000 palavras

Por Andrey Taranov

Os vocabulários da T&P Books destinam-se a ajudar a aprender, a memorizar, e a rever palavras estrangeiras. O dicionário é dividido em temas, cobrindo todas as principais esferas de atividades quotidianas, negócios, ciência, cultura, etc.

O processo de aprendizagem, utilizando os dicionários baseados em temáticas da T&P Books dá-lhe as seguintes vantagens:

- Informação de origem corretamente agrupada predetermina o sucesso em fases subsequentes da memorização de palavras
- Disponibilização de palavras derivadas da mesma raiz, o que permite a memorização de unidades de texto (em vez de palavras separadas)
- Pequenas unidades de palavras facilitam o processo de estabelecimento de vínculos associativos necessários para a consolidação do vocabulário
- O nível de conhecimento da língua pode ser estimado pelo número de palavras aprendidas

T&P Books Publishing
www.tpbooks.com

ISBN: 978-1-78400-856-7

Este livro também está disponível em formato E-book.
Por favor visite www.tpbooks.com ou as principais livrarias on-line.

VOCABULÁRIO LETÃO
palavras mais úteis

Os vocabulários da T&P Books destinam-se a ajudar a aprender, a memorizar, e a rever palavras estrangeiras. O vocabulário contém mais de 9000 palavras de uso comum organizadas tematicamente.

O vocabulário contém as palavras mais comummente usadas
Recomendado como adicional para qualquer curso de línguas
Satisfaz as necessidades dos iniciados e dos alunos avançados de línguas estrangeiras
Conveniente para o uso diário, sessões de revisão e atividades de auto-teste
Permite avaliar o seu vocabulário

Características especias do vocabulário

*   As palavras estão organizadas de acordo com o seu significado, e não por ordem alfabética
*   As palavras são apresentadas em três colunas para facilitar os processos de revisão e auto-teste
*   As palavras compostas são divididas em pequenos blocos para facilitar o processo de aprendizagem
*   O vocabulário oferece uma transcrição simples e adequada de cada palavra estrangeira

O vocabulário contém 256 tópicos incluindo:

Conceitos básicos, Números, Cores, Meses, Estações do ano, Unidades de medida, Roupas & Acessórios, Alimentos & Nutrição, Restaurante, Membros da Família, Parentes, Caráter, Sentimentos, Emoções, Doenças, Cidade, Passeios, Compras, Dinheiro, Casa, Lar, Escritório, Trabalho no Escritório, Importação & Exportação, Marketing, Pesquisa de Emprego, Desportos, Educação, Computador, Internet, Ferramentas, Natureza, Países, Nacionalidades e muito mais ...

TABELA DE CONTEÚDOS

GUIA DE PRONUNCIAÇÃO

Letra	Exemplo Letão	Alfabeto fonético T&P	Exemplo Português

Vogais

A a	adata	[a]	chamar
Ā ā	ābols	[ɑ:]	rapaz
E e	egle	[e], [æ]	mover
Ē ē	ērglis	[e:], [æ:]	plateia
I i	izcelsme	[i]	sinónimo
Ī ī	īpašums	[i:]	cair
O o	okeāns	[o], [o:]	noite
U u	ubags	[u]	bonita
Ū ū	ūdens	[u:]	blusa

Consoantes

B b	bads	[b]	barril
C c	cālis	[ts]	tsé-tsé
Č č	čaumala	[tʃ]	Tchau!
D d	dambis	[d]	dentista
F f	flauta	[f]	safári
G g	gads	[g]	gosto
Ģ ģ	ģitāra	[dʲ]	adiar
H h	haizivs	[h]	[h] aspirada
J j	janvāris	[j]	géiser
K k	kabata	[k]	kiwi
Ķ ķ	ķilava	[tʲ/tʲ]	semelhante a 't' em 'sitiado'
L l	labība	[l]	libra
Ļ ļ	ļaudis	[ʎ]	barulho
M m	magone	[m]	magnólia
N n	nauda	[n]	natureza
Ņ ņ	ņaudēt	[ɲ]	ninhada
P p	pakavs	[p]	presente
R r	ragana	[r]	riscar
S s	sadarbība	[s]	sanita
Š š	šausmas	[ʃ]	mês
T t	tabula	[t]	tulipa
V v	vabole	[v]	fava

Letra	Exemplo Letão	Alfabeto fonético T&P	Exemplo Português
Z z	zaglis	[z]	sésamo
Ž ž	žagata	[ʒ]	talvez

Comentários

˙ As letras **Qq, Ww, Xx, Yy** são usadas apenas em estrangeirismos

˙˙ O Letão oficial e, com poucas exceções, todos os dialetos da Letónia têm acentuação fixa inicial.

ABREVIATURAS
usadas no vocabulário

Abreviaturas do Português

adj	-	adjetivo
adv	-	advérbio
anim.	-	animado
conj.	-	conjunção
desp.	-	desporto
etc.	-	etecetra
ex.	-	por exemplo
f	-	nome feminino
f pl	-	feminino plural
fem.	-	feminino
inanim.	-	inanimado
m	-	nome masculino
m pl	-	masculino plural
m, f	-	masculino, feminino
masc.	-	masculino
mat.	-	matemática
mil.	-	militar
pl	-	plural
prep.	-	preposição
pron.	-	pronome
sb.	-	sobre
sing.	-	singular
v aux	-	verbo auxiliar
vi	-	verbo intransitivo
vi, vt	-	verbo intransitivo, transitivo
vr	-	verbo reflexivo
vt	-	verbo transitivo

Abreviaturas do Letão

s	-	nome feminino
s dsk	-	feminino plural
v	-	nome masculino
v dsk	-	masculino plural
v, s	-	masculino, feminino

13

CONCEITOS BÁSICOS

Conceitos básicos. Parte 1

1. Pronomes

| eu | es | [es] |
| tu | tu | [tu] |

ele	viņš	[viɲʃ]
ela	viņa	[viɲa]
ele, ela (neutro)	tas	[tas]

nós	mēs	[me:s]
vocês	jūs	[ju:s]
eles, elas	viņi	[viɲi]

2. Cumprimentos. Saudações. Despedidas

Olá!	Sveiki!	[svɛiki!]
Bom dia! (formal)	Esiet sveicināts!	[ɛsiɛt svɛitsina:ts!]
Bom dia! (de manhã)	Labrīt!	[labri:t!]
Boa tarde!	Labdien!	[labdiɛn!]
Boa noite!	Labvakar!	[labvakar!]

cumprimentar (vt)	sveicināt	[svɛitsina:t]
Olá!	Čau!	[tʃau!]
saudação (f)	sveiciens (v)	[svɛitsiɛns]
saudar (vt)	pasveicināt	[pasvɛitsina:t]
Como vai?	Kā iet?	[ka: iɛt?]
O que há de novo?	Kas jauns?	[kas jauns?]

Adeus! (formal)	Uz redzēšanos!	[uz redze:ʃanɔs!]
Até à vista! (informal)	Atā!	[ata:!]
Até breve!	Uz tikšanos!	[uz tikʃanɔs!]
Adeus!	Ardievu!	[ardiɛvu!]
despedir-se (vr)	atvadīties	[atvadi:tiɛs]
Até logo!	Nu tad pagaidām!	[nu tad pagaida:m!]

Obrigado! -a!	Paldies!	[paldiɛs!]
Muito obrigado! -a!	Liels paldies!	[liɛls paldiɛs!]
De nada	Lūdzu	[lu:dzu]
Não tem de quê	Nav par ko	[nav par kɔ]
De nada	Nav par ko	[nav par kɔ]

| Desculpa! | Atvaino! | [atvainɔ!] |
| Desculpe! | Atvainojiet! | [atvainɔjiɛt!] |

desculpar (vt)	piedot	[piɛdɔt]
desculpar-se (vr)	atvainoties	[atvainɔtiɛs]
As minhas desculpas	Es atvainojos	[es atvainɔjɔs]
Desculpe!	Piedodiet!	[piɛdodiɛt!]
perdoar (vt)	piedot	[piɛdɔt]
Não faz mal	Tas nekas	[tas nɛkas]
por favor	lūdzu	[lu:dzu]

Não se esqueça!	Neaizmirstiet!	[neaizmirstiɛt!]
Certamente! Claro!	Protams!	[prɔtams!]
Claro que não!	Protams, ka nē!	[prɔtams, ka ne:!]
Está bem! De acordo!	Piekrītu!	[piɛkri:tu!]
Basta!	Pietiek!	[piɛtiɛk!]

3. Como se dirigir a alguém

senhor	Kungs	[kuŋgs]
senhora	Kundze	[kundze]
rapariga	Jaunkundze	[jaunkundze]
rapaz	Jaunskungs	[jaunskuŋgs]
menino	puisēns	[puise:ns]
menina	meitene	[mɛitɛne]

4. Números cardinais. Parte 1

zero	nulle	[nulle]
um	viens	[viɛns]
dois	divi	[divi]
três	trīs	[tri:s]
quatro	četri	[tʃetri]

cinco	pieci	[piɛtsi]
seis	seši	[seʃi]
sete	septiņi	[septiɲi]
oito	astoņi	[astɔɲi]
nove	deviņi	[deviɲi]

dez	desmit	[desmit]
onze	vienpadsmit	[viɛnpadsmit]
doze	divpadsmit	[divpadsmit]
treze	trīspadsmit	[tri:spadsmit]
catorze	četrpadsmit	[tʃetrpadsmit]

quinze	piecpadsmit	[piɛtspadsmit]
dezasseis	sešpadsmit	[seʃpadsmit]
dezassete	septiņpadsmit	[septiɲpadsmit]
dezoito	astoņpadsmit	[astɔɲpadsmit]
dezanove	deviņpadsmit	[deviɲpadsmit]

vinte	divdesmit	[divdesmit]
vinte e um	divdesmit viens	[divdesmit viɛns]
vinte e dois	divdesmit divi	[divdesmit divi]

vinte e três	divdesmit trīs	[divdesmit triːs]
trinta	trīsdesmit	[triːsdesmit]
trinta e um	trīsdesmit viens	[triːsdesmit viɛns]
trinta e dois	trīsdesmit divi	[triːsdesmit divi]
trinta e três	trīsdesmit trīs	[triːsdesmit triːs]

quarenta	četrdesmit	[tʃetrdesmit]
quarenta e um	četrdesmit viens	[tʃetrdesmit viɛns]
quarenta e dois	četrdesmit divi	[tʃetrdesmit divi]
quarenta e três	četrdesmit trīs	[tʃetrdesmit triːs]

cinquenta	piecdesmit	[piɛtsdesmit]
cinquenta e um	piecdesmit viens	[piɛtsdesmit viɛns]
cinquenta e dois	piecdesmit divi	[piɛtsdesmit divi]
cinquenta e três	piecdesmit trīs	[piɛtsdesmit triːs]

sessenta	sešdesmit	[seʃdesmit]
sessenta e um	sešdesmit viens	[seʃdesmit viɛns]
sessenta e dois	sešdesmit divi	[seʃdesmit divi]
sessenta e três	sešdesmit trīs	[seʃdesmit triːs]

setenta	septiņdesmit	[septiɲdesmit]
setenta e um	septiņdesmit viens	[septiɲdesmit viɛns]
setenta e dois	septiņdesmit divi	[septiɲdesmit divi]
setenta e três	septiņdesmit trīs	[septiɲdesmit triːs]

oitenta	astoņdesmit	[astɔɲdesmit]
oitenta e um	astoņdesmit viens	[astɔɲdesmit viɛns]
oitenta e dois	astoņdesmit divi	[astɔɲdesmit divi]
oitenta e três	astoņdesmit trīs	[astɔɲdesmit triːs]

noventa	deviņdesmit	[deviɲdesmit]
noventa e um	deviņdesmit viens	[deviɲdesmit viɛns]
noventa e dois	deviņdesmit divi	[deviɲdesmit divi]
noventa e três	deviņdesmit trīs	[deviɲdesmit triːs]

5. Números cardinais. Parte 2

cem	simts	[simts]
duzentos	divsimt	[divsimt]
trezentos	trīssimt	[triːsimt]
quatrocentos	četrsimt	[tʃetrsimt]
quinhentos	piecsimt	[piɛtsimt]

seiscentos	sešsimt	[seʃsimt]
setecentos	septiņsimt	[septiɲsimt]
oitocentos	astoņsimt	[astɔɲsimt]
novecentos	deviņsimt	[deviɲsimt]

mil	tūkstotis	[tuːkstɔtis]
dois mil	divi tūkstoši	[divi tuːkstɔʃi]
De quem são ...?	trīs tūkstoši	[triːs tuːkstɔʃi]
dez mil	desmit tūkstoši	[desmit tuːkstɔʃi]
cem mil	simt tūkstoši	[simt tuːkstɔʃi]

| um milhão | miljons (v) | [miljɔns] |
| mil milhões | miljards (v) | [miljards] |

6. Números ordinais

primeiro	pirmais	[pirmais]
segundo	otrais	[ɔtrais]
terceiro	trešais	[treʃais]
quarto	ceturtais	[tsɛturtais]
quinto	piektais	[piɛktais]

sexto	sestais	[sestais]
sétimo	septītais	[septi:tais]
oitavo	astotais	[astɔtais]
nono	devītais	[devi:tais]
décimo	desmitais	[desmitais]

7. Números. Frações

fração (f)	daļskaitlis (v)	[dalʲskaitlis]
um meio	puse	[puse]
um terço	viena trešdaļa	[viɛna treʃdalʲa]
um quarto	viena ceturtdaļa	[viɛna tsɛturtdalʲa]

um oitavo	viena astotā	[viɛna astɔta:]
um décimo	viena desmitā	[viɛna desmita:]
dois terços	divas trešdaļas	[divas treʃdalʲas]
três quartos	trīs ceturtdaļas	[tri:s tsɛturtdalʲas]

8. Números. Operações básicas

subtração (f)	atņemšana (s)	[atɲemʃana]
subtrair (vi, vt)	atņemt	[atɲemt]
divisão (f)	dalīšana (s)	[dali:ʃana]
dividir (vt)	dalīt	[dali:t]

adição (f)	saskaitīšana (s)	[saskaiti:ʃana]
somar (vt)	saskaitīt	[saskaiti:t]
adicionar (vt)	pieskaitīt	[piɛskaiti:t]
multiplicação (f)	reizināšana (s)	[rɛizina:ʃana]
multiplicar (vt)	reizināt	[rɛizina:t]

9. Números. Diversos

algarismo, dígito (m)	cipars (v)	[tsipars]
número (m)	skaitlis (v)	[skaitlis]
numeral (m)	numerālis (v)	[numɛra:lis]
menos (m)	mīnuss (v)	[mi:nus]

| mais (m) | pluss (v) | [plus] |
| fórmula (f) | formula (s) | [fɔrmula] |

cálculo (m)	aprēķināšana (s)	[apre:tʲina:ʃana]
contar (vt)	skaitīt	[skaiti:t]
calcular (vt)	sarēķināt	[sare:tʲina:t]
comparar (vt)	salīdzināt	[sali:dzina:t]

| Quanto? | Cik? | [tsik?] |
| Quantos? -as? | Cik daudz? | [tsik daudz?] |

soma (f)	summa (s)	[summa]
resultado (m)	rezultāts (v)	[rɛzulta:ts]
resto (m)	atlikums (v)	[atlikums]

alguns, algumas ...	daži	[daʒi]
um pouco de ...	maz ...	[maz ...]
poucos, -as (~ pessoas)	daži	[daʒi]
um pouco (~ de vinho)	mazliet	[mazliet]
resto (m)	pārējais	[pa:re:jais]
um e meio	pusotra	[pusɔtra]
dúzia (f)	ducis (v)	[dutsis]

ao meio	uz pusēm	[uz puse:m]
em partes iguais	vienlīdzīgi	[viɛnli:dzi:gi]
metade (f)	puse (s)	[puse]
vez (f)	reize (s)	[rɛize]

10. Os verbos mais importantes. Parte 1

abrir (vt)	atvērt	[atve:rt]
acabar, terminar (vt)	beigt	[bɛigt]
aconselhar (vt)	dot padomu	[dɔt padɔmu]
adivinhar (vt)	uzminēt	[uzmine:t]
advertir (vt)	brīdināt	[bri:dina:t]

ajudar (vt)	palīdzēt	[pali:dze:t]
almoçar (vi)	pusdienot	[pusdiɛnɔt]
alugar (~ um apartamento)	īrēt	[i:re:t]
amar (vt)	mīlēt	[mi:le:t]
ameaçar (vt)	draudēt	[draude:t]

anotar (escrever)	pierakstīt	[piɛraksti:t]
apanhar (vt)	ķert	[tʲert]
apressar-se (vr)	steigties	[stɛigtiɛs]
arrepender-se (vr)	nožēlot	[nɔʒe:lɔt]
assinar (vt)	parakstīt	[paraksti:t]

atirar, disparar (vi)	šaut	[ʃaut]
brincar (vi)	jokot	[jɔkɔt]
brincar, jogar (crianças)	spēlēt	[spɛ:le:t]
buscar (vt)	meklēt ...	[mekle:t ...]
caçar (vi)	medīt	[medi:t]
cair (vi)	krist	[krist]

cavar (vt)	rakt	[rakt]
cessar (vt)	pārtraukt	[pa:rtraukt]
chamar (~ por socorro)	saukt	[saukt]
chegar (vi)	atbraukt	[atbraukt]
chorar (vi)	raudāt	[rauda:t]

começar (vt)	sākt	[sa:kt]
comparar (vt)	salīdzināt	[sali:dzina:t]
compreender (vt)	saprast	[saprast]
concordar (vi)	piekrist	[piɛkrist]
confiar (vt)	uzticēt	[uztitse:t]

confundir (equivocar-se)	sajaukt	[sajaukt]
conhecer (vt)	pazīt	[pazi:t]
contar (fazer contas)	sarēķināt	[sare:tʲina:t]
contar com (esperar)	paļauties uz ...	[palʲauties uz ...]
continuar (vt)	turpināt	[turpina:t]

controlar (vt)	kontrolēt	[kɔntrɔle:t]
convidar (vt)	ielūgt	[iɛlu:gt]
correr (vi)	skriet	[skriɛt]
criar (vt)	izveidot	[izvɛidɔt]
custar (vt)	maksāt	[maksa:t]

11. Os verbos mais importantes. Parte 2

dar (vt)	dot	[dɔt]
dar uma dica	dot mājienu	[dɔt ma:jiɛnu]
decorar (enfeitar)	izrotāt	[izrɔta:t]
defender (vt)	aizstāvēt	[aizsta:ve:t]
deixar cair (vt)	nomest	[nɔmest]

descer (para baixo)	nokāpt	[nɔka:pt]
desculpar (vt)	piedot	[piɛdɔt]
desculpar-se (vr)	atvainoties	[atvainɔtiɛs]
dirigir (~ uma empresa)	vadīt	[vadi:t]
discutir (notícias, etc.)	apspriest	[apspriɛst]
dizer (vt)	teikt	[tɛikt]

duvidar (vt)	šaubīties	[ʃaubi:tiɛs]
encontrar (achar)	atrast	[atrast]
enganar (vt)	krāpt	[kra:pt]
entrar (na sala, etc.)	ieiet	[iɛiɛt]
enviar (uma carta)	sūtīt	[su:ti:t]
errar (equivocar-se)	kļūdīties	[klʲu:di:tiɛs]
escolher (vt)	izvēlēties	[izvɛ:le:tiɛs]
esconder (vt)	slēpt	[sle:pt]
escrever (vt)	rakstīt	[raksti:t]
esperar (o autocarro, etc.)	gaidīt	[gaidi:t]

esperar (ter esperança)	cerēt	[tsɛre:t]
esquecer (vt)	aizmirst	[aizmirst]
estudar (vt)	pētīt	[pe:ti:t]
exigir (vt)	prasīt	[prasi:t]

19

existir (vi)	eksistēt	[eksiste:t]
explicar (vt)	paskaidrot	[paskaidrɔt]
falar (vi)	runāt	[runa:t]
faltar (clases, etc.)	kavēt	[kave:t]
fazer (vt)	darīt	[dari:t]
ficar em silêncio	klusēt	[kluse:t]
gabar-se, jactar-se (vr)	lielīties	[liεli:tiεs]

gostar (apreciar)	patikt	[patikt]
gritar (vi)	kliegt	[kliεgt]
guardar (cartas, etc.)	uzglabāt	[uzglaba:t]
informar (vt)	informēt	[infɔrme:t]
insistir (vi)	uzstāt	[uzsta:t]

insultar (vt)	aizvainot	[aizvainɔt]
interessar-se (vr)	interesēties	[intεrεse:tiεs]
ir (a pé)	iet	[iεt]
ir nadar	peldēties	[pelde:tiεs]
jantar (vi)	vakariņot	[vakariɲɔt]

12. Os verbos mais importantes. Parte 3

ler (vt)	lasīt	[lasi:t]
libertar (cidade, etc.)	atbrīvot	[atbri:vɔt]
matar (vt)	nogalināt	[nɔgalina:t]
mencionar (vt)	pieminēt	[piεmine:t]
mostrar (vt)	parādīt	[para:di:t]

mudar (modificar)	mainīt	[maini:t]
nadar (vi)	peldēt	[pelde:t]
negar-se a ...	atteikties	[attεiktiεs]
objetar (vt)	iebilst	[iεbilst]

ordenar (mil.)	pavēlēt	[pavε:le:t]
ouvir (vt)	dzirdēt	[dzirde:t]
pagar (vt)	maksāt	[maksa:t]
parar (vi)	apstāties	[apsta:tiεs]

participar (vi)	piedalīties	[piεdali:tiεs]
pedir (comida)	pasūtīt	[pasu:ti:t]
pedir (um favor, etc.)	lūgt	[lu:gt]
pegar (tomar)	ņemt	[ɲemt]
pensar (vt)	domāt	[dɔma:t]

perceber (ver)	pamanīt	[pamani:t]
perdoar (vt)	piedot	[piεdɔt]
perguntar (vt)	jautāt	[jauta:t]
permitir (vt)	atļaut	[atlʲaut]
pertencer a ...	piederēt	[piεdεre:t]

planear (vt)	plānot	[pla:nɔt]
poder (vi)	spēt	[spe:t]
possuir (vt)	pārvaldīt	[pa:rvaldi:t]
preferir (vt)	dot priekšroku	[dɔt priεkʃrɔku]

preparar (vt)	gatavot	[gatavɔt]
prever (vt)	paredzēt	[paredze:t]
prometer (vt)	solīt	[sɔli:t]
pronunciar (vt)	izrunāt	[izruna:t]
propor (vt)	piedāvāt	[piɛda:va:t]
punir (castigar)	sodīt	[sɔdi:t]

13. Os verbos mais importantes. Parte 4

quebrar (vt)	lauzt	[lauzt]
queixar-se (vr)	sūdzēties	[su:dze:tiɛs]
querer (desejar)	gribēt	[gribe:t]
recomendar (vt)	ieteikt	[iɛtɛikt]
repetir (dizer outra vez)	atkārtot	[atka:rtɔt]

repreender (vt)	lamāt	[lama:t]
reservar (~ um quarto)	rezervēt	[rɛzerve:t]
responder (vt)	atbildēt	[atbilde:t]
rezar, orar (vi)	lūgties	[lu:gtiɛs]
rir (vi)	smieties	[smiɛtiɛs]

roubar (vt)	zagt	[zagt]
saber (vt)	zināt	[zina:t]
sair (~ de casa)	iziet	[iziɛt]
salvar (vt)	glābt	[gla:bt]
seguir ...	sekot ...	[sekɔt ...]

sentar-se (vr)	sēsties	[se:stiɛs]
ser necessário	būt vajadzīgam	[bu:t vajadzi:gam]
ser, estar	būt	[bu:t]
significar (vt)	nozīmēt	[nɔzi:me:t]

sorrir (vi)	smaidīt	[smaidi:t]
subestimar (vt)	par zemu vērtēt	[par zɛmu ve:rte:t]
surpreender-se (vr)	brīnīties	[bri:ni:tiɛs]
tentar (vt)	mēģināt	[me:dʲina:t]

ter (vt)	būt	[bu:t]
ter fome	gribēt ēst	[gribe:t e:st]

ter medo	baidīties	[baidi:tiɛs]
ter sede	gribēt dzert	[gribe:t dzert]

tocar (com as mãos)	pieskarties	[piɛskartiɛs]
tomar o pequeno-almoço	brokastot	[brɔkastɔt]
trabalhar (vi)	strādāt	[stra:da:t]

traduzir (vt)	tulkot	[tulkɔt]
unir (vt)	apvienot	[apviɛnɔt]

vender (vt)	pārdot	[pa:rdɔt]
ver (vt)	redzēt	[redze:t]
virar (ex. ~ à direita)	pagriezties	[pagriɛztiɛs]
voar (vi)	lidot	[lidɔt]

14. Cores

cor (f)	krāsa (s)	[kra:sa]
matiz (m)	nokrāsa (s)	[nɔkra:sa]
tom (m)	tonis (v)	[tɔnis]
arco-íris (m)	varavīksne (s)	[varavi:ksne]

branco	balts	[balts]
preto	melns	[melns]
cinzento	pelēks	[pɛle:ks]

verde	zaļš	[zalʲʃ]
amarelo	dzeltens	[dzeltens]
vermelho	sarkans	[sarkans]

azul	zils	[zils]
azul claro	gaiši zils	[gaiʃi zils]
rosa	rozā	[rɔza:]
laranja	oranžs	[ɔranʒs]
violeta	violets	[viɔlets]
castanho	brūns	[bru:ns]

dourado	zelta	[zelta]
prateado	sudrabains	[sudrabains]

bege	bēšs	[be:ʃs]
creme	krēmkrāsas	[kre:mkra:sas]
turquesa	zilganzaļš	[zilganzalʲʃ]
vermelho cereja	ķiršu brīns	[tʲirʃu bri:ns]
lilás	lillā	[lilla:]
carmesim	aveņkrāsas	[aveŋkra:sas]

claro	gaišs	[gaiʃs]
escuro	tumšs	[tumʃs]
vivo	spilgts	[spilgts]

de cor	krāsains	[kra:sains]
a cores	krāsains	[kra:sains]
preto e branco	melnbalts	[melnbalts]
unicolor	vienkrāsains	[viɛnkra:sains]
multicor	daudzkrāsains	[daudzkra:sains]

15. Questões

Quem?	Kas?	[kas?]
Que?	Kas?	[kas?]
Onde?	Kur?	[kur?]
Para onde?	Uz kurieni?	[uz kuriɛni?]
De onde?	No kurienes?	[nɔ kuriɛnes?]
Quando?	Kad?	[kad?]
Para quê?	Kādēļ?	[ka:de:lʲ?]
Porquê?	Kāpēc?	[ka:pe:ts?]
Para quê?	Kam?	[kam?]

Como?	Kā?	[ka:?]
Qual?	Kāds?	[ka:ds?]
Qual? (entre dois ou mais)	Kurš?	[kurʃ?]

A quem?	Kam?	[kam?]
Sobre quem?	Par kuru?	[par kuru?]
Do quê?	Par ko?	[par kɔ?]
Com quem?	Ar ko?	[ar kɔ?]

Quantos? -as?	Cik daudz?	[tsik daudz?]
Quanto?	Cik?	[tsik?]
De quem?	Kura? Kuras? Kuru?	[kura?], [kuras?], [kuru?]

16. Preposições

com (prep.)	ar	[ar]
sem (prep.)	bez	[bez]
a, para (exprime lugar)	uz	[uz]
sobre (ex. falar ~)	par	[par]
antes de …	pirms	[pirms]
diante de …	priekšā	[priɛkʃa:]

sob (debaixo de)	zem	[zem]
sobre (em cima de)	virs	[virs]
sobre (~ a mesa)	uz	[uz]
de (vir ~ Lisboa)	no	[nɔ]
de (feito ~ pedra)	no	[nɔ]

dentro de (~ dez minutos)	pēc	[pe:ts]
por cima de …	caur	[tsaur]

17. Palavras funcionais. Advérbios. Parte 1

Onde?	Kur?	[kur?]
aqui	šeit	[ʃɛit]
lá, ali	tur	[tur]

em algum lugar	kaut kur	[kaut kur]
em lugar nenhum	nekur	[nɛkur]

ao pé de …	pie …	[piɛ …]
ao pé da janela	pie loga	[piɛ lɔga]

Para onde?	Uz kurieni?	[uz kuriɛni?]
para cá	šurp	[ʃurp]
para lá	turp	[turp]
daqui	no šejienes	[nɔ ʃejiɛnes]
de lá, dali	no turienes	[nɔ turiɛnes]

perto	tuvu	[tuvu]
longe	tālu	[ta:lu]
perto de …	pie	[piɛ]

T&P Books. Vocabulário Português-Letão - 9000 palavras

ao lado de	blakus	[blakus]
perto, não fica longe	netālu	[nɛta:lu]
esquerdo	kreisais	[krɛisais]
à esquerda	pa kreisi	[pa krɛisi]
para esquerda	pa kreisi	[pa krɛisi]
direito	labais	[labais]
à direita	pa labi	[pa labi]
para direita	pa labi	[pa labi]
à frente	priekšā	[priɛkʃa:]
da frente	priekšējs	[priɛkʃe:js]
em frente (para a frente)	uz priekšu	[uz priɛkʃu]
atrás de ...	mugurpusē	[mugurpuse:]
por detrás (vir ~)	no mugurpuses	[nɔ mugurpuses]
para trás	atpakaļ	[atpakalʲ]
meio (m), metade (f)	vidus (v)	[vidus]
no meio	vidū	[vidu:]
de lado	sānis	[sa:nis]
em todo lugar	visur	[visur]
ao redor (olhar ~)	apkārt	[apka:rt]
de dentro	no iekšpuses	[nɔ iɛkʃpuses]
para algum lugar	kaut kur	[kaut kur]
diretamente	taisni	[taisni]
de volta	atpakaļ	[atpakalʲ]
de algum lugar	no kaut kurienes	[nɔ kaut kuriɛnes]
de um lugar	nez no kurienes	[nez nɔ kuriɛnes]
em primeiro lugar	pirmkārt	[pirmka:rt]
em segundo lugar	otrkārt	[ɔtrka:rt]
em terceiro lugar	treškārt	[treʃka:rt]
de repente	pēkšņi	[pe:kʃɲi]
no início	sākumā	[sa:kuma:]
pela primeira vez	pirmo reizi	[pirmɔ rɛizi]
muito antes de ...	ilgu laiku pirms ...	[ilgu laiku pirms ...]
de novo, novamente	no jauna	[nɔ jauna]
para sempre	uz visiem laikiem	[uz visiɛm laikiɛm]
nunca	nekad	[nɛkad]
de novo	atkal	[atkal]
agora	tagad	[tagad]
frequentemente	bieži	[biɛʒi]
então	tad	[tad]
urgentemente	steidzami	[stɛidzami]
usualmente	parasti	[parasti]
a propósito, ...	starp citu ...	[starp tsitu ...]
é possível	iespējams	[iɛspe:jams]
provavelmente	ticams	[titsams]

talvez	varbūt	[varbu:t]
além disso, ...	turklāt, ...	[turkla:t, ...]
por isso ...	tādēļ ...	[ta:de:lʲ ...]
apesar de ...	neskatoties uz ...	[neskatɔties uz ...]
graças a ...	pateicoties ...	[patɛitsɔties ...]

que (pron.)	kas	[kas]
que (conj.)	kas	[kas]
algo	kaut kas	[kaut kas]
alguma coisa	kaut kas	[kaut kas]
nada	nekas	[nɛkas]

quem	kas	[kas]
alguém (~ teve uma ideia ...)	kāds	[ka:ds]
alguém	kāds	[ka:ds]

ninguém	neviens	[neviɛns]
para lugar nenhum	nekur	[nɛkur]
de ninguém	neviena	[neviɛna]
de alguém	kāda	[ka:da]

tão	tā	[ta:]
também (gostaria ~ de ...)	tāpat	[ta:pat]
também (~ eu)	arī	[ari:]

18. Palavras funcionais. Advérbios. Parte 2

Porquê?	Kāpēc?	[ka:pe:ts?]
por alguma razão	nez kāpēc	[nez ka:pe:ts]
porque ...	tāpēc ka ,,,	[ta:pe:ts ka ...]
por qualquer razão	nez kādēļ	[nez ka:de:lʲ]

e (tu ~ eu)	un	[un]
ou (ser ~ não ser)	vai	[vai]
mas (porém)	bet	[bet]
para (~ a minha mãe)	priekš	[priɛkʃ]

demasiado, muito	pārāk	[pa:ra:k]
só, somente	tikai	[tikai]
exatamente	tieši	[tiɛʃi]
cerca de (~ 10 kg)	apmēram	[apmɛ:ram]

aproximadamente	aptuveni	[aptuveni]
aproximado	aptuvens	[aptuvens]
quase	gandrīz	[gandri:z]
resto (m)	pārējais	[pa:re:jais]

o outro (segundo)	cits	[tsits]
outro	cits	[tsits]
cada	katrs	[katrs]
qualquer	jebkurš	[jebkurʃ]
muito	daudz	[daudz]
muitas pessoas	daudzi	[daudzi]
todos	visi	[visi]

em troca de ...	apmaiņā pret ...	[apmaiɲa: pret ...]
em troca	pretī	[preti:]
à mão	ar rokām	[ar rɔka:m]
pouco provável	diez vai	[diɛz vai]

provavelmente	laikam	[laikam]
de propósito	tīšām	[ti:ʃa:m]
por acidente	nejauši	[nejauʃi]

muito	ļoti	[lʲɔti]
por exemplo	piemēram	[piɛmɛ:ram]
entre	starp	[starp]
entre (no meio de)	vidū	[vidu:]
tanto	tik daudz	[tik daudz]
especialmente	īpaši	[i:paʃi]

Conceitos básicos. Parte 2

19. Opostos

rico	bagāts	[baga:ts]
pobre	nabags	[nabags]
doente	slims	[slims]
são	vesels	[vɛsɛls]
grande	liels	[liɛls]
pequeno	mazs	[mazs]
rapidamente	ātri	[a:tri]
lentamente	lēni	[le:ni]
rápido	ātrs	[a:trs]
lento	lēns	[le:ns]
alegre	jautrs	[jautrs]
triste	skumjš	[skumjʃ]
juntos	kopā	[kɔpa:]
separadamente	atsevišķi	[atseviʃtʲi]
em voz alta (ler ~)	skaļi	[skalʲi]
para si (em silêncio)	klusībā	[klusi:ba:]
alto	garš	[garʃ]
baixo	zems	[zems]
profundo	dziļš	[dzilʲʃ]
pouco fundo	sekls	[sekls]
sim	jā	[ja:]
não	nē	[ne:]
distante (no espaço)	tāls	[ta:ls]
próximo	tuvs	[tuvs]
longe	tālu	[ta:lu]
perto	blakus	[blakus]
longo	garš	[garʃ]
curto	īss	[i:s]
bom, bondoso	labs	[labs]
mau	ļauns	[lʲauns]
casado	precēts	[pretse:ts]

solteiro	**neprecēts**	[nepretse:ts]
proibir (vt)	**aizliegt**	[aizliɛgt]
permitir (vt)	**atļaut**	[atlʲaut]
fim (m)	**beigas** (s dsk)	[bɛigas]
começo (m)	**sākums** (v)	[sa:kums]
esquerdo	**kreisais**	[krɛisais]
direito	**labais**	[labais]
primeiro	**pirmais**	[pirmais]
último	**pēdējais**	[pɛ:de:jais]
crime (m)	**noziegums** (v)	[nɔziɛgums]
castigo (m)	**sods** (v)	[sɔds]
ordenar (vt)	**pavēlēt**	[pavɛ:le:t]
obedecer (vt)	**paklausīt**	[paklausi:t]
reto	**taisns**	[taisns]
curvo	**līks**	[li:ks]
paraíso (m)	**paradīze** (s)	[paradi:ze]
inferno (m)	**elle** (s)	[elle]
nascer (vi)	**piedzimt**	[piɛdzimt]
morrer (vi)	**nomirt**	[nɔmirt]
forte	**stiprs**	[stiprs]
fraco, débil	**vājš**	[va:jʃ]
idoso	**vecs**	[vets]
jovem	**jauns**	[jauns]
velho	**vecs**	[vets]
novo	**jauns**	[jauns]
duro	**ciets**	[tsiɛts]
mole	**mīksts**	[mi:ksts]
tépido	**silts**	[silts]
frio	**auksts**	[auksts]
gordo	**resns**	[resns]
magro	**tievs**	[tiɛvs]
estreito	**šaurs**	[ʃaurs]
largo	**plats**	[plats]
bom	**labs**	[labs]
mau	**slikts**	[slikts]
valente	**drosmīgs**	[drɔsmi:gs]
cobarde	**gļēvulīgs**	[glʲɛ:vuli:gs]

20. Dias da semana

segunda-feira (f)	pirmdiena (s)	[pirmdiɛna]
terça-feira (f)	otrdiena (s)	[ɔtrdiɛna]
quarta-feira (f)	trešdiena (s)	[treʃdiɛna]
quinta-feira (f)	ceturtdiena (s)	[tsɛturtdiɛna]
sexta-feira (f)	piektdiena (s)	[piɛktdiɛna]
sábado (m)	sestdiena (s)	[sestdiɛna]
domingo (m)	svētdiena (s)	[sveːtdiɛna]
hoje	šodien	[ʃɔdiɛn]
amanhã	rīt	[riːt]
depois de amanhã	parīt	[pariːt]
ontem	vakar	[vakar]
anteontem	aizvakar	[aizvakar]
dia (m)	diena (s)	[diɛna]
dia (m) de trabalho	darba diena (s)	[darba diɛna]
feriado (m)	svētku diena (s)	[sveːtku diɛna]
dia (m) de folga	brīvdiena (s)	[briːvdiɛna]
fim (m) de semana	brīvdienas (s dsk)	[briːvdiɛnas]
o dia todo	visa diena	[visa diɛna]
no dia seguinte	nākamajā dienā	[naːkamaja: diɛna:]
há dois dias	pirms divām dienām	[pirms diva:m diɛna:m]
na véspera	dienu iepriekš	[diɛnu iɛpriɛkʃ]
diário	ikdienas	[igdiɛnas]
todos os dias	katru dienu	[katru diɛnu]
semana (f)	nedēļa (s)	[nɛdɛːlʲa]
na semana passada	pagājušajā nedēļā	[paga:juʃaja: nɛdɛːlʲa:]
na próxima semana	nākamajā nedēļā	[na:kamaja: nɛdɛːlʲa:]
semanal	iknedēļas	[iknɛdɛːlʲas]
cada semana	katru nedēļu	[katru nɛdɛːlʲu]
duas vezes por semana	divas reizes nedēļā	[divas rɛizes nɛdɛːlʲa:]
cada terça-feira	katru otrdienu	[katru ɔtrdiɛnu]

21. Horas. Dia e noite

manhã (f)	rīts (v)	[riːts]
de manhã	no rīta	[nɔ riːta]
meio-dia (m)	pusdiena (s)	[pusdiɛna]
à tarde	pēcpusdienā	[peːtspusdiɛna:]
noite (f)	vakars (v)	[vakars]
à noite (noitinha)	vakarā	[vakara:]
noite (f)	nakts (s)	[nakts]
à noite	naktī	[nakti:]
meia-noite (f)	pusnakts (s)	[pusnakts]
segundo (m)	sekunde (s)	[sɛkunde]
minuto (m)	minūte (s)	[minu:te]
hora (f)	stunda (s)	[stunda]

meia hora (f)	pusstunda	[pustunda]
quarto (m) de hora	stundas ceturksnis (v)	[stundas tsɛturksnis]
quinze minutos	piecpadsmit minūtes	[piɛtspadsmit minu:tes]
vinte e quatro horas	diennakts (s)	[diɛnnakts]

nascer (m) do sol	saullēkts (v)	[saulle:kts]
amanhecer (m)	rītausma (s)	[ri:tausma]
madrugada (f)	agrs rīts (v)	[agrs ri:ts]
pôr do sol (m)	saulriets (v)	[saulriɛts]

de madrugada	agri no rīta	[agri nɔ ri:ta]
hoje de manhã	šorīt	[ʃori:t]
amanhã de manhã	rīt no rīta	[ri:t nɔ ri:ta]

hoje à tarde	šodien	[ʃodiɛn]
à tarde	pēcpusdienā	[pe:tspusdiɛna:]
amanhã à tarde	rīt pēcpusdienā	[ri:t pe:tspusdiɛna:]

| hoje à noite | šovakar | [ʃovakar] |
| amanhã à noite | rītvakar | [ri:tvakar] |

às três horas em ponto	tieši trijos	[tiɛʃi trijɔs]
por volta das quatro	ap četriem	[ap tʃetriɛm]
às doze	ap divpadsmitiem	[ap divpadsmitiɛm]

dentro de vinte minutos	pēc divdesmit minūtēm	[pe:ts divdesmit minu:te:m]
dentro duma hora	pēc stundas	[pe:ts stundas]
a tempo	laikā	[laika:]

menos um quarto	bez ceturkšņa ...	[bez tsɛturkʃɲa ...]
durante uma hora	stundas laikā	[stundas laika:]
a cada quinze minutos	katras piecpadsmit minūtes	[katras piɛtspadsmit minu:tes]
as vinte e quatro horas	caurām dienām	[tsaura:m diɛna:m]

22. Meses. Estações

janeiro (m)	janvāris (v)	[janva:ris]
fevereiro (m)	februāris (v)	[februa:ris]
março (m)	marts (v)	[marts]
abril (m)	aprīlis (v)	[apri:lis]
maio (m)	maijs (v)	[maijs]
junho (m)	jūnijs (v)	[ju:nijs]

julho (m)	jūlijs (v)	[ju:lijs]
agosto (m)	augusts (v)	[augusts]
setembro (m)	septembris (v)	[septembris]
outubro (m)	oktobris (v)	[ɔktɔbris]
novembro (m)	novembris (v)	[nɔvembris]
dezembro (m)	decembris (v)	[detsembris]

| primavera (f) | pavasaris (v) | [pavasaris] |
| na primavera | pavasarī | [pavasari:] |

primaveril	pavasara	[pavasara]
verão (m)	vasara (s)	[vasara]
no verão	vasarā	[vasara:]
de verão	vasaras	[vasaras]
outono (m)	rudens (v)	[rudens]
no outono	rudenī	[rudeni:]
outonal	rudens	[rudens]
inverno (m)	ziema (s)	[ziɛma]
no inverno	ziemā	[ziɛma:]
de inverno	ziemas	[ziɛmas]
mês (m)	mēnesis (v)	[mɛ:nesis]
este mês	šomēnes	[ʃɔmɛ:nes]
no próximo mês	nākamajā mēnesī	[na:kamaja: mɛ:nesi:]
no mês passado	pagājušajā mēnesī	[paga:juʃaja: mɛ:nesi:]
há um mês	pirms mēneša	[pirms mɛ:neʃa]
dentro de um mês	pēc mēneša	[pe:ts mɛ:neʃa]
dentro de dois meses	pēc diviem mēnešiem	[pe:ts diviɛm mɛ:neʃiɛm]
todo o mês	visu mēnesi	[visu mɛ:nesi]
um mês inteiro	veselu mēnesi	[vesɛlu mɛ:nesi]
mensal	ikmēneša	[ikmɛ:neʃa]
mensalmente	ik mēnesi	[ik mɛ:nesi]
cada mês	katru mēnesi	[katru mɛ:nesi]
duas vezes por mês	divas reizes mēnesī	[divas rɛizes mɛ:nesi:]
ano (m)	gads (v)	[gads]
este ano	šogad	[ʃɔgad]
no próximo ano	nākamajā gadā	[na:kamaja: gada:]
no ano passado	pagājušajā gadā	[paga:juʃaja: gada:]
há um ano	pirms gada	[pirms gada]
dentro dum ano	pēc gada	[pe:ts gada]
dentro de 2 anos	pēc diviem gadiem	[pe:ts diviɛm gadiɛm]
todo o ano	visu gadu	[visu gadu]
um ano inteiro	veselu gadu	[vesɛlu gadu]
cada ano	katru gadu	[katru gadu]
anual	ikgadējs	[ikgade:js]
anualmente	ik gadu	[ik gadu]
quatro vezes por ano	četras reizes gadā	[tʃetras rɛizes gada:]
data (~ de hoje)	datums (v)	[datums]
data (ex. ~ de nascimento)	datums (v)	[datums]
calendário (m)	kalendārs (v)	[kalenda:rs]
meio ano	pusgads	[pusgads]
seis meses	pusgads (v)	[pusgads]
estação (f)	gadalaiks (v)	[gadalaiks]
século (m)	gadsimts (v)	[gadsimts]

23. Tempo. Diversos

tempo (m)	laiks (v)	[laiks]
momento (m)	acumirklis (v)	[atsumirklis]
instante (m)	moments (v)	[mɔments]
instantâneo	acumirklīgs	[atsumirkli:gs]
lapso (m) de tempo	posms (v)	[pɔsms]
vida (f)	mūžs (v)	[mu:ʒs]
eternidade (f)	mūžība (s)	[mu:ʒi:ba]

época (f)	laikmets (v)	[laikmets]
era (f)	ēra (s)	[ɛ:ra]
ciclo (m)	cikls (v)	[tsikls]
período (m)	periods (v)	[periɔds]
prazo (m)	termiņš (v)	[termiɲʃ]

futuro (m)	nākotne (s)	[na:kɔtne]
futuro	nākamais	[na:kamais]
da próxima vez	nākamajā reizē	[na:kamaja: rɛize:]
passado (m)	pagātne (s)	[paga:tne]
passado	pagājušais	[paga:juʃais]
na vez passada	pagājušā reizē	[paga:juʃa: rɛize:]

mais tarde	vēlāk	[vɛ:la:k]
depois	pēc tam	[pe:ts tam]
atualmente	tagad	[tagad]
agora	tūlīt	[tu:li:t]
imediatamente	nekavējoties	[nɛkave:jɔtiɛs]
em breve, brevemente	drīz	[dri:z]
de antemão	iepriekš	[iɛpriɛkʃ]

há muito tempo	sen	[sen]
há pouco tempo	nesen	[nɛsen]
destino (m)	liktenis (v)	[liktenis]
recordações (f pl)	atmiņas (s dsk)	[atmiɲas]
arquivo (m)	arhīvs (v)	[arxi:vs]

durante ...	laikā ...	[laika: ...]
durante muito tempo	ilgi	[ilgi]
pouco tempo	neilgi	[nɛilgi]
cedo (levantar-se ~)	agri	[agri]
tarde (deitar-se ~)	vēlu	[vɛ:lu]

para sempre	uz visiem laikiem	[uz visiɛm laikiɛm]
começar (vt)	sākt	[sa:kt]
adiar (vt)	atlikt	[atlikt]

simultaneamente	vienlaicīgi	[viɛnlaitsi:gi]
permanentemente	pastāvīgi	[pasta:vi:gi]
constante (ruído, etc.)	pastāvīgas	[pasta:vi:gas]
temporário	pagaidu	[pagaidu]

às vezes	dažreiz	[daʒrɛiz]
raramente	reti	[reti]
frequentemente	bieži	[biɛʒi]

24. Linhas e formas

quadrado (m)	kvadrāts (v)	[kvadra:ts]
quadrado	kvadrātisks	[kvadra:tisks]
círculo (m)	aplis (v)	[aplis]
redondo	apaļš	[apaľʃ]
triângulo (m)	trīsstūris (v)	[tri:stu:ris]
triangular	trīsstūrains	[tri:stu:rains]
oval (f)	ovāls (v)	[ɔva:ls]
oval	ovāls	[ɔva:ls]
retângulo (m)	taisnstūris (v)	[taisnstu:ris]
retangular	taisnstūru	[taisnstu:ru]
pirâmide (f)	piramīda (s)	[pirami:da]
rombo, losango (m)	rombs (v)	[rɔmbs]
trapézio (m)	trapece (s)	[trapetse]
cubo (m)	kubs (v)	[kubs]
prisma (m)	prizma (s)	[prizma]
circunferência (f)	aploce (s)	[aplɔtse]
esfera (f)	sfēra (s)	[sfɛ:ra]
globo (m)	lode (s)	[lɔde]
diâmetro (m)	diametrs (v)	[diametrs]
raio (m)	rādiuss (v)	[ra:dius]
perímetro (m)	perimetrs (v)	[perimetrs]
centro (m)	centrs (v)	[tsentrs]
horizontal	horizontāls	[xɔrizɔnta:ls]
vertical	vertikāls	[vertika:ls]
paralela (f)	paralēle (s)	[paralɛ:le]
paralelo	paralēls	[paralɛ:ls]
linha (f)	līnija (s)	[li:nija]
traço (m)	svītra (s)	[svi:tra]
reta (f)	taisne (s)	[taisne]
curva (f)	līkne (s)	[li:kne]
fino (linha ~a)	tievs	[tiɛvs]
contorno (m)	kontūrs (v)	[kɔntu:rs]
interseção (f)	krustošanās (s)	[krustɔʃana:s]
ângulo (m) reto	taisns leņķis (v)	[taisns leɲtʲis]
segmento (m)	segments (v)	[segments]
setor (m)	sektors (v)	[sektɔrs]
lado (de um triângulo, etc.)	mala (s)	[mala]
ângulo (m)	leņķis (v)	[leɲtʲis]

25. Unidades de medida

peso (m)	svars (v)	[svars]
comprimento (m)	garums (v)	[garums]
largura (f)	platums (v)	[platums]
altura (f)	augstums (v)	[augstums]

profundidade (f)	dziļums (v)	[dziļums]
volume (m)	apjoms (v)	[apjɔms]
área (f)	laukums (v)	[laukums]

grama (m)	grams (v)	[grams]
miligrama (m)	miligrams (v)	[miligrams]
quilograma (m)	kilograms (v)	[kilograms]
tonelada (f)	tonna (s)	[tɔnna]
libra (453,6 gramas)	mārciņa (s)	[ma:rtsiɲa]
onça (f)	unce (s)	[untse]

metro (m)	metrs (v)	[metrs]
milímetro (m)	milimetrs (v)	[milimetrs]
centímetro (m)	centimetrs (v)	[tsentimetrs]
quilómetro (m)	kilometrs (v)	[kilɔmetrs]
milha (f)	jūdze (s)	[ju:dze]

polegada (f)	colla (s)	[tsɔlla]
pé (304,74 mm)	pēda (s)	[pɛ:da]
jarda (914,383 mm)	jards (v)	[jards]

| metro (m) quadrado | kvadrātmetrs (v) | [kvadra:tmetrs] |
| hectare (m) | hektārs (v) | [xekta:rs] |

litro (m)	litrs (v)	[litrs]
grau (m)	grāds (v)	[gra:ds]
volt (m)	volts (v)	[vɔlts]
ampere (m)	ampērs (v)	[ampɛ:rs]
cavalo-vapor (m)	zirgspēks (v)	[zirgspe:ks]

quantidade (f)	daudzums (v)	[daudzums]
um pouco de ...	nedaudz ...	[nɛdaudz ...]
metade (f)	puse (s)	[puse]
dúzia (f)	ducis (v)	[dutsis]
peça (f)	gabals (v)	[gabals]

| dimensão (f) | izmērs (v) | [izmɛ:rs] |
| escala (f) | mērogs (v) | [me:rɔgs] |

mínimo	minimāls	[minima:ls]
menor, mais pequeno	vismazākais	[vismaza:kais]
médio	vidējs	[vide:js]
máximo	maksimāls	[maksima:ls]
maior, mais grande	vislielākais	[visliela:kais]

26. Recipientes

boião (m) de vidro	burka (s)	[burka]
lata (~ de cerveja)	bundža (s)	[bundʒa]
balde (m)	spainis (v)	[spainis]
barril (m)	muca (s)	[mutsa]

| bacia (~ de plástico) | bļoda (s) | [bļɔda] |
| tanque (m) | tvertne (s) | [tvertne] |

cantil (m) de bolso	blašķe (s)	[blaʃtᵎe]
bidão (m) de gasolina	kanna (s)	[kanna]
cisterna (f)	cisterna (s)	[tsisterna]

caneca (f)	krūze (s)	[kru:ze]
chávena (f)	tase (s)	[tase]
pires (m)	apakštase (s)	[apakʃtase]
copo (m)	glāze (s)	[gla:ze]
taça (f) de vinho	pokāls (v)	[pɔka:ls]
panela, caçarola (f)	kastrolis (v)	[kastrɔlis]

garrafa (f)	pudele (s)	[pudɛle]
gargalo (m)	kakliņš (v)	[kakliɲʃ]

jarro, garrafa (f)	karafe (s)	[karafe]
jarro (m) de barro	krūka (s)	[kru:ka]
recipiente (m)	trauks (v)	[trauks]
pote (m)	pods (v)	[pɔds]
vaso (m)	vāze (s)	[va:ze]

frasco (~ de perfume)	flakons (v)	[flakɔns]
frasquinho (ex. ~ de iodo)	pudelīte (s)	[pudeli:te]
tubo (~ de pasta dentífrica)	tūbiņa (s)	[tu:biɲa]

saca (ex. ~ de açúcar)	maiss (v)	[mais]
saco (~ de plástico)	maisiņš (v)	[maisiɲʃ]
maço (m)	paciņa (s)	[patsiɲa]

caixa (~ de sapatos, etc.)	kārba (s)	[ka:rba]
caixa (~ de madeira)	kastīte (s)	[kasti:te]
cesta (f)	grozs (v)	[grɔzs]

27. Materiais

material (m)	materiāls (v)	[materia:ls]
madeira (f)	koks (v)	[kɔks]
de madeira	koka	[kɔka]

vidro (m)	stikls (v)	[stikls]
de vidro	stikla	[stikla]

pedra (f)	akmens (v)	[akmens]
de pedra	akmeņu	[akmɛɲu]

plástico (m)	plastmasa (s)	[plastmasa]
de plástico	plastmasas	[plastmasas]

borracha (f)	gumija (s)	[gumija]
de borracha	gumijas	[gumijas]

tecido, pano (m)	audums (v)	[audums]
de tecido	auduma	[auduma]
papel (m)	papīrs (v)	[papi:rs]
de papel	papīra	[papi:ra]

| cartão (m) | kartons (v) | [kartɔns] |
| de cartão | kartona | [kartɔna] |

polietileno (m)	polietilēns (v)	[poliɛtile:ns]
celofane (m)	celofāns (v)	[tselɔfa:ns]
linóleo (m)	linolejs (v)	[linɔlejs]
contraplacado (m)	finieris (v)	[finiɛris]

porcelana (f)	porcelāns (v)	[pɔrtsɛla:ns]
de porcelana	porcelāna	[pɔrtsɛla:na]
barro (f)	māls (v)	[ma:ls]
de barro	māla	[ma:la]
cerâmica (f)	keramika (s)	[kɛramika]
de cerâmica	keramikas	[kɛramikas]

28. Metais

metal (m)	metāls (v)	[mɛta:ls]
metálico	metāla	[mɛta:la]
liga (f)	sakausējums (v)	[sakause:jums]

ouro (m)	zelts (v)	[zelts]
de ouro	zelta	[zelta]
prata (f)	sudrabs (v)	[sudrabs]
de prata	sudraba	[sudraba]

ferro (m)	dzelzs (s)	[dzelzs]
de ferro	dzelzs	[dzelzs]
aço (m)	tērauds (v)	[tɛ:rauds]
de aço	tērauda	[tɛ:rauda]
cobre (m)	varš (v)	[varʃ]
de cobre	vara	[vara]

alumínio (m)	alumīnijs (v)	[alumi:nijs]
de alumínio	alumīnija	[alumi:nija]
bronze (m)	bronza (s)	[brɔnza]
de bronze	bronzas	[brɔnzas]

latão (m)	misiņš (v)	[misiɳʃ]
níquel (m)	niķelis (v)	[nitʲelis]
platina (f)	platīns (v)	[plati:ns]
mercúrio (m)	dzīvsudrabs (v)	[dzi:vsudrabs]
estanho (m)	alva (s)	[alva]
chumbo (m)	svins (v)	[svins]
zinco (m)	cinks (v)	[tsinks]

O SER HUMANO

O ser humano. O corpo

29. Humanos. Conceitos básicos

ser (m) humano	cilvēks (v)	[tsilve:ks]
homem (m)	vīrietis (v)	[vi:riɛtis]
mulher (f)	sieviete (s)	[siɛviɛte]
criança (f)	bērns (v)	[be:rns]
menina (f)	meitene (s)	[mɛitɛne]
menino (m)	puika (v)	[puika]
adolescente (m)	pusaudzis (v)	[pusaudzis]
velho (m)	vecītis (v)	[vetsi:tis]
velha, anciã (f)	vecenīte (s)	[vetseni:te]

30. Anatomia humana

organismo (m)	organisms (v)	[ɔrɡanisms]
coração (m)	sirds (s)	[sirds]
sangue (m)	asins (s)	[asins]
artéria (f)	artērija (s)	[arte:rija]
veia (f)	vēna (s)	[vɛ:na]
cérebro (m)	smadzenes (s dsk)	[smadzɛnes]
nervo (m)	nervs (v)	[nervs]
nervos (m pl)	nervi (v dsk)	[nervi]
vértebra (f)	skriemelis (v)	[skriɛmelis]
coluna (f) vertebral	mugurkauls (v)	[mugurkauls]
estômago (m)	kuņģis (v)	[kuŋdlis]
intestinos (m pl)	zarnu trakts (v)	[zarnu trakts]
intestino (m)	zarna (s)	[zarna]
fígado (m)	aknas (s dsk)	[aknas]
rim (m)	niere (s)	[niɛre]
osso (m)	kauls (v)	[kauls]
esqueleto (m)	skelets (v)	[skɛlets]
costela (f)	riba (s)	[riba]
crânio (m)	galvaskauss (v)	[galvaskaus]
músculo (m)	muskulis (v)	[muskulis]
bíceps (m)	bicepss (v)	[bitseps]
tríceps (m)	tricepss (v)	[tritseps]
tendão (m)	cīpsla (s)	[tsi:psla]
articulação (f)	locītava (s)	[lɔtsi:tava]

pulmões (m pl)	plaušas (s dsk)	[plauʃas]
órgãos (m pl) genitais	dzimumorgāni (v dsk)	[dzimumɔrga:ni]
pele (f)	āda (s)	[a:da]

31. Cabeça

cabeça (f)	galva (s)	[galva]
cara (f)	seja (s)	[seja]
nariz (m)	deguns (v)	[dɛguns]
boca (f)	mute (s)	[mute]

olho (m)	acs (s)	[ats]
olhos (m pl)	acis (s dsk)	[atsis]
pupila (f)	acs zīlīte (s)	[ats zi:li:te]
sobrancelha (f)	uzacs (s)	[uzats]
pestana (f)	skropsta (s)	[skrɔpsta]
pálpebra (f)	plakstiņš (v)	[plakstiɲʃ]

língua (f)	mēle (s)	[mɛ:le]
dente (m)	zobs (v)	[zɔbs]
lábios (m pl)	lūpas (s dsk)	[lu:pas]
maçãs (f pl) do rosto	vaigu kauli (v dsk)	[vaigu kauli]
gengiva (f)	smaganas (s dsk)	[smaganas]
palato (m)	aukslējas (s dsk)	[auksle:jas]

narinas (f pl)	nāsis (s dsk)	[na:sis]
queixo (m)	zods (v)	[zɔds]
mandíbula (f)	žoklis (v)	[ʒɔklis]
bochecha (f)	vaigs (v)	[vaigs]

testa (f)	piere (s)	[piɛre]
têmpora (f)	deniņi (v dsk)	[deniɲi]
orelha (f)	auss (s)	[aus]
nuca (f)	pakausis (v)	[pakausis]
pescoço (m)	kakls (v)	[kakls]
garganta (f)	rīkle (s)	[ri:kle]

cabelos (m pl)	mati (v dsk)	[mati]
penteado (m)	frizūra (s)	[frizu:ra]
corte (m) de cabelo	matu griezums (v)	[matu griɛzums]
peruca (f)	parūka (s)	[paru:ka]

bigode (m)	ūsas (s dsk)	[u:sas]
barba (f)	bārda (s)	[ba:rda]
usar, ter (~ barba, etc.)	ir	[ir]
trança (f)	bize (s)	[bize]
suíças (f pl)	vaigubārda (s)	[vaiguba:rda]

ruivo	ruds	[ruds]
grisalho	sirms	[sirms]
calvo	plikgalvains	[plikgalvains]
calva (f)	plika galva (s)	[plika galva]
rabo-de-cavalo (m)	zirgaste (s)	[zirgaste]
franja (f)	mati uz pieres (v)	[mati uz piɛres]

32. Corpo humano

mão (f)	delna (s)	[delna]
braço (m)	roka (s)	[rɔka]
dedo (m)	pirksts (v)	[pirksts]
dedo (m) do pé	kājas īkšķis (v)	[ka:jas i:kʃtʲis]
polegar (m)	īkšķis (v)	[i:kʃtʲis]
dedo (m) mindinho	mazais pirkstiņš (v)	[mazais pirkstiɲʃ]
unha (f)	nags (v)	[nags]
punho (m)	dūre (s)	[du:re]
palma (f) da mão	plauksta (s)	[plauksta]
pulso (m)	plaukstas locītava (s)	[plaukstas lɔtsi:tava]
antebraço (m)	apakšdelms (v)	[apakʃdelms]
cotovelo (m)	elkonis (v)	[elkɔnis]
ombro (m)	augšdelms (v)	[augʃdelms]
perna (f)	kāja (s)	[ka:ja]
pé (m)	pēda (s)	[pɛ:da]
joelho (m)	celis (v)	[tselis]
barriga (f) da perna	apakšstilbs (v)	[apakʃstilbs]
anca (f)	gurns (v)	[gurns]
calcanhar (m)	papēdis (v)	[pape:dis]
corpo (m)	ķermenis (v)	[tʲermenis]
barriga (f)	vēders (v)	[vɛ:dɛrs]
peito (m)	krūškurvis (v)	[kru:ʃkurvis]
seio (m)	krūts (s)	[kru:ts]
lado (m)	sāns (v)	[sa:ns]
costas (f pl)	mugura (s)	[mugura]
região (f) lombar	krusti (v dsk)	[krusti]
cintura (f)	viduklis (v)	[viduklis]
umbigo (m)	naba (s)	[naba]
nádegas (f pl)	gūžas (s dsk)	[gu:ʒas]
traseiro (m)	dibens (v)	[dibens]
sinal (m)	dzimumzīme (s)	[dzimumzi:me]
sinal (m) de nascença	dzimumzīme (s)	[dzimumzi:me]
tatuagem (f)	tetovējums (v)	[tetove:jums]
cicatriz (f)	rēta (s)	[rɛ:ta]

Vestuário & Acessórios

33. Roupa exterior. Casacos

roupa (f)	apģērbs (v)	[apdʲeːrbs]
roupa (f) exterior	virsdrēbes (s dsk)	[virsdrɛːbes]
roupa (f) de inverno	ziemas drēbes (s dsk)	[ziɛmas drɛːbes]

sobretudo (m)	mētelis (v)	[mɛːtelis]
casaco (m) de peles	kažoks (v)	[kaʒɔks]
casaco curto (m) de peles	puskažoks (v)	[puskaʒɔks]
casaco (m) acolchoado	dūnu mētelis (v)	[duːnu mɛːtelis]

casaco, blusão (m)	jaka (s)	[jaka]
impermeável (m)	apmetnis (v)	[apmetnis]
impermeável	ūdensnecaurlaidīgs	[uːdensnetsaurlaidiːgs]

34. Vestuário de homem & mulher

camisa (f)	krekls (v)	[krekls]
calças (f pl)	bikses (s dsk)	[bikses]
calças (f pl) de ganga	džinsi (v dsk)	[dʒinsi]
casaco (m) de fato	žakete (s)	[ʒakɛte]
fato (m)	uzvalks (v)	[uzvalks]

vestido (ex. ~ vermelho)	kleita (s)	[klɛita]
saia (f)	svārki (v dsk)	[svaːrki]
blusa (f)	blūze (s)	[bluːze]
casaco (m) de malha	vilnaina jaka (s)	[vilnaina jaka]
casaco, blazer (m)	žakete (s)	[ʒakɛte]

T-shirt, camiseta (f)	sporta krekls (v)	[sporta krekls]
calções (Bermudas, etc.)	šorti (v dsk)	[ʃorti]
fato (m) de treino	sporta tērps (v)	[sporta teːrps]
roupão (m) de banho	halāts (v)	[xalaːts]
pijama (m)	pidžama (s)	[pidʒama]

| suéter (m) | svīteris (v) | [sviːteris] |
| pulôver (m) | pulovers (v) | [pulovɛrs] |

colete (m)	veste (s)	[veste]
fraque (m)	fraka (s)	[fraka]
smoking (m)	smokings (v)	[smɔkiŋs]

uniforme (m)	uniforma (s)	[uniforma]
roupa (f) de trabalho	darba apģērbs (v)	[darba apdʲeːrbs]
fato-macaco (m)	kombinezons (v)	[kɔmbinezɔns]
bata (~ branca, etc.)	halāts (v)	[xalaːts]

35. Vestuário. Roupa interior

roupa (f) interior	veļa (s)	[vɛlʲa]
cuecas boxer (f pl)	bokseršorti (v dsk)	[bokserʃorti]
cuecas (f pl)	biksītes (s dsk)	[biksi:tes]
camisola (f) interior	apakškrekls (v)	[apakʃkrekls]
peúgas (f pl)	zeķes (s dsk)	[zɛtʲes]
camisa (f) de noite	naktskrekls (v)	[naktskrekls]
sutiã (m)	krūšturis (v)	[kru:ʃturis]
meias longas (f pl)	pusgarās zeķes (s dsk)	[pusgara:s zɛtʲes]
meia-calça (f)	zeķubikses (s dsk)	[zɛtʲubikses]
meias (f pl)	sieviešu zeķes (s dsk)	[siɛviɛʃu zɛtʲes]
fato (m) de banho	peldkostīms (v)	[peldkɔsti:ms]

36. Adereços de cabeça

chapéu (m)	cepure (s)	[tsɛpure]
chapéu (m) de feltro	platmale (s)	[platmale]
boné (m) de beisebol	beisbola cepure (s)	[bɛisbola tsɛpure]
boné (m)	žokejcepure (s)	[ʒokejtsɛpure]
boina (f)	berete (s)	[bɛrɛte]
capuz (m)	kapuce (s)	[kaputse]
panamá (m)	panama (s)	[panama]
gorro (m) de malha	adīta cepurīte (s)	[adi:ta tsɛpuri:te]
lenço (m)	lakats (v)	[lakats]
chapéu (m) de mulher	cepurīte (s)	[tsɛpuri:te]
capacete (m) de proteção	ķivere (s)	[tʲivɛre]
bibico (m)	laiviņa (s)	[laiviɲa]
capacete (m)	bruņu cepure (s)	[bruɲu tsɛpure]
chapéu-coco (m)	katliņš (v)	[katliɲʃ]
chapéu (m) alto	cilindrs (v)	[tsilindrs]

37. Calçado

calçado (m)	apavi (v dsk)	[apavi]
botinas (f pl)	puszābaki (v dsk)	[pusza:baki]
sapatos (de salto alto, etc.)	kurpes (s dsk)	[kurpes]
botas (f pl)	zābaki (v dsk)	[za:baki]
pantufas (f pl)	čības (s dsk)	[tʃi:bas]
ténis (m pl)	sporta kurpes (s dsk)	[sporta kurpes]
sapatilhas (f pl)	kedas (s dsk)	[kɛdas]
sandálias (f pl)	sandales (s dsk)	[sandales]
sapateiro (m)	kurpnieks (v)	[kurpniɛks]
salto (m)	papēdis (v)	[pape:dis]

Português	Letão	Pronúncia
par (m)	pāris (v)	[pa:ris]
atacador (m)	aukla (s)	[aukla]
apertar os atacadores	saitēt	[saite:t]
calçadeira (f)	kurpju velkamais (v)	[kurpju velkamais]
graxa (f) para calçado	apavu krēms (v)	[apavu kre:ms]

38. Têxtil. Tecidos

Português	Letão	Pronúncia
algodão (m)	kokvilna (s)	[kɔkvilna]
de algodão	kokvilnas	[kɔkvilnas]
linho (m)	lini (v dsk)	[lini]
de linho	lina	[lina]
seda (f)	zīds (v)	[zi:ds]
de seda	zīda	[zi:da]
lã (f)	vilna (s)	[vilna]
de lã	vilnas	[vilnas]
veludo (m)	samts (v)	[samts]
camurça (f)	zamšāda (s)	[zamʃa:da]
bombazina (f)	velvets (v)	[velvets]
náilon (m)	neilons (v)	[nɛilɔns]
de náilon	neilona	[nɛilɔna]
poliéster (m)	poliesteris (v)	[poliɛsteris]
de poliéster	poliestera	[poliɛstɛra]
couro (m)	āda (s)	[a:da]
de couro	no ādas	[nɔ a:das]
pele (f)	kažokāda (s)	[kaʒɔka:da]
de peles, de pele	kažokādas	[kaʒɔka:das]

39. Acessórios pessoais

Português	Letão	Pronúncia
luvas (f pl)	cimdi (v dsk)	[tsimdi]
mitenes (f pl)	dūraiņi (v dsk)	[du:raiɲi]
cachecol (m)	šalle (s)	[ʃalle]
óculos (m pl)	brilles (s dsk)	[brilles]
armação (f) de óculos	ietvars (v)	[iɛtvars]
guarda-chuva (m)	lietussargs (v)	[liɛtussargs]
bengala (f)	spieķis (v)	[spiɛtʲis]
escova (f) para o cabelo	matu suka (s)	[matu suka]
leque (m)	vēdeklis (v)	[vɛ:deklis]
gravata (f)	kaklasaite (s)	[kaklasaite]
gravata-borboleta (f)	tauriņš (v)	[tauriɲʃ]
suspensórios (m pl)	bikšturi (v dsk)	[bikʃturi]
lenço (m)	kabatlakatiņš (v)	[kabatlakatiɲʃ]
pente (m)	ķemme (s)	[tʲemme]
travessão (m)	matu sprādze (s)	[matu spra:dze]

gancho (m) de cabelo	matadata (s)	[matadata]
fivela (f)	sprādze (s)	[spra:dze]

cinto (m)	josta (s)	[jɔsta]
correia (f)	siksna (s)	[siksna]

mala (f)	soma (s)	[sɔma]
mala (f) de senhora	somiņa (s)	[sɔmiɲa]
mochila (f)	mugursoma (s)	[mugursɔma]

40. Vestuário. Diversos

moda (f)	mode (s)	[mɔde]
na moda	moderns	[mɔderns]
estilista (m)	modelētājs (v)	[mɔdɛlɛ:ta:js]

colarinho (m), gola (f)	apkakle (s)	[apkakle]
bolso (m)	kabata (s)	[kabata]
de bolso	kabatas	[kabatas]
manga (f)	piedurkne (s)	[piɛdurkne]
alcinha (f)	pakaramais (v)	[pakaramais]
braguilha (f)	bikšu priekša	[bikʃu priɛkʃa]

fecho (m) de correr	rāvējslēdzējs (v)	[ra:ve:jsle:dze:js]
fecho (m), colchete (m)	aizdare (s)	[aizdare]
botão (m)	poga (s)	[pɔga]
casa (f) de botão	pogcaurums (v)	[pɔgtsaurums]
soltar-se (vr)	atrauties	[atrautiɛs]

coser, costurar (vi)	šūt	[ʃu:t]
bordar (vt)	izšūt	[izʃu:t]
bordado (m)	izšūšana (s)	[izʃu:ʃana]
agulha (f)	adata (s)	[adata]
fio (m)	diegs (v)	[diɛgs]
costura (f)	šuve (s)	[ʃuve]

sujar-se (vr)	notraipīties	[nɔtraipi:tiɛs]
mancha (f)	traips (v)	[traips]
engelhar-se (vr)	saburzīties	[saburzi:tiɛs]
rasgar (vt)	saplēst	[saple:st]
traça (f)	kode (s)	[kɔde]

41. Cuidados pessoais. Cosméticos

pasta (f) de dentes	zobu pasta (s)	[zɔbu pasta]
escova (f) de dentes	zobu suka (s)	[zɔbu suka]
escovar os dentes	tīrīt zobus	[ti:ri:t zɔbus]

máquina (f) de barbear	skuveklis (v)	[skuveklis]
creme (m) de barbear	skūšanas krēms (v)	[sku:ʃanas kre:ms]
barbear-se (vr)	skūties	[sku:tiɛs]
sabonete (m)	ziepes (s dsk)	[ziɛpes]

champô (m)	šampūns (v)	[ʃampuːns]
tesoura (f)	šķēres (s dsk)	[ʃtʲɛːres]
lima (f) de unhas	nagu vīlīte (s)	[nagu viːliːte]
corta-unhas (m)	knaiblītes (s dsk)	[knaibliːtes]
pinça (f)	pincete (s)	[pintsɛte]

cosméticos (m pl)	kosmētika (s)	[kɔsmeːtika]
máscara (f) facial	maska (s)	[maska]
manicura (f)	manikīrs (v)	[manikiːrs]
fazer a manicura	taisīt manikīru	[taisiːt manikiːru]
pedicure (f)	pedikīrs (v)	[pediki:rs]

mala (f) de maquilhagem	kosmētikas somiņa (s)	[kɔsmeːtikas sɔmiɲa]
pó (m)	pūderis (v)	[puːderis]
caixa (f) de pó	pūdernīca (s)	[puːderniːtsa]
blush (m)	vaigu sārtums (v)	[vaigu saːrtums]

perfume (m)	smaržas (s dsk)	[smarʒas]
água (f) de toilette	tualetes ūdens (v)	[tualɛtes uːdens]
loção (f)	losjons (v)	[lɔsjɔns]
água-de-colónia (f)	odekolons (v)	[ɔdekɔlɔns]

sombra (f) de olhos	acu ēnas (s dsk)	[atsu ɛːnas]
lápis (m) delineador	acu zīmulis (v)	[atsu ziːmulis]
máscara (f), rímel (m)	skropstu tuša (s)	[skrɔpstu tuʃa]

batom (m)	lūpu krāsa (s)	[luːpu kraːsa]
verniz (m) de unhas	nagu laka (s)	[nagu laka]
laca (f) para cabelos	matu laka (s)	[matu laka]
desodorizante (m)	dezodorants (v)	[dezɔdɔrants]

creme (m)	krēms (v)	[kreːms]
creme (m) de rosto	sejas krēms (v)	[sejas kreːms]
creme (m) de mãos	rokas krēms (v)	[rɔkas kreːms]
creme (m) antirrugas	pretgrumbu krēms (v)	[pretgrumbu kreːms]
creme (m) de dia	dienas krēms (v)	[diɛnas kreːms]
creme (m) de noite	nakts krēms (v)	[nakts kreːms]
de dia	dienas	[diɛnas]
da noite	nakts	[nakts]

tampão (m)	tampons (v)	[tampɔns]
papel (m) higiénico	tualetes papīrs (v)	[tualɛtes papiːrs]
secador (m) elétrico	fēns (v)	[feːns]

42. Joalheria

joias (f pl)	dārglietas (s dsk)	[daːrgliɛtas]
precioso	dārgs	[daːrgs]
marca (f) de contraste	prove (s)	[prɔve]

anel (m)	gredzens (v)	[gredzens]
aliança (f)	laulības gredzens (v)	[lauliːbas gredzens]
pulseira (f)	aproce (s)	[aprɔtse]
brincos (m pl)	auskari (v dsk)	[auskari]

colar (m)	kaklarota (s)	[kaklarota]
coroa (f)	kronis (v)	[kronis]
colar (m) de contas	krelles (s dsk)	[krelles]

diamante (m)	briljants (v)	[briljants]
esmeralda (f)	smaragds (v)	[smaragds]
rubi (m)	rubīns (v)	[rubi:ns]
safira (f)	safīrs (v)	[safi:rs]
pérola (f)	pērles (s dsk)	[pe:rles]
âmbar (m)	dzintars (v)	[dzintars]

43. Relógios de pulso. Relógios

relógio (m) de pulso	rokas pulkstenis (v)	[rokas pulkstenis]
mostrador (m)	ciparnīca (s)	[tsiparni:tsa]
ponteiro (m)	bultiņa (s)	[bultiɲa]
bracelete (f) em aço	metāla siksniņa (s)	[mɛta:la siksniɲa]
bracelete (f) em couro	siksniņa (s)	[siksniɲa]

pilha (f)	baterija (s)	[baterija]
descarregar-se	izlādēties	[izla:de:tiɛs]
trocar a pilha	nomainīt bateriju	[nomaini:t bateriju]
estar adiantado	steigties	[stɛigtiɛs]
estar atrasado	atpalikt	[atpalikt]

relógio (m) de parede	sienas pulkstenis (v)	[siɛnas pulkstenis]
ampulheta (f)	smilšu pulkstenis (v)	[smilʃu pulkstenis]
relógio (m) de sol	saules pulkstenis (v)	[saules pulkstenis]
despertador (m)	modinātājs (v)	[modina:ta:js]
relojoeiro (m)	pulksteņmeistars (v)	[pulksteɲmɛistars]
reparar (vt)	remontēt	[remonte:t]

45

Alimentação. Nutrição

44. Comida

carne (f)	gaļa (s)	[galʲa]
galinha (f)	vista (s)	[vista]
frango (m)	cālis (v)	[tsaːlis]
pato (m)	pīle (s)	[piːle]
ganso (m)	zoss (s)	[zɔs]
caça (f)	medījums (v)	[mediːjums]
peru (m)	tītars (v)	[tiːtars]

carne (f) de porco	cūkgaļa (s)	[tsuːkgalʲa]
carne (f) de vitela	teļa gaļa (s)	[tɛlʲa galʲa]
carne (f) de carneiro	jēra gaļa (s)	[jeːra galʲa]
carne (f) de vaca	liellopu gaļa (s)	[liɛllɔpu galʲa]
carne (f) de coelho	trusis (v)	[trusis]

chouriço, salsichão (m)	desa (s)	[dɛsa]
salsicha (f)	cīsiņš (v)	[tsiːsiɲʃ]
bacon (m)	bekons (v)	[bekɔns]
fiambre (f)	šķiņķis (v)	[ʃtʲiɲtʲis]
presunto (m)	šķiņķis (v)	[ʃtʲiɲtʲis]

patê (m)	pastēte (s)	[pastɛːte]
fígado (m)	aknas (s dsk)	[aknas]
carne (f) moída	malta gaļa (s)	[malta galʲa]
língua (f)	mēle (s)	[mɛːle]

ovo (m)	ola (s)	[ɔla]
ovos (m pl)	olas (s dsk)	[ɔlas]
clara (f) do ovo	baltums (v)	[baltums]
gema (f) do ovo	dzeltenums (v)	[dzeltenums]

peixe (m)	zivs (s)	[zivs]
mariscos (m pl)	jūras produkti (v dsk)	[juːras prɔdukti]
crustáceos (m pl)	vēžveidīgie (v dsk)	[veːʒvɛidiːgiɛ]
caviar (m)	ikri (v dsk)	[ikri]

caranguejo (m)	krabis (v)	[krabis]
camarão (m)	garnele (s)	[garnɛle]
ostra (f)	austere (s)	[austɛre]
lagosta (f)	langusts (v)	[langusts]
polvo (m)	astoņkājis (v)	[astɔŋkaːjis]
lula (f)	kalmārs (v)	[kalmaːrs]

esturjão (m)	store (s)	[stɔre]
salmão (m)	lasis (v)	[lasis]
halibute (m)	āte (s)	[aːte]
bacalhau (m)	menca (s)	[mentsa]

cavala, sarda (f)	skumbrija (s)	[skumbrija]
atum (m)	tuncis (v)	[tuntsis]
enguia (f)	zutis (v)	[zutis]

truta (f)	forele (s)	[fɔrɛle]
sardinha (f)	sardīne (s)	[sardi:ne]
lúcio (m)	līdaka (s)	[li:daka]
arenque (m)	siļķe (s)	[silʲtʲe]

pão (m)	maize (s)	[maize]
queijo (m)	siers (v)	[siɛrs]
açúcar (m)	cukurs (v)	[tsukurs]
sal (m)	sāls (v)	[sa:ls]

arroz (m)	rīsi (v dsk)	[ri:si]
massas (f pl)	makaroni (v dsk)	[makarɔni]
talharim (m)	nūdeles (s dsk)	[nu:dɛles]

manteiga (f)	sviests (v)	[sviɛsts]
óleo (m) vegetal	augu eļļa (s)	[augu ellʲa]
óleo (m) de girassol	saulespuķu eļļa (s)	[saulesputʲu ellʲa]
margarina (f)	margarīns (v)	[margari:ns]

| azeitonas (f pl) | olīvas (s dsk) | [ɔli:vas] |
| azeite (m) | olīveļļa (s) | [ɔli:vellʲa] |

leite (m)	piens (v)	[piɛns]
leite (m) condensado	kondensētais piens (v)	[kɔndensɛ:tais piɛns]
iogurte (m)	jogurts (v)	[jɔgurts]
nata (f) azeda	krējums (v)	[kre:jums]
nata (f) do leite	salds krējums (v)	[salds kre:jums]

| maionese (f) | majonēze (s) | [majɔnɛ:ze] |
| creme (m) | krēms (v) | [kre:ms] |

grãos (m pl) de cereais	putraimi (v dsk)	[putraimi]
farinha (f)	milti (v dsk)	[milti]
enlatados (m pl)	konservi (v dsk)	[kɔnservi]

flocos (m pl) de milho	kukurūzas pārslas (s dsk)	[kukuru:zas pa:rslas]
mel (m)	medus (v)	[mɛdus]
doce (m)	džems, ievārījums (v)	[dʒems], [iɛva:ri:jums]
pastilha (f) elástica	košļājamā gumija (s)	[kɔʃlʲa:jama: gumija]

45. Bebidas

água (f)	ūdens (v)	[u:dens]
água (f) potável	dzeramais ūdens (v)	[dzɛramais u:dens]
água (f) mineral	minerālūdens (v)	[minɛra:lu:dens]

sem gás	negāzēts	[nɛga:ze:ts]
gaseificada	gāzēts	[ga:ze:ts]
com gás	dzirkstošs	[dzirkstɔʃs]
gelo (m)	ledus (v)	[lɛdus]

47

com gelo	ar ledu	[ar lɛdu]
sem álcool	bezalkoholisks	[bɛzalkɔxɔlisks]
bebida (f) sem álcool	bezalkoholiskais dzēriens (v)	[bɛzalkɔxɔliskais dze:riɛns]
refresco (m)	atspirdzinošs dzēriens (v)	[atspirdzinɔʃs dze:riɛns]
limonada (f)	limonāde (s)	[limɔna:de]

bebidas (f pl) alcoólicas	alkoholiskie dzērieni (v dsk)	[alkɔxɔliskiɛ dze:riɛni]
vinho (m)	vīns (v)	[vi:ns]
vinho (m) branco	baltvīns (v)	[baltvi:ns]
vinho (m) tinto	sarkanvīns (v)	[sarkanvi:ns]

licor (m)	liķieris (v)	[litʲiɛris]
champanhe (m)	šampanietis (v)	[ʃampaniɛtis]
vermute (m)	vermuts (v)	[vermuts]

uísque (m)	viskijs (v)	[viskijs]
vodka (f)	degvīns (v)	[degvi:ns]
gim (m)	džins (v)	[dʒins]
conhaque (m)	konjaks (v)	[kɔnjaks]
rum (m)	rums (v)	[rums]

café (m)	kafija (s)	[kafija]
café (m) puro	melnā kafija (s)	[melna: kafija]
café (m) com leite	kafija (s) ar pienu	[kafija ar piɛnu]
cappuccino (m)	kapučīno (v)	[kaputʃi:nɔ]
café (m) solúvel	šķīstošā kafija (s)	[ʃtʲi:stɔʃa: kafija]

leite (m)	piens (v)	[piɛns]
coquetel (m)	kokteilis (v)	[kɔktɛilis]
batido (m) de leite	piena kokteilis (v)	[piɛna kɔktɛilis]

sumo (m)	sula (s)	[sula]
sumo (m) de tomate	tomātu sula (s)	[tɔma:tu sula]
sumo (m) de laranja	apelsīnu sula (s)	[apɛlsi:nu sula]
sumo (m) fresco	svaigi spiesta sula (s)	[svaigi spiɛsta sula]

cerveja (f)	alus (v)	[alus]
cerveja (f) clara	gaišais alus (v)	[gaiʃais alus]
cerveja (f) preta	tumšais alus (v)	[tumʃais alus]

chá (m)	tēja (s)	[te:ja]
chá (m) preto	melnā tēja (s)	[melna: te:ja]
chá (m) verde	zaļā tēja (s)	[zalʲa: te:ja]

46. Vegetais

| legumes (m pl) | dārzeņi (v dsk) | [da:rzeɲi] |
| verduras (f pl) | zaļumi (v dsk) | [zalʲumi] |

tomate (m)	tomāts (v)	[tɔma:ts]
pepino (m)	gurķis (v)	[gurtʲis]
cenoura (f)	burkāns (v)	[burka:ns]
batata (f)	kartupelis (v)	[kartupelis]

cebola (f)	sīpols (v)	[si:pɔls]
alho (m)	ķiploks (v)	[tʲiplɔks]

couve (f)	kāposti (v dsk)	[ka:pɔsti]
couve-flor (f)	puķkāposti (v dsk)	[putʲka:pɔsti]
couve-de-bruxelas (f)	Briseles kāposti (v dsk)	[brisɛles ka:pɔsti]
brócolos (m pl)	brokolis (v)	[brɔkɔlis]

beterraba (f)	biete (s)	[biɛte]
beringela (f)	baklažāns (v)	[baklaʒa:ns]
curgete (f)	kabacis (v)	[kabatsis]
abóbora (f)	ķirbis (v)	[tʲirbis]
nabo (m)	rācenis (v)	[ra:tsenis]

salsa (f)	pētersīlis (v)	[pɛ:tɛrsi:lis]
funcho, endro (m)	dilles (s dsk)	[dilles]
alface (f)	dārza salāti (v dsk)	[da:rza sala:ti]
aipo (m)	selerija (s)	[sɛlerija]
espargo (m)	sparģelis (v)	[spardʲelis]
espinafre (m)	spināti (v dsk)	[spina:ti]

ervilha (f)	zirnis (v)	[zirnis]
fava (f)	pupas (s dsk)	[pupas]
milho (m)	kukurūza (s)	[kukuru:za]
feijão (m)	pupiņas (s dsk)	[pupiɲas]

pimentão (m)	graudu pipars (v)	[graudu pipars]
rabanete (m)	redīss (v)	[redi:s]
alcachofra (f)	artišoks (v)	[artiʃɔks]

47. Frutos. Nozes

fruta (f)	auglis (v)	[auglis]
maçã (f)	ābols (v)	[a:bɔls]
pera (f)	bumbieris (v)	[bumbiɛris]
limão (m)	citrons (v)	[tsitrɔns]
laranja (f)	apelsīns (v)	[apɛlsi:ns]
morango (m)	zemene (s)	[zɛmɛne]

tangerina (f)	mandarīns (v)	[mandari:ns]
ameixa (f)	plūme (s)	[plu:me]
pêssego (m)	persiks (v)	[pɛrsiks]
damasco (m)	aprikoze (s)	[aprikɔze]
framboesa (f)	avene (s)	[avɛne]
ananás (m)	ananāss (v)	[anana:s]

banana (f)	banāns (v)	[bana:ns]
melancia (f)	arbūzs (v)	[arbu:zs]
uva (f)	vīnoga (s)	[vi:nɔga]
ginja (f)	skābais ķirsis (v)	[ska:bais tʲirsis]
cereja (f)	saldais ķirsis (v)	[saldais tʲirsis]
meloa (f)	melone (s)	[melɔne]
toranja (f)	greipfrūts (v)	[grɛipfru:ts]
abacate (m)	avokado (v)	[avɔkadɔ]

papaia (f)	papaija (s)	[papaija]
manga (f)	mango (v)	[maŋgɔ]
romã (f)	granātābols (v)	[grana:ta:bɔls]

groselha (f) vermelha	sarkanā jāņoga (s)	[sarkana: ja:ɲɔga]
groselha (f) preta	upene (s)	[upɛne]
groselha (f) espinhosa	ērkšķoga (s)	[e:rkʃtʲɔga]
mirtilo (m)	mellene (s)	[mellɛne]
amora silvestre (f)	kazene (s)	[kazɛne]

uvas (f pl) passas	rozīne (s)	[rɔzi:ne]
figo (m)	vīģe (s)	[vi:dʲe]
tâmara (f)	datele (s)	[datɛle]

amendoim (m)	zemesrieksts (v)	[zɛmesriɛksts]
amêndoa (f)	mandeles (s dsk)	[mandɛles]
noz (f)	valrieksts (v)	[valriɛksts]
avelã (f)	lazdu rieksts (v)	[lazdu riɛksts]
coco (m)	kokosrieksts (v)	[kɔkɔsriɛksts]
pistáchios (m pl)	pistācijas (s dsk)	[pista:tsijas]

48. Pão. Bolaria

pastelaria (f)	konditorejas izstrādājumi (v dsk)	[kɔnditɔrejas izstra:da:jumi]
pão (m)	maize (s)	[maize]
bolacha (f)	cepumi (v dsk)	[tsɛpumi]

chocolate (m)	šokolāde (s)	[ʃɔkɔla:de]
de chocolate	šokolādes	[ʃɔkɔla:des]
rebuçado (m)	konfekte (s)	[kɔnfekte]
bolo (cupcake, etc.)	kūka (s)	[ku:ka]
bolo (m) de aniversário	torte (s)	[tɔrte]

| tarte (~ de maçã) | pīrāgs (v) | [pi:ra:gs] |
| recheio (m) | pildījums (v) | [pildi:jums] |

doce (m)	ievārījums (v)	[iɛva:ri:jums]
geleia (f) de frutas	marmelāde (s)	[marmɛla:de]
waffle (m)	vafeles (s dsk)	[vafɛles]
gelado (m)	saldējums (v)	[salde:jums]
pudim (m)	pudiņš (v)	[pudiɲʃ]

49. Pratos cozinhados

prato (m)	ēdiens (v)	[e:diɛns]
cozinha (~ portuguesa)	virtuve (s)	[virtuve]
receita (f)	recepte (s)	[retsepte]
porção (f)	porcija (s)	[pɔrtsija]

| salada (f) | salāti (v dsk) | [sala:ti] |
| sopa (f) | zupa (s) | [zupa] |

caldo (m)	buljons (v)	[buljɔns]
sandes (f)	sviestmaize (s)	[sviɛstmaize]
ovos (m pl) estrelados	ceptas olas (s dsk)	[tseptas ɔlas]

| hambúrguer (m) | hamburgers (v) | [xamburgɛrs] |
| bife (m) | bifšteks (v) | [bifʃteks] |

conduto (m)	piedeva (s)	[piɛdɛva]
espaguete (m)	spageti (v dsk)	[spageti]
puré (m) de batata	kartupeļu biezenis (v)	[kartupɛlʲu biɛzenis]
pizza (f)	pica (s)	[pitsa]
papa (f)	biezputra (s)	[biɛzputra]
omelete (f)	omlete (s)	[ɔmlɛte]

cozido em água	vārīts	[vaːriːts]
fumado	kūpināts	[kuːpinaːts]
frito	cepts	[tsepts]
seco	žāvēts	[ʒaːveːts]
congelado	sasaldēts	[sasaldeːts]
em conserva	marinēts	[marineːts]

doce (açucarado)	salds	[salds]
salgado	sāļš	[saːlʲʃ]
frio	auksts	[auksts]
quente	karsts	[karsts]
amargo	rūgts	[ruːgts]
gostoso	garšīgs	[garʃiːgs]

cozinhar (em água a ferver)	vārīt	[vaːriːt]
fazer, preparar (vt)	gatavot	[gatavɔt]
fritar (vt)	cept	[tsept]
aquecer (vt)	uzsildīt	[uzsildiːt]

salgar (vt)	piebērt sāli	[piɛbeːrt saːli]
apimentar (vt)	piparot	[piparɔt]
ralar (vt)	rīvēt	[riːveːt]
casca (f)	miza (s)	[miza]
descascar (vt)	mizot	[mizɔt]

50. Especiarias

sal (m)	sāls (v)	[saːls]
salgado	sāļš	[saːlʲʃ]
salgar (vt)	piebērt sāli	[piɛbeːrt saːli]

pimenta (f) preta	melnie pipari (v dsk)	[melniɛ pipari]
pimenta (f) vermelha	paprika (s)	[paprika]
mostarda (f)	sinepes (s dsk)	[sinɛpes]
raiz-forte (f)	mārrutki (v dsk)	[maːrrutki]

condimento (m)	piedeva (s)	[piɛdɛva]
especiaria (f)	garšviela (s)	[garʃviɛla]
molho (m)	mērce (s)	[meːrtse]
vinagre (m)	etiķis (v)	[ɛtitʲis]

anis (m)	anīss (v)	[aniːs]
manjericão (m)	baziliks (v)	[baziliks]
cravo (m)	krustnagliņas (s dsk)	[krustnagliņas]
gengibre (m)	ingvers (v)	[iŋgvɛrs]
coentro (m)	koriandrs (v)	[kɔriandrs]
canela (f)	kanēlis (v)	[kaneːlis]

sésamo (m)	sezams (v)	[sɛzams]
folhas (f pl) de louro	lauru lapa (s)	[lauru lapa]
páprica (f)	paprika (s)	[paprika]
cominho (m)	ķimenes (s dsk)	[tʲimɛnes]
açafrão (m)	safrāns (v)	[safraːns]

51. Refeições

comida (f)	ēdiens (v)	[eːdiɛns]
comer (vt)	ēst	[ɛːst]

pequeno-almoço (m)	brokastis (s dsk)	[brɔkastis]
tomar o pequeno-almoço	brokastot	[brɔkastɔt]
almoço (m)	pusdienas (s dsk)	[pusdiɛnas]
almoçar (vi)	pusdienot	[pusdiɛnɔt]
jantar (m)	vakariņas (s dsk)	[vakariņas]
jantar (vi)	vakariņot	[vakariņɔt]

apetite (m)	apetīte (s)	[apetiːte]
Bom apetite!	Labu apetīti!	[labu apetiːti!]

abrir (~ uma lata, etc.)	atvērt	[atveːrt]
derramar (vt)	izliet	[izliɛt]
derramar-se (vr)	izlieties	[izliɛtiɛs]

ferver (vi)	vārīties	[vaːriːtiɛs]
ferver (vt)	vārīt	[vaːriːt]
fervido	vārīts	[vaːriːts]
arrefecer (vt)	atdzesēt	[atdzɛseːt]
arrefecer-se (vr)	atdzesēties	[atdzɛseːtiɛs]

sabor, gosto (m)	garša (s)	[garʃa]
gostinho (m)	piegarša (s)	[piɛgarʃa]

fazer dieta	tievēt	[tiɛveːt]
dieta (f)	diēta (s)	[diɛːta]
vitamina (f)	vitamīns (v)	[vitamiːns]
caloria (f)	kalorija (s)	[kalɔrija]
vegetariano (m)	veģetārietis (v)	[vɛdʲɛtaːriɛtis]
vegetariano	veģetāriešu	[vɛdʲɛtaːriɛʃu]

gorduras (f pl)	tauki (v dsk)	[tauki]
proteínas (f pl)	olbaltumvielas (s dsk)	[ɔlbaltumviɛlas]
carboidratos (m pl)	ogļhidrāti (v dsk)	[ɔglʲxidraːti]
fatia (~ de limão, etc.)	šķēlīte (s)	[ʃtʲeːliːte]
pedaço (~ de bolo)	gabals (v)	[gabals]
migalha (f)	gabaliņš (v)	[gabaliņʃ]

52. Por a mesa

colher (f)	karote (s)	[karɔte]
faca (f)	nazis (v)	[nazis]
garfo (m)	dakša (s)	[dakʃa]

chávena (f)	tase (s)	[tase]
prato (m)	šķīvis (v)	[ʃtʲiːvis]
pires (m)	apakštase (s)	[apakʃtase]
guardanapo (m)	salvete (s)	[salvɛte]
palito (m)	zobu bakstāmais (v)	[zɔbu bakstaːmais]

53. Restaurante

restaurante (m)	restorāns (v)	[restɔraːns]
café (m)	kafejnīca (s)	[kafejniːtsa]
bar (m), cervejaria (f)	bārs (v)	[baːrs]
salão (m) de chá	tēju nams (v)	[teːju nams]

empregado (m) de mesa	oficiants (v)	[ɔfitsiants]
empregada (f) de mesa	oficiante (s)	[ɔfitsiante]
barman (m)	bārmenis (v)	[baːrmenis]

ementa (f)	ēdienkarte (s)	[eːdiɛnkarte]
lista (f) de vinhos	vīnu karte (s)	[viːnu karte]
roɔorvɑr umɑ mooɑ	rozorvōt galdiņu	[rɛzerveːt galdiɲu]

prato (m)	ēdiens (v)	[eːdiɛns]
pedir (vt)	pasūtīt	[pasuːtiːt]
fazer o pedido	pasūtīt	[pasuːtiːt]

aperitivo (m)	aperitīvs (v)	[aperitiːvs]
entrada (f)	uzkožamais (v)	[uzkɔʒamais]
sobremesa (f)	deserts (v)	[dɛserts]

conta (f)	rēķins (v)	[reːtʲins]
pagar a conta	samaksāt rēķinu	[samaksaːt reːtʲinu]
dar o troco	iedot atlikumu	[iɛdɔt atlikumu]
gorjeta (f)	dzeramnauda (s)	[dzɛramnauda]

Família, parentes e amigos

54. Informação pessoal. Formulários

nome (m)	vārds (v)	[va:rds]
apelido (m)	uzvārds (v)	[uzva:rds]
data (f) de nascimento	dzimšanas datums (v)	[dzimʃanas datums]
local (m) de nascimento	dzimšanas vieta (s)	[dzimʃanas viɛta]
nacionalidade (f)	tautība (s)	[tauti:ba]
lugar (m) de residência	dzīves vieta (s)	[dzi:ves viɛta]
país (m)	valsts (s)	[valsts]
profissão (f)	profesija (s)	[prɔfesija]
sexo (m)	dzimums (v)	[dzimums]
estatura (f)	augums (v)	[augums]
peso (m)	svars (v)	[svars]

55. Membros da família. Parentes

mãe (f)	māte (s)	[ma:te]
pai (m)	tēvs (v)	[te:vs]
filho (m)	dēls (v)	[dɛ:ls]
filha (f)	meita (s)	[mɛita]
filha (f) mais nova	jaunākā meita (s)	[jauna:ka: mɛita]
filho (m) mais novo	jaunākais dēls (v)	[jauna:kais dɛ:ls]
filha (f) mais velha	vecākā meita (s)	[vetsa:ka: mɛita]
filho (m) mais velho	vecākais dēls (v)	[vetsa:kais dɛ:ls]
irmão (m)	brālis (v)	[bra:lis]
irmão (m) mais velho	vecākais brālis (v)	[vetsa:kais bra:lis]
irmão (m) mais novo	jaunākais brālis (v)	[jauna:kais bra:lis]
irmã (f)	māsa (s)	[ma:sa]
irmã (f) mais velha	vecākā māsa (s)	[vetsa:ka: ma:sa]
irmã (f) mais nova	jaunākā māsa (s)	[jauna:ka: ma:sa]
primo (m)	brālēns (v)	[bra:le:ns]
prima (f)	māsīca (s)	[ma:si:tsa]
mamã (f)	māmiņa (s)	[ma:miɲa]
papá (m)	tētis (v)	[te:tis]
pais (pl)	vecāki (v dsk)	[vetsa:ki]
criança (f)	bērns (v)	[be:rns]
crianças (f pl)	bērni (v dsk)	[be:rni]
avó (f)	vecmāmiņa (s)	[vetsma:miɲa]
avô (m)	vectēvs (v)	[vetste:vs]
neto (m)	mazdēls (v)	[mazdɛ:ls]

| neta (f) | mazmeita (s) | [mazmɛita] |
| netos (pl) | mazbērni (v dsk) | [mazbe:rni] |

tio (m)	onkulis (v)	[ɔnkulis]
tia (f)	tante (s)	[tante]
sobrinho (m)	brāļadēls, māsasdēls (v)	[bra: lʲadɛ:ls], [ma:sasdɛ:ls]
sobrinha (f)	brāļameita, māsasmeita (s)	[bra:lʲamɛita], [ma:sasmɛita]

sogra (f)	sievasmāte, vīramāte (s)	[siɛvasma:te], [vi:rama:te]
sogro (m)	sievastēvs, vīratēvs (v)	[siɛvaste:vs], [vi:rate:vs]
genro (m)	znots (v)	[znɔts]
madrasta (f)	pamāte (s)	[pama:te]
padrasto (m)	patēvs (v)	[pate:vs]

criança (f) de colo	krūts bērns (v)	[kru:ts be:rns]
bebé (m)	zīdainis (v)	[zi:dainis]
menino (m)	mazulis (v)	[mazulis]

mulher (f)	sieva (s)	[siɛva]
marido (m)	vīrs (v)	[vi:rs]
esposo (m)	dzīvesbiedrs (v)	[dzi:vesbiɛdrs]
esposa (f)	dzīvesbiedre (s)	[dzi:vesbiɛdre]

casado	precējies	[pretse:jiɛs]
casada	precējusies	[pretse:jusiɛs]
solteiro	neprecējies	[nepretse:jiɛs]
solteirão (m)	vecpuisis (v)	[vetspuisis]
divorciado	šķīries	[ʃtʲi:riɛs]
viúva (f)	atraitne (s)	[atraitne]
viúvo (m)	atraitnis (v)	[atraitnis]

parente (m)	radinieks (v)	[radiniɛks]
parente (m) próximo	tuvs radinieks (v)	[tuvs radiniɛks]
parente (m) distante	tāls radinieks (v)	[ta:ls radiniɛks]
parentes (m pl)	radi (v dsk)	[radi]

órfão (m)	bārenis (v)	[ba:renis]
órfã (f)	bārene (s)	[ba:rɛne]
tutor (m)	aizbildnis (v)	[aizbildnis]
adotar (um filho)	adoptēt zēnu	[adɔpte:t zɛ:nu]
adotar (uma filha)	adoptēt meiteni	[adɔpte:t mɛiteni]

56. Amigos. Colegas de trabalho

amigo (m)	draugs (v)	[draugs]
amiga (f)	draudzene (s)	[draudzɛne]
amizade (f)	draudzība (s)	[draudzi:ba]
ser amigos	draudzēties	[draudze:tiɛs]

amigo (m)	draugs (v)	[draugs]
amiga (f)	draudzene (s)	[draudzɛne]
parceiro (m)	partneris (v)	[partneris]
chefe (m)	šefs (v)	[ʃefs]
superior (m)	priekšnieks (v)	[priɛkʃniɛks]

proprietário (m)	īpašnieks (v)	[iːpaʃniɛks]
subordinado (m)	padotais (v)	[padɔtais]
colega (m)	kolēģis (v)	[kɔleːdⁱis]

conhecido (m)	paziņa (s, v)	[paziɲa]
companheiro (m) de viagem	ceļabiedrs (v)	[tsɛlⁱabiɛdrs]
colega (m) de classe	klases biedrs (v)	[klases biɛdrs]

vizinho (m)	kaimiņš (v)	[kaimiɲʃ]
vizinha (f)	kaimiņiene (s)	[kaimiɲiɛne]
vizinhos (pl)	kaimiņi (v dsk)	[kaimiɲi]

57. Homem. Mulher

mulher (f)	sieviete (s)	[siɛviɛte]
rapariga (f)	jauniete (s)	[jauniɛte]
noiva (f)	līgava (s)	[liːgava]

bonita	skaista	[skaista]
alta	augsta	[augsta]
esbelta	slaida	[slaida]
de estatura média	neliela auguma	[neliɛla auguma]

| loura (f) | blondīne (s) | [blɔndiːne] |
| morena (f) | brunete (s) | [brunɛte] |

de senhora	dāmu	[daːmu]
virgem (f)	jaunava (s)	[jaunava]
grávida	grūta	[gruːta]

homem (m)	vīrietis (v)	[viːriɛtis]
louro (m)	blondīns (v)	[blɔndiːns]
moreno (m)	brunets (v)	[brunets]
alto	augsts	[augsts]
de estatura média	neliela auguma	[neliɛla auguma]

rude	rupjš	[rupjʃ]
atarracado	drukns	[drukns]
robusto	spēcīgs	[speːtsiːgs]
forte	spēcīgs	[speːtsiːgs]
força (f)	spēks (v)	[speːks]

gordo	tukls	[tukls]
moreno	melnīgsnējs	[melniːgsneːjs]
esbelto	slaids	[slaids]
elegante	elegants	[elɛgants]

58. Idade

idade (f)	vecums (v)	[vetsums]
juventude (f)	jaunība (s)	[jauniːba]
jovem	jauns	[jauns]

| mais novo | jaunāks | [jauna:ks] |
| mais velho | vecāks | [vetsa:ks] |

jovem (m)	jauneklis (v)	[jauneklis]
adolescente (m)	pusaudzis (v)	[pusaudzis]
rapaz (m)	puisis (v)	[puisis]

| velho (m) | vecītis (v) | [vetsi:tis] |
| velhota (f) | vecenīte (s) | [vetseni:te] |

adulto	pieaudzis	[piɛaudzis]
de meia-idade	pusmūža gados	[pusmu:ʒa gadɔs]
idoso, de idade	pavecs	[pavets]
velho	vecs	[vets]

reforma (f)	pensionēšanās (s)	[pensiɔne:ʃana:s]
reformar-se (vr)	aiziet pensijā	[aiziɛt pensija:]
reformado (m)	pensionārs (v)	[pensiɔna:rs]

59. Crianças

criança (f)	bērns (v)	[be:rns]
crianças (f pl)	bērni (v dsk)	[be:rni]
gémeos (m pl)	dvīņi (v dsk)	[dvi:ɲi]

berço (m)	šūpulis (v)	[ʃu:pulis]
guizo (m)	grābeklis (v)	[ɡra:beklis]
fralda (f)	paklājiņš (v)	[pakla:jiɲʃ]

chupeta (f)	knupis (v)	[knupis]
carrinho (m) de bebé	bērnu ratiņi (v dsk)	[be:rnu ratiɲi]
jardim (m) de infância	bērnudārzs (v)	[be:rnuda:rzs]
babysitter (f)	aukle (s)	[aukle]

infância (f)	bērnība (s)	[be:rni:ba]
boneca (f)	lelle (s)	[lelle]
brinquedo (m)	rotaļlieta (s)	[rotal'liɛta]
jogo (m) de armar	konstruktors (v)	[kɔnstruktɔrs]

bem-educado	audzināts	[audzina:ts]
mal-educado	neaudzināts	[neaudzina:ts]
mimado	izlutināts	[izlutina:ts]

ser travesso	draiskoties	[draiskɔtiɛs]
travesso, traquinas	draiskulīgs	[draiskuli:gs]
travessura (f)	draiskulība (s)	[draiskuli:ba]
criança (f) travessa	draiskulis (v)	[draiskulis]

| obediente | paklausīgs | [paklausi:gs] |
| desobediente | nepaklausīgs | [nɛpaklausi:gs] |

dócil	saprātīgs	[sapra:ti:gs]
inteligente	gudrs	[gudrs]
menino (m) prodígio	brīnumbērns (v)	[bri:numbe:rns]

60. Casais. Vida de família

beijar (vt)	skūpstīt	[sku:psti:t]
beijar-se (vr)	skūpstīties	[sku:psti:tiɛs]
família (f)	ģimene (s)	[dʲimɛne]
familiar	ģimenes	[dʲimɛnes]
casal (m)	pāris (v)	[pa:ris]
matrimónio (m)	laulība (s)	[lauli:ba]
lar (m)	ģimenes pavards (v)	[dʲimɛnes pavards]
dinastia (f)	dinastija (s)	[dinastija]
encontro (m)	randiņš (v)	[randiɲʃ]
beijo (m)	skūpsts (v)	[sku:psts]
amor (m)	mīlestība (s)	[mi:lesti:ba]
amar (vt)	mīlēt	[mi:le:t]
amado, querido	mīļotais	[mi:lʲotais]
ternura (f)	maigums (v)	[maigums]
terno, afetuoso	maigs	[maigs]
fidelidade (f)	uzticība (s)	[uztitsi:ba]
fiel	uzticīgs	[uztitsi:gs]
cuidado (m)	rūpes (s dsk)	[ru:pes]
carinhoso	rūpīgs	[ru:pi:gs]
recém-casados (m pl)	jaunlaulātie (v dsk)	[jaunlaula:tiɛ]
lua de mel (f)	medus mēnesis (v)	[mɛdus mɛ:nesis]
boda (f)	kāzas (s dsk)	[ka:zas]
bodas (f pl) de ouro	zelta kāzas (s dsk)	[zelta ka:zas]
aniversário (m)	gadadiena (s)	[gadadiɛna]
amante (m)	mīļākais (v)	[mi:lʲa:kais]
amante (f)	mīļākā (s)	[mi:lʲa:ka:]
adultério (m)	nodevība (s)	[nɔdevi:ba]
cometer adultério	nodot	[nɔdɔt]
ciumento	greizsirdīgs	[grɛizsirdi:gs]
ser ciumento	būt greizsirdīgam	[bu:t grɛizsirdi:gam]
divórcio (m)	šķiršanās (s)	[ʃtʲirʃana:s]
divorciar-se (vr)	šķirties	[ʃtʲirtiɛs]
brigar (discutir)	strīdēties	[stri:de:tiɛs]
fazer as pazes	līgt mieru	[li:gt miɛru]
juntos	kopā	[kɔpa:]
sexo (m)	sekss (v)	[seks]
felicidade (f)	laime (s)	[laime]
feliz	laimīgs	[laimi:gs]
infelicidade (f)	nelaime (s)	[nɛlaime]
infeliz	nelaimīgs	[nɛlaimi:gs]

Caráter. Sentimentos. Emoções

61. Sentimentos. Emoções

sentimento (m)	sajūta (s)	[saju:ta]
sentimentos (m pl)	jūtas (s dsk)	[ju:tas]
sentir (vt)	just	[just]
fome (f)	izsalkums (v)	[izsalkums]
ter fome	gribēt ēst	[gribe:t e:st]
sede (f)	slāpes (s dsk)	[sla:pes]
ter sede	gribēt dzert	[gribe:t dzert]
sonolência (f)	miegainība (s)	[miɛgaini:ba]
estar sonolento	justies miegainam	[justies miɛgainam]
cansaço (m)	nogurums (v)	[nɔgurums]
cansado	noguris	[nɔguris]
ficar cansado	nogurt	[nɔgurt]
humor (m)	garastāvoklis (v)	[garasta:vɔklis]
tédio (m)	garlaicība (s)	[garlaitsi:ba]
aborrecer-se (vr)	garlaikoties	[garlaikɔtiɛs]
isolamento (m)	vientulība (s)	[viɛntuli:ba]
isolar-se	nošķirties	[nɔʃʲirtiɛs]
preocupar (vt)	uztraukt	[uztraukt]
preocupar-se (vr)	uztraukties	[uztrauktiɛs]
preocupação (f)	satraukums (v)	[satraukums]
ansiedade (f)	nemiers (v)	[nemiɛrs]
preocupado	noraizējies	[nɔraize:jiɛs]
estar nervoso	nervozēt	[nervɔze:t]
entrar em pânico	padoties panikai	[padɔties panikai]
esperança (f)	cerība (s)	[tseri:ba]
esperar (vt)	cerēt	[tsɛre:t]
certeza (f)	pārliecība (s)	[pa:rliɛtsi:ba]
certo	pārliecināts	[pa:rliɛtsina:ts]
indecisão (f)	nedrošība (s)	[nedrɔʃi:ba]
indeciso	nedrošs	[nedrɔʃs]
ébrio, bêbado	piedzēries	[piɛdze:riɛs]
sóbrio	nedzēris	[nedze:ris]
fraco	vājš	[va:jʃ]
feliz	laimīgs	[laimi:gs]
assustar (vt)	nobiedēt	[nɔbiɛde:t]
fúria (f)	trakums (v)	[trakums]
ira, raiva (f)	niknums (v)	[niknums]
depressão (f)	depresija (s)	[depresija]
desconforto (m)	diskomforts (v)	[diskɔmfɔrts]

conforto (m)	komforts (v)	[kɔmfɔrts]
arrepender-se (vr)	nožēlot	[nɔʒeːlɔt]
arrependimento (m)	nožēla (s)	[nɔʒɛːla]
azar (m), má sorte (f)	neveiksme (s)	[nevɛiksme]
tristeza (f)	sarūgtinājums (v)	[saruːgtinaːjums]

vergonha (f)	kauns (v)	[kauns]
alegria (f)	jautrība (s)	[jautriːba]
entusiasmo (m)	entuziasms (v)	[entuziasms]
entusiasta (m)	entuziasts (v)	[entuziasts]
mostrar entusiasmo	izrādīt entuziasmu	[izraːdiːt entuziasmu]

62. Caráter. Personalidade

caráter (m)	raksturs (v)	[raksturs]
falha (f) de caráter	trūkums (v)	[truːkums]
mente (f)	prāts (v)	[praːts]
razão (f)	saprāts (v)	[sapraːts]

consciência (f)	sirdsapziņa (s)	[sirdsapziɲa]
hábito (m)	ieradums (v)	[iɛradums]
habilidade (f)	spēja (s)	[speːja]
saber (~ nadar, etc.)	prast	[prast]

paciente	pacietīgs	[patsiɛtiːgs]
impaciente	nepacietīgs	[nɛpatsiɛtiːgs]
curioso	ziņkārīgs	[ziɲkaːriːgs]
curiosidade (f)	ziņkārība (s)	[ziɲkaːriːba]

modéstia (f)	kautrība (s)	[kautriːba]
modesto	kautrīgs	[kautriːgs]
imodesto	nekautrīgs	[nɛkautriːgs]

preguiça (f)	slinkums (v)	[slinkums]
preguiçoso	slinks	[slinks]
preguiçoso (m)	sliņķis (v)	[sliɲtʲis]

astúcia (f)	viltība (s)	[vilti:ba]
astuto	viltīgs	[vilti:gs]
desconfiança (f)	neuzticība (s)	[nɛuztitsi:ba]
desconfiado	neuzticīgs	[nɛuztitsi:gs]

generosidade (f)	devība (s)	[devi:ba]
generoso	devīgs	[devi:gs]
talentoso	talantīgs	[talanti:gs]
talento (m)	talants (v)	[talants]

corajoso	drosmīgs	[drɔsmi:gs]
coragem (f)	drosme (s)	[drɔsme]
honesto	godīgs	[gɔdi:gs]
honestidade (f)	godīgums (v)	[gɔdi:gums]

| prudente | piesardzīgs | [piɛsardzi:gs] |
| valente | drošsirdīgs | [drɔʃsirdi:gs] |

sério	nopietns	[nɔpiɛtns]
severo	stingrs	[stiŋgrs]
decidido	apņēmīgs	[apɲe:mi:gs]
indeciso	neapņēmīgs	[neapɲe:mi:gs]
tímido	bikls	[bikls]
timidez (f)	biklums (v)	[biklums]
confiança (f)	uzticība (s)	[uztitsi:ba]
confiar (vt)	uzticēt	[uztitse:t]
crédulo	lētticīgs	[le:ttitsi:gs]
sinceramente	vaļsirdīgi	[valʲsirdi:gi]
sincero	vaļsirdīgs	[valʲsirdi:gs]
sinceridade (f)	vaļsirdība (s)	[valʲsirdi:ba]
aberto	atklāts	[atkla:ts]
calmo	mierīgs	[miɛri:gs]
franco	klajš	[klajʃ]
ingénuo	naivs	[naivs]
distraído	izklaidīgs	[izklaidi:gs]
engraçado	smieklīgs	[smiɛkli:gs]
ganância (f)	alkatība (s)	[alkati:ba]
ganancioso	alkatīgs	[alkati:gs]
avarento	skops	[skɔps]
mau	ļauns	[lʲauns]
teimoso	stūrgalvīgs	[stu:rgalvi:gs]
desagradável	nepatīkams	[nɛpati·kams]
egoísta (m)	egoists (v)	[egɔists]
egoísta	egoistisks	[egɔistisks]
cobarde (m)	gļēvulis (v)	[glʲɛ:vulis]
cobarde	gļēvulīgs	[glʲɛ:vuli:gs]

63. O sono. Sonhos

dormir (vi)	gulēt	[gule:t]
sono (m)	miegs (v)	[miɛgs]
sonho (m)	sapnis (y)	[sapnis]
sonhar (vi)	sapņot	[sapɲɔt]
sonolento	miegains	[miɛgains]
cama (f)	gulta (s)	[gulta]
colchão (m)	matracis (v)	[matratsis]
cobertor (m)	sega (s)	[sɛga]
almofada (f)	spilvens (v)	[spilvens]
lençol (m)	palags (v)	[palags]
insónia (f)	bezmiegs (v)	[bezmiɛgs]
insone	bezmiega	[bezmiɛga]
sonífero (m)	miegazāles (s dsk)	[miɛgaza:les]
tomar um sonífero	iedzert miegazāles	[iɛdzert miɛgaza:les]
estar sonolento	justies miegainam	[justies miɛgainam]

bocejar (vi)	žāvāties	[ʒa:va:tiɛs]
ir para a cama	iet gulēt	[iɛt gule:t]
fazer a cama	saklāt gultu	[sakla:t gultu]
adormecer (vi)	aizmigt	[aizmigt]

pesadelo (m)	murgi (v dsk)	[murgi]
ronco (m)	krākšana (s)	[kra:kʃana]
roncar (vi)	krākt	[kra:kt]

despertador (m)	modinātājs (v)	[mɔdina:ta:js]
acordar, despertar (vt)	uzmodināt	[uzmɔdina:t]
acordar (vi)	uzmosties	[uzmɔstiɛs]
levantar-se (vr)	piecelties no gultas	[piɛtselties nɔ gultas]
lavar-se (vr)	mazgāties	[mazga:tiɛs]

64. Humor. Riso. Alegria

humor (m)	humors (v)	[xumɔrs]
sentido (m) de humor	humora izjūta (s)	[xumɔra izju:ta]
divertir-se (vr)	līksmot	[li:ksmɔt]
alegre	jautrs	[jautrs]
alegria (f)	jautrība (s)	[jautri:ba]

sorriso (m)	smaids (v)	[smaids]
sorrir (vi)	smaidīt	[smaidi:t]
começar a rir	iesmieties	[iɛsmiɛtiɛs]
rir (vi)	smieties	[smiɛtiɛs]
riso (m)	smiekli (v dsk)	[smiɛkli]

anedota (f)	anekdote (s)	[anegdɔte]
engraçado	smieklīgs	[smiɛkli:gs]
ridículo	jocīgs	[jɔtsi:gs]

brincar, fazer piadas	jokot	[jɔkɔt]
piada (f)	joks (v)	[jɔks]
alegria (f)	prieks (v)	[priɛks]
regozijar-se (vr)	priecāties	[priɛtsa:tiɛs]
alegre	priecīgs	[priɛtsi:gs]

65. Discussão, conversação. Parte 1

| comunicação (f) | sazināšanās (s) | [sazina:ʃana:s] |
| comunicar-se (vr) | saieties | [saiɛtiɛs] |

conversa (f)	saruna (s)	[saruna]
diálogo (m)	dialogs (v)	[dialɔgs]
discussão (f)	diskusija (s)	[diskusija]
debate (m)	strīds (v)	[stri:ds]
debater (vt)	strīdēties	[stri:de:tiɛs]

| interlocutor (m) | sarunu biedrs (v) | [sarunu biɛdrs] |
| tema (m) | temats (v) | [tɛmats] |

ponto (m) de vista	viedoklis (v)	[viɛdɔklis]
opinião (f)	uzskats (v)	[uzskats]
discurso (m)	runa (s)	[runa]

discussão (f)	apspriešana (s)	[apspriɛʃana]
discutir (vt)	apspriest	[apspriɛst]
conversa (f)	saruna (s)	[saruna]
conversar (vi)	sarunāties	[saruna:tiɛs]
encontro (m)	satikšanās (s)	[satikʃana:s]
encontrar-se (vr)	satikt	[satikt]

provérbio (m)	sakāmvārds (v)	[saka:mva:rds]
ditado (m)	paruna (s)	[paruna]
adivinha (f)	mīkla (s)	[mi:kla]
dizer uma adivinha	uzdot mīklu	[uzdɔt mi:klu]
senha (f)	parole (s)	[parɔle]
segredo (m)	noslēpums (v)	[nɔslɛ:pums]

juramento (m)	zvērests (v)	[zvɛ:rests]
jurar (vi)	zvērēt	[zvɛ:re:t]
promessa (f)	solījums (v)	[sɔli:jums]
prometer (vt)	solīt	[sɔli:t]

conselho (m)	padoms (v)	[padɔms]
aconselhar (vt)	dot padomu	[dɔt padɔmu]
seguir o conselho	sekot padomam	[sekɔt padɔmam]
escutar (~ os conselhos)	klausīt padomam	[klausi:t padɔmam]

novidade, notícia (f)	jaunums (v)	[jaunums]
sensação (f)	sensācija (s)	[sensa:tsija]
informação (f)	ziņas (s dsk)	[ziɲas]
conclusão (f)	secinājums (v)	[setsina:jums]
voz (f)	balss (v)	[bals]
elogio (m)	kompliments (v)	[kɔmpliments]
amável	laipns	[laipns]

palavra (f)	vārds (v)	[va:rds]
frase (f)	frāze (s)	[fra:ze]
resposta (f)	atbilde (s)	[atbilde]

| verdade (f) | patiesība (s) | [patiɛsi:ba] |
| mentira (f) | meli (v dsk) | [meli] |

pensamento (m)	doma (s)	[dɔma]
ideia (f)	ideja (s), doma (s)	[ideja], [dɔma]
fantasia (f)	fantāzija (s)	[fanta:zija]

66. Discussão, conversação. Parte 2

estimado	cienījams	[tsiɛni:jams]
respeitar (vt)	cienīt	[tsiɛni:t]
respeito (m)	cieņa (s)	[tsiɛɲa]
Estimado ..., Caro ...	Cienījamais ...	[tsiɛni:jamais ...]
apresentar (vt)	iepazīstināt	[iɛpazi:stina:t]

travar conhecimento	iepazīties	[iɛpazi:tiɛs]
intenção (f)	nodoms (v)	[nɔdɔms]
tencionar (vt)	domāt	[dɔma:t]
desejo (m)	novēlējums (v)	[nɔvɛ:le:jums]
desejar (ex. ~ boa sorte)	novēlēt	[nɔvɛ:le:t]

surpresa (f)	izbrīns (v)	[izbri:ns]
surpreender (vt)	pārsteigt	[pa:rstɛigt]
surpreender-se (vr)	brīnīties	[bri:ni:tiɛs]

dar (vt)	dot	[dɔt]
pegar (tomar)	paņemt	[paɲemt]
devolver (vt)	atdot atpakaļ	[atdɔt atpakalʲ]
retornar (vt)	atdot	[atdɔt]

desculpar-se (vr)	atvainoties	[atvainɔtiɛs]
desculpa (f)	atvainošanās (s dsk)	[atvainɔʃana:s]
perdoar (vt)	piedot	[piɛdɔt]

falar (vi)	sarunāties	[saruna:tiɛs]
escutar (vt)	klausīt	[klausi:t]
ouvir até o fim	noklausīties	[nɔklausi:tiɛs]
compreender (vt)	saprast	[saprast]

mostrar (vt)	parādīt	[para:di:t]
olhar para ...	skatīties uz ...	[skati:ties uz ...]
chamar (dizer em voz alta o nome)	saukt	[saukt]
distrair (vt)	traucēt	[trautse:t]
perturbar (vt)	traucēt	[trautse:t]
entregar (~ em mãos)	nodot	[nɔdɔt]

pedido (m)	lūgums (v)	[lu:gums]
pedir (ex. ~ ajuda)	lūgt	[lu:gt]
exigência (f)	pieprasījums (v)	[piɛprasi:jums]
exigir (vt)	prasīt	[prasi:t]

chamar nomes (vt)	kaitināt	[kaitina:t]
zombar (vt)	zoboties	[zɔbɔtiɛs]
zombaria (f)	izsmiekls (v)	[izsmiɛkls]
alcunha (f)	iesauka (s)	[iɛsauka]

insinuação (f)	netiešs norādījums (v)	[netiɛʃs nɔra:di:jums]
insinuar (vt)	netieši norādīt	[netiɛʃi nɔra:di:t]
subentender (vt)	domāt	[dɔma:t]

descrição (f)	raksturojums (v)	[raksturɔjums]
descrever (vt)	aprakstīt	[apraksti:t]
elogio (m)	uzslava (s)	[uzslava]
elogiar (vt)	slavēt	[slave:t]

desapontamento (m)	vilšanās (s)	[vilʃana:s]
desapontar (vt)	likt vilties	[likt viltiɛs]
desapontar-se (vr)	vilties	[viltiɛs]
suposição (f)	pieņēmums (v)	[piɛɲɛ:mums]
supor (vt)	pieņemt	[piɛɲemt]

| advertência (f) | brīdinājums (v) | [bri:dina:jums] |
| advertir (vt) | brīdināt | [bri:dina:t] |

67. Discussão, conversação. Parte 3

| convencer (vt) | pierunāt | [piɛruna:t] |
| acalmar (vt) | nomierināt | [nɔmiɛrina:t] |

silêncio (o ~ é de ouro)	klusēšana (s)	[kluse:ʃana]
ficar em silêncio	klusēt	[kluse:t]
sussurrar (vt)	iečukstēt	[iɛtʃukste:t]
sussurro (m)	čuksts (v)	[tʃuksts]

| francamente | vaļsirdīgi | [valʲsirdi:gi] |
| a meu ver ... | manuprāt ... | [manupra:t ...] |

detalhe (~ da história)	sīkums (v)	[si:kums]
detalhado	sīks	[si:ks]
detalhadamente	sīki	[si:ki]

| dica (f) | priekšā teikšana (s) | [priɛkʃa: tɛikʃana] |
| dar uma dica | dot mājienu | [dɔt ma:jiɛnu] |

olhar (m)	skatiens (v)	[skatiɛns]
dar uma vista de olhos	paskatīties	[paskati:tiɛs]
fixo (olhar ~)	stingrs skatiens	[stiŋgrs skatiɛns]
piscar (vi)	mirkšķināt	[mirkʃtʲina:t]
pestanejar (vt)	pamirkšķināt	[pamirkʃtʲina:t]
acenar (com a cabeça)	pamāt ar galvu	[pama:t ar galvu]

suspiro (m)	nopūta (s)	[nɔpu:ta]
suspirar (vi)	nopūsties	[nɔpu:stiɛs]
estremecer (vi)	satrūkties	[satru:ktiɛs]
gesto (m)	žests (v)	[ʒests]
tocar (com as mãos)	pieskarties	[piɛskartiɛs]
agarrar (~ pelo braço)	tvert	[tvert]
bater de leve	blīkšķināt	[bli:kʃtʲina:t]

Cuidado!	Uzmanīgi!	[uzmani:gi!]
A sério?	Vai tiešām?	[vai tiɛʃa:m?]
Tem certeza?	Vai esi pārliecināts?	[vai esi pa:rliɛtsina:ts?]
Boa sorte!	Veiksmi!	[vɛiksmi!]
Compreendi!	Skaidrs!	[skaidrs!]
Que pena!	Žēl!	[ʒe:l!]

68. Acordo. Recusa

consentimento (~ mútuo)	piekrišana (s)	[piɛkriʃana]
consentir (vi)	piekrist	[piɛkrist]
aprovação (f)	aprobēšana (s)	[aprɔbe:ʃana]
aprovar (vt)	aprobēt	[aprɔbe:t]
recusa (f)	atteice (s)	[attɛitse]

65

negar-se (vt)	atteikties	[attɛiktiɛs]
Está ótimo!	Lieliski!	[liɛliski!]
Muito bem!	Labi!	[labi!]
Está bem! De acordo!	Lai ir!	[lai ir!]

proibido	aizliegts	[aizliɛgts]
é proibido	nedrīkst	[nedri:kst]
é impossível	nav iespējams	[nav iɛspe:jams]
incorreto	nepareizs	[nɛparɛizs]

rejeitar (~ um pedido)	noraidīt	[nɔraidi:t]
apoiar (vt)	atbalstīt	[atbalsti:t]
aceitar (desculpas, etc.)	pieņemt	[piɛɲemt]

confirmar (vt)	apstiprināt	[apstiprina:t]
confirmação (f)	apstiprinājums (v)	[apstiprina:jums]
permissão (f)	atļaušana (s)	[atlʲauʃana]
permitir (vt)	atļaut	[atlʲaut]
decisão (f)	lēmums (v)	[lɛ:mums]
não dizer nada	noklusēt	[nɔkluse:t]

condição (com uma ~)	nosacījums (v)	[nɔsatsi:jums]
pretexto (m)	atruna (s)	[atruna]
elogio (m)	uzslava (s)	[uzslava]
elogiar (vt)	slavēt	[slave:t]

69. Sucesso. Boa sorte. Insucesso

êxito, sucesso (m)	sekmes (s dsk)	[sekmes]
com êxito	sekmīgi	[sekmi:gi]
bem sucedido	sekmīgs	[sekmi:gs]

sorte (fortuna)	veiksme (s)	[vɛiksme]
Boa sorte!	Veiksmi!	[vɛiksmi!]
de sorte	veiksmīgs	[vɛiksmi:gs]
sortudo, felizardo	laimīgs	[laimi:gs]

fracasso (m)	neveiksme (s)	[nevɛiksme]
pouca sorte (f)	neveiksme (s)	[nevɛiksme]
azar (m), má sorte (f)	neveiksme (s)	[nevɛiksme]

| mal sucedido | neveiksmīgs | [nevɛiksmi:gs] |
| catástrofe (f) | katastrofa (s) | [katastrɔfa] |

orgulho (m)	lepnums (v)	[lepnums]
orgulhoso	lepns	[lepns]
estar orgulhoso	lepoties	[lepɔtiɛs]

vencedor (m)	uzvarētājs (v)	[uzvarɛ:ta:js]
vencer (vi)	uzvarēt	[uzvare:t]
perder (vt)	zaudēt	[zaude:t]
tentativa (f)	mēģinājums (v)	[me:dʲina:jums]
tentar (vt)	mēģināt	[me:dʲina:t]
chance (m)	izdevība (s)	[izdevi:ba]

70. Conflitos. Emoções negativas

grito (m)	kliedziens (v)	[kliɛdziɛns]
gritar (vi)	kliegt	[kliɛgt]
começar a gritar	iekliegties	[iɛkliɛgtiɛs]

discussão (f)	ķilda (s)	[tʲilda]
discutir (vt)	strīdēties	[stri:de:tiɛs]
escândalo (m)	skandāls (v)	[skanda:ls]
criar escândalo	skandalēt	[skandale:t]
conflito (m)	konflikts (v)	[kɔnflikts]
mal-entendido (m)	pārpratums (v)	[pa:rpratums]

insulto (m)	apvainošana (s)	[apvainɔʃana]
insultar (vt)	aizvainot	[aizvainɔt]
insultado	apvainotais	[apvainotais]
ofensa (f)	aizvainojums (v)	[aizvainɔjums]
ofender (vt)	aizvainot	[aizvainɔt]
ofender-se (vr)	aizvainoties	[aizvainɔtiɛs]

indignação (f)	sašutums (v)	[saʃutums]
indignar-se (vr)	paust sašutumu	[paust saʃutumu]
queixa (f)	sūdzība (s)	[su:dzi:ba]
queixar-se (vr)	sūdzēties	[su:dze:tiɛs]

desculpa (f)	atvainošanās (s dsk)	[atvainɔʃana:s]
desculpar-se (vr)	atvainoties	[atvainɔtiɛs]
pedir perdão	lūgt piedošanu	[lu:gt piɛdɔʃanu]

crítica (f)	kritika (s)	[kritika]
criticar (vt)	kritizēt	[kritize:t]
acusação (f)	apsūdzība (s)	[apsu:dzi:ba]
acusar (vt)	apsūdzēt	[apsu:dze:t]

vingança (f)	atriebība (s)	[atriɛbi:ba]
vingar (vt)	atriebties	[atriɛbtiɛs]
vingar-se (vr)	atmaksāt	[atmaksa:t]

desprezo (m)	nicinājums (v)	[nitsina:jums]
desprezar (vt)	nicināt	[nitsina:t]
ódio (m)	naids (v)	[naids]
odiar (vt)	ienīst	[iɛni:st]

nervoso	nervozs	[nervɔzs]
estar nervoso	nervozēt	[nervɔze:t]
zangado	dusmīgs	[dusmi:gs]
zangar (vt)	sadusmot	[sadusmɔt]

humilhação (f)	pazemošana (s)	[pazemɔʃana]
humilhar (vt)	pazemot	[pazemɔt]
humilhar-se (vr)	pazemoties	[pazemɔtiɛs]

choque (m)	šoks (v)	[ʃɔks]
chocar (vt)	šokēt	[ʃɔke:t]
aborrecimento (m)	nepatikšanas (s dsk)	[nɛpatikʃanas]

desagradável	nepatīkams	[nɛpati:kams]
medo (m)	bailes (s dsk)	[bailes]
terrível (tempestade, etc.)	baigs	[baigs]
assustador (ex. história ~a)	šausmīgs	[ʃausmi:gs]
horror (m)	šausmas (s dsk)	[ʃausmas]
horrível (crime, etc.)	briesmīgs	[briɛsmi:gs]

começar a tremer	iedrebēties	[iɛdrɛbe:tiɛs]
chorar (vi)	raudāt	[rauda:t]
começar a chorar	ieraudāties	[iɛrauda:tiɛs]
lágrima (f)	asara (s)	[asara]

falta (f)	vaina (s)	[vaina]
culpa (f)	vaina (s)	[vaina]
desonra (f)	kauns (v)	[kauns]
protesto (m)	protests (v)	[prɔtests]
stresse (m)	stress (v)	[stres]

perturbar (vt)	traucēt	[trautse:t]
zangar-se com ...	niknoties	[niknɔtiɛs]
zangado	nikns	[nikns]
terminar (vt)	pārtraukt	[pa:rtraukt]
praguejar	lamāties	[lama:tiɛs]

assustar-se	baidīties	[baidi:tiɛs]
golpear (vt)	iesist	[iɛsist]
brigar (na rua, etc.)	kauties	[kautiɛs]

resolver (o conflito)	nokārtot	[nɔka:rtɔt]
descontente	neapmierināts	[neapmiɛrina:ts]
furioso	sīvs	[si:vs]

Não está bem!	Tas nav labi!	[tas nav labi!]
É mau!	Tas ir slikti!	[tas ir slikti!]

Medicina

71. Doenças

doença (f)	slimība (s)	[slimi:ba]
estar doente	slimot	[slimɔt]
saúde (f)	veselība (s)	[vɛseli:ba]
nariz (m) a escorrer	iesnas (s dsk)	[iɛsnas]
amigdalite (f)	angīna (s)	[aŋgi:na]
constipação (f)	saaukstēšanās (s)	[saaukste:ʃana:s]
constipar-se (vr)	saaukstēties	[saaukste:tiɛs]
bronquite (f)	bronhīts (v)	[brɔnxi:ts]
pneumonia (f)	plaušu karsonis (v)	[plauʃu karsɔnis]
gripe (f)	gripa (s)	[gripa]
míope	tuvredzīgs	[tuvredzi:gs]
presbita	tālredzīgs	[ta:lredzi:gs]
estrabismo (m)	šķielēšana (s)	[ʃtʲiɛle:ʃana]
estrábico	šķielējošs	[ʃtʲiɛle:jɔʃs]
catarata (f)	katarakta (s)	[katarakta]
glaucoma (m)	glaukoma (s)	[glaukɔma]
AVC (m), apoplexia (f)	insults (v)	[insults]
ataque (m) cardíaco	infarkts (v)	[infarkts]
enfarte (m) do miocárdio	miokarda infarkts (v)	[miɔkarda infarkts]
paralisia (f)	paralīze (s)	[parali:ze]
paralisar (vt)	paralizēt	[paralize:t]
alergia (f)	alerģija (s)	[alerdʲija]
asma (f)	astma (s)	[astma]
diabetes (f)	diabēts (v)	[diabe:ts]
dor (f) de dentes	zobu sāpes (s dsk)	[zɔbu sa:pes]
cárie (f)	kariess (v)	[kariɛs]
diarreia (f)	caureja (s)	[tsaureja]
prisão (f) de ventre	aizcietējums (v)	[aiztsiɛte:jums]
desarranjo (m) intestinal	gremošanas traucējumi (v dsk)	[gremɔʃanas trautse:jumi]
intoxicação (f) alimentar	saindēšanās (s)	[sainde:ʃana:s]
intoxicar-se	saindēties	[sainde:tiɛs]
artrite (f)	artrīts (v)	[artri:ts]
raquitismo (m)	rahīts (v)	[raxi:ts]
roumatismo (m)	reimatisms (v)	[rɛimatisms]
arteriosclerose (f)	ateroskleroze (s)	[aterɔskleroze]
gastrite (f)	gastrīts (v)	[gastri:ts]
apendicite (f)	apendicīts (v)	[apenditsi:ts]

colecistite (f)	holecistīts (v)	[xɔletsisti:ts]
úlcera (f)	čūla (s)	[tʃu:la]
sarampo (m)	masalas (s dsk)	[masalas]
rubéola (f)	masaliņas (s dsk)	[masaliɲas]
iterícia (f)	dzeltenā kaite (s)	[dzeltɛna: kaite]
hepatite (f)	hepatīts (v)	[xɛpati:ts]
esquizofrenia (f)	šizofrēnija (s)	[ʃizɔfre:nija]
raiva (f)	trakumsērga (s)	[trakumse:rga]
neurose (f)	neiroze (s)	[nɛirɔze]
comoção (f) cerebral	smadzeņu satricinājums (v)	[smadzɛɲu satritsina:jums]
cancro (m)	vēzis (v)	[ve:zis]
esclerose (f)	skleroze (s)	[sklerɔze]
esclerose (f) múltipla	multiplā skleroze (s)	[multipla: sklerɔze]
alcoolismo (m)	alkoholisms (v)	[alkɔxɔlisms]
alcoólico (m)	alkoholiķis (v)	[alkɔxɔlitʲis]
sífilis (f)	sifiliss (v)	[sifilis]
SIDA (f)	AIDS (v)	[aids]
tumor (m)	audzējs (v)	[audze:js]
maligno	ļaundabīgs	[lʲaundabi:gs]
benigno	labdabīgs	[labdabi:gs]
febre (f)	drudzis (v)	[drudzis]
malária (f)	malārija (s)	[mala:rija]
gangrena (f)	gangrēna (s)	[gangrɛ:na]
enjoo (m)	jūras slimība (s)	[ju:ras slimi:ba]
epilepsia (f)	epilepsija (s)	[epilepsija]
epidemia (f)	epidēmija (s)	[epide:mija]
tifo (m)	tīfs (v)	[ti:fs]
tuberculose (f)	tuberkuloze (s)	[tuberkulɔze]
cólera (f)	holēra (s)	[xɔlɛ:ra]
peste (f)	mēris (v)	[me:ris]

72. Sintomas. Tratamentos. Parte 1

sintoma (m)	simptoms (v)	[simptɔms]
temperatura (f)	temperatūra (s)	[tempɛratu:ra]
febre (f)	augsta temperatūra (s)	[augsta tempɛratu:ra]
pulso (m)	pulss (v)	[puls]
vertigem (f)	galvas reibšana (s)	[galvas rɛibʃana]
quente (testa, etc.)	karsts	[karsts]
calafrio (m)	drebuļi (v dsk)	[drɛbulʲi]
pálido	bāls	[ba:ls]
tosse (f)	klepus (v)	[klɛpus]
tossir (vi)	klepot	[klepɔt]
espirrar (vi)	šķaudīt	[ʃcʲaudi:t]
desmaio (m)	ģībonis (v)	[dʲi:bonis]
desmaiar (vi)	paģībt	[padʲi:bt]

nódoa (f) negra	zilums (v)	[zilums]
galo (m)	puns (v)	[puns]
magoar-se (vr)	atsisties	[atsistiɛs]
pisadura (f)	sasitums (v)	[sasitums]
aleijar-se (vr)	sasisties	[sasistiɛs]

coxear (vi)	klibot	[klibɔt]
deslocação (f)	izmežģījums (v)	[izmeʒdʲi:jums]
deslocar (vt)	izmežģīt	[izmeʒdʲi:t]
fratura (f)	lūzums (v)	[lu:zums]
fraturar (vt)	dabūt lūzumu	[dabu:t lu:zumu]

corte (m)	iegriezums (v)	[iɛgriɛzums]
cortar-se (vr)	sagriezties	[sagriɛztiɛs]
hemorragia (f)	asiņošana (s)	[asiɲɔʃana]

| queimadura (f) | apdegums (v) | [apdɛgums] |
| queimar-se (vr) | apdedzināties | [apdedzina:tiɛs] |

picar (vt)	sadurt	[sadurt]
picar-se (vr)	sadurties	[sadurtiɛs]
lesionar (vt)	sabojāt	[sabɔja:t]
lesão (m)	traumēšana (s)	[traume:ʃana]
ferida (f), ferimento (m)	ievainojums (v)	[iɛvainɔjums]
trauma (m)	trauma (s)	[trauma]

delirar (vi)	murgot	[murgɔt]
gaguejar (vi)	stostīties	[stɔsti:tiɛs]
insolação (f)	saules dūriens (v)	[saules du:riɛns]

73. Sintomas. Tratamentos. Parte 2

| dor (f) | sāpes (s dsk) | [sa:pes] |
| farpa (no dedo) | skabarga (s) | [skabarga] |

suor (m)	sviedri (v dsk)	[sviɛdri]
suar (vi)	svīst	[svi:st]
vómito (m)	vemšana (s)	[vemʃana]
convulsões (f pl)	krampji (v dsk)	[krampji]

grávida	grūta	[gru:ta]
nascer (vi)	piedzimt	[piɛdzimt]
parto (m)	dzemdības (s dsk)	[dzemdi:bas]
dar à luz	dzemdēt	[dzemde:t]
aborto (m)	aborts (v)	[abɔrts]

respiração (f)	elpošana (s)	[elpɔʃana]
inspiração (f)	ieelpa (s)	[iɛelpa]
expiração (f)	izelpa (s)	[izelpa]
expirar (vi)	izelpot	[izelpɔt]
inspirar (vi)	ieelpot	[iɛelpɔt]

| inválido (m) | invalīds (v) | [invali:ds] |
| aleijado (m) | kroplis (v) | [krɔplis] |

toxicodependente (m)	narkomāns (v)	[narkɔma:ns]
surdo	kurls	[kurls]
mudo	mēms	[me:ms]
surdo-mudo	kurlmēms	[kurlme:ms]

louco (adj.)	traks	[traks]
louco (m)	trakais (v)	[trakais]
louca (f)	traka (s)	[traka]
ficar louco	zaudēt prātu	[zaude:t pra:tu]

gene (m)	gēns (v)	[ge:ns]
imunidade (f)	imunitāte (s)	[imunita:te]
hereditário	mantojams	[mantɔjams]
congénito	iedzimts	[iɛdzimts]

vírus (m)	vīruss (v)	[vi:rus]
micróbio (m)	mikrobs (v)	[mikrɔbs]
bactéria (f)	baktērija (s)	[bakte:rija]
infeção (f)	infekcija (s)	[infektsija]

74. Sintomas. Tratamentos. Parte 3

hospital (m)	slimnīca (s)	[slimni:tsa]
paciente (m)	pacients (v)	[patsiɛnts]

diagnóstico (m)	diagnoze (s)	[diagnɔze]
cura (f)	ārstēšana (s)	[a:rste:ʃana]
tratamento (m) médico	ārstēšana (s)	[a:rste:ʃana]
curar-se (vr)	ārstēties	[a:rste:tiɛs]
tratar (vt)	ārstēt	[a:rste:t]
cuidar (pessoa)	apkopt	[apkɔpt]
cuidados (m pl)	apkope (s)	[apkɔpe]

operação (f)	operācija (s)	[ɔpɛra:tsija]
enfaixar (vt)	pārsiet	[pa:rsiɛt]
enfaixamento (m)	pārsiešana (s)	[pa:rsiɛʃana]

vacinação (f)	potēšana (s)	[pote:ʃana]
vacinar (vt)	potēt	[pote:t]
injeção (f)	injekcija (s)	[injektsija]
dar uma injeção	injicēt	[injitse:t]

ataque (~ de asma, etc.)	lēkme (s)	[le:kme]
amputação (f)	amputācija (s)	[amputa:tsija]
amputar (vt)	amputēt	[ampute:t]
coma (f)	koma (s)	[kɔma]
estar em coma	būt komā	[bu:t kɔma:]
reanimação (f)	reanimācija (s)	[reanima:tsija]

recuperar-se (vr)	atveseļoties	[atvɛseļɔtiɛs]
estado (~ de saúde)	stāvoklis (v)	[sta:vɔklis]
consciência (f)	apziņa (s)	[apziŋa]
memória (f)	atmiņa (s)	[atmiŋa]
tirar (vt)	izraut	[izraut]

| chumbo (m), obturação (f) | plomba (s) | [plɔmba] |
| chumbar, obturar (vt) | plombēt | [plɔmbe:t] |

| hipnose (f) | hipnoze (s) | [xipnɔze] |
| hipnotizar (vt) | hipnotizēt | [xipnɔtize:t] |

75. Médicos

médico (m)	ārsts (v)	[a:rsts]
enfermeira (f)	medmāsa (s)	[medma:sa]
médico (m) pessoal	personīgais ārsts (v)	[pɛrsɔni:gais a:rsts]

dentista (m)	dentists (v)	[dentists]
oculista (m)	okulists (v)	[ɔkulists]
terapeuta (m)	terapeits (v)	[tɛrapɛits]
cirurgião (m)	ķirurgs (v)	[tʲirurgs]

psiquiatra (m)	psihiatrs (v)	[psixiatrs]
pediatra (m)	pediatrs (v)	[pediatrs]
psicólogo (m)	psihologs (v)	[psixɔlɔgs]
ginecologista (m)	ginekologs (v)	[ginekɔlɔgs]
cardiologista (m)	kardiologs (v)	[kardiɔlɔgs]

76. Medicina. Drogas. Acessórios

medicamento (m)	zāles (s dsk)	[za:les]
remédio (m)	līdzeklis (v)	[li:dzeklis]
receitar (vt)	izrakstīt	[izraksti:t]
receita (f)	recepte (s)	[retsepte]

comprimido (m)	tablete (s)	[tablɛte]
pomada (f)	ziede (s)	[ziɛde]
ampola (f)	ampula (s)	[ampula]
preparado (m)	mikstūra (s)	[mikstu:ra]
xarope (m)	sīrups (v)	[si:rups]
cápsula (f)	zāļu kapsula (s)	[za:lʲu kapsula]
remédio (m) em pó	pulveris (v)	[pulveris]

ligadura (f)	saite (s)	[saite]
algodão (m)	vate (s)	[vate]
iodo (m)	jods (v)	[jɔds]

penso (m) rápido	plāksteris (v)	[pla:ksteris]
conta-gotas (m)	pipete (s)	[pipɛte]
termómetro (m)	termometrs (v)	[termɔmetrs]
seringa (f)	šļirce (s)	[ʃlʲirtse]

| cadeira (f) de rodas | ratiņkrēsls (v) | [ratiŋkre:sls] |
| muletas (f pl) | kruķi (v dsk) | [krutʲi] |

| analgésico (m) | pretsāpju līdzeklis (v) | [pretsa:pju li:dzeklis] |
| laxante (m) | caurejas līdzeklis (v) | [tsaurejas li:dzeklis] |

álcool (m) etílico	spirts (v)	[spirts]
ervas (f pl) medicinais	zāle (s)	[za:le]
de ervas (chá ~)	zāļu	[za:lʲu]

77. Fumar. Produtos tabágicos

tabaco (m)	tabaka (s)	[tabaka]
cigarro (m)	cigarete (s)	[tsigarɛte]
charuto (m)	cigārs (v)	[tsiga:rs]
cachimbo (m)	pīpe (s)	[pi:pe]
maço (~ de cigarros)	paciņa (s)	[patsiɲa]

fósforos (m pl)	sērkociņi (v dsk)	[se:rkɔtsiɲi]
caixa (f) de fósforos	sērkociņu kastīte (s)	[se:rkɔtsiɲu kasti:te]
isqueiro (m)	šķiltavas (s dsk)	[ʃtʲiltavas]
cinzeiro (m)	pelnu trauks (v)	[pelnu trauks]
cigarreira (f)	etvija (s)	[ɛtvija]

| boquilha (f) | iemutis (v) | [iɛmutis] |
| filtro (m) | filtrs (v) | [filtrs] |

fumar (vi, vt)	smēķēt	[smɛ:tʲe:t]
acender um cigarro	uzsmēķēt	[uzsmɛ:tʲe:t]
tabagismo (m)	smēķēšana (s)	[smɛ:tʲe:ʃana]
fumador (m)	smēķētājs (v)	[smɛ:tʲɛ:ta:js]

beata (f)	izsmēķis (v)	[izsme:tʲis]
fumo (m)	dūmi (v dsk)	[du:mi]
cinza (f)	pelni (v dsk)	[pelni]

HABITAT HUMANO

Cidade

78. Cidade. Vida na cidade

cidade (f)	pilsēta (s)	[pilsɛ:ta]
capital (f)	galvaspilsēta (s)	[galvaspilsɛ:ta]
aldeia (f)	ciems (v)	[tsiɛms]
mapa (m) da cidade	pilsētas plāns (v)	[pilsɛ:tas pla:ns]
centro (m) da cidade	pilsētas centrs (v)	[pilsɛ:tas tsentrs]
subúrbio (m)	piepilsēta (s)	[piɛpilsɛ:ta]
suburbano	piepilsētas	[piɛpilsɛ:tas]
periferia (f)	nomale (s)	[nɔmale]
arredores (m pl)	apkārtnes (s dsk)	[apka:rtnes]
quarteirão (m)	kvartāls (v)	[kvarta:ls]
quarteirão (m) residencial	dzīvojamais kvartāls (v)	[dzi:vɔjamais kvarta:ls]
tráfego (m)	satiksme (s)	[satiksme]
semáforo (m)	luksofors (v)	[lʊksɔfɔrs]
transporte (m) público	sabiedriskais transports (v)	[sabiɛdriskais transpɔrts]
cruzamento (m)	krustojums (v)	[krustɔjums]
passadeira (f)	gājēju pāreja (s)	[ga:je:ju pa:reja]
passagem (f) subterrânea	pazemes pāreja (s)	[pazɛmes pa:reja]
cruzar, atravessar (vt)	pāriet	[pa:riɛt]
peão (m)	kājāmgājējs (v)	[ka:ja:mga:je:js]
passeio (m)	trotuārs (v)	[trɔtua:rs]
ponte (f)	tilts (v)	[tilts]
margem (f) do rio	krastmala (s)	[krastmala]
fonte (f)	strūklaka (s)	[stru:klaka]
alameda (f)	gatve (s)	[gatve]
parque (m)	parks (v)	[parks]
bulevar (m)	bulvāris (v)	[bulva:ris]
praça (f)	laukums (v)	[laukums]
avenida (f)	prospekts (v)	[prɔspekts]
rua (f)	iela (s)	[iɛla]
travessa (f)	šķērsiela (s)	[ʃťɛ:rsiɛla]
beco (m) sem saída	strupceļš (v)	[struptselʲʃ]
casa (f)	māja (s)	[ma:ja]
edifício, prédio (m)	ēka (s)	[ɛ:ka]
arranha-céus (m)	augstceltne (s)	[augsttseltne]
fachada (f)	fasāde (s)	[fasa:de]
telhado (m)	jumts (v)	[jumts]

janela (f)	logs (v)	[lɔgs]
arco (m)	loks (v)	[lɔks]
coluna (f)	kolona (s)	[kɔlɔna]
esquina (f)	stūris (v)	[stu:ris]

montra (f)	skatlogs (v)	[skatlɔgs]
letreiro (m)	izkārtne (s)	[izka:rtne]
cartaz (m)	afiša (s)	[afiʃa]
cartaz (m) publicitário	reklāmu plakāts (v)	[rekla:mu plaka:ts]
painel (m) publicitário	reklāmu dēlis (v)	[rekla:mu de:lis]

lixo (m)	atkritumi (v dsk)	[atkritumi]
cesta (f) do lixo	atkritumu tvertne (s)	[atkritumu tvertne]
jogar lixo na rua	piegružot	[piɛgruʒɔt]
aterro (m) sanitário	izgāztuve (s)	[izga:ztuve]

cabine (f) telefónica	telefona būda (s)	[tɛlefɔna bu:da]
candeeiro (m) de rua	laterna (s)	[laterna]
banco (m)	sols (v)	[sɔls]

polícia (m)	policists (v)	[pɔlitsists]
polícia (instituição)	policija (s)	[pɔlitsija]
mendigo (m)	nabags (v)	[nabags]
sem-abrigo (m)	bezpajumtnieks (v)	[bezpajumtniɛks]

79. Instituições urbanas

loja (f)	veikals (v)	[vɛikals]
farmácia (f)	aptieka (s)	[aptiɛka]
ótica (f)	optika (s)	[ɔptika]
centro (m) comercial	tirdzniecības centrs (v)	[tirdzniɛtsi:bas tsentrs]
supermercado (m)	lielveikals (v)	[liɛlvɛikals]

padaria (f)	maiznīca (s)	[maizni:tsa]
padeiro (m)	maiznieks (v)	[maizniɛks]
pastelaria (f)	konditoreja (s)	[kɔnditɔreja]
mercearia (f)	pārtikas preču veikals (v)	[pa:rtikas pretʃu vɛikals]
talho (m)	gaļas veikals (v)	[gaḷas vɛikals]

| loja (f) de legumes | sakņu veikals (v) | [sakņu vɛikals] |
| mercado (m) | tirgus (v) | [tirgus] |

café (m)	kafejnīca (s)	[kafejni:tsa]
restaurante (m)	restorāns (v)	[restɔra:ns]
bar (m), cervejaria (f)	alus krogs (v)	[alus krɔgs]
pizzaria (f)	picērija (s)	[pitse:rija]

salão (m) de cabeleireiro	frizētava (s)	[frizɛ:tava]
correios (m pl)	pasts (v)	[pasts]
lavandaria (f)	ķīmiskā tīrītava (s)	[tʲi:miska: ti:ri:tava]
estúdio (m) fotográfico	fotostudija (s)	[fotɔstudija]

| sapataria (f) | apavu veikals (v) | [apavu vɛikals] |
| livraria (f) | grāmatnīca (s) | [gra:matni:tsa] |

loja (f) de artigos de desporto	**sporta preču veikals** (v)	[spɔrta pretʃu vɛikals]
reparação (f) de roupa	**apģērbu labošana** (s)	[apdʲeːrbu labɔʃana]
aluguer (m) de roupa	**apģērbu noma** (s)	[apdʲeːrbu nɔma]
aluguer (m) de filmes	**filmu noma** (s)	[filmu nɔma]

circo (m)	**cirks** (v)	[tsirks]
jardim (m) zoológico	**zoodārzs** (v)	[zɔɔda:rzs]
cinema (m)	**kinoteātris** (v)	[kinɔtea:tris]
museu (m)	**muzejs** (v)	[muzejs]
biblioteca (f)	**bibliotēka** (s)	[bibliɔtɛ:ka]

teatro (m)	**teātris** (v)	[tea:tris]
ópera (f)	**opera** (s)	[ɔpɛra]
clube (m) noturno	**naktsklubs** (v)	[naktsklubs]
casino (m)	**kazino** (v)	[kazinɔ]

mesquita (f)	**mošeja** (s)	[mɔʃeja]
sinagoga (f)	**sinagoga** (s)	[sinagɔga]
catedral (f)	**katedrāle** (s)	[katedra:le]
templo (m)	**dievnams** (v)	[diɛvnams]
igreja (f)	**baznīca** (s)	[bazni:tsa]

instituto (m)	**institūts** (v)	[institu:ts]
universidade (f)	**universitāte** (s)	[univɛrsita:te]
escola (f)	**skola** (s)	[skɔla]

prefeitura (f)	**prefektūra** (s)	[prefektu:ra]
câmara (f) municipal	**mērija** (s)	[me:rija]
hotel (m)	**viesnīca** (s)	[viɛsni:tsa]
banco (m)	**banka** (s)	[banka]

embaixada (f)	**vēstniecība** (s)	[ve:stniɛtsi:ba]
agência (f) de viagens	**tūrisma aģentūra** (s)	[tu:risma adʲentu:ra]
agência (f) de informações	**izziņu birojs** (v)	[izziɳu birɔjs]
casa (f) de câmbio	**apmaiņas punkts** (v)	[apmaiɳas punkts]

metro (m)	**metro** (v)	[metrɔ]
hospital (m)	**slimnīca** (s)	[slimni:tsa]

posto (m) de gasolina	**degvielas uzpildes stacija** (s)	[degviɛlas uzpildes statsija]
parque (m) de estacionamento	**autostāvvieta** (s)	[autɔsta:vviɛta]

80. Sinais

letreiro (m)	**izkārtne** (s)	[izka:rtne]
inscrição (f)	**uzraksts** (v)	[uzraksts]
cartaz, póster (m)	**plakāts** (v)	[plaka:ts]
sinal (m) informativo	**ceļrādis** (v)	[tselʲra:dis]
seta (f)	**bultiņa** (s)	[bultiɳa]

aviso (advertência)	**brīdinājums** (v)	[bri:dina:jums]
sinal (m) de aviso	**brīdinājums** (v)	[bri:dina:jums]
avisar, advertir (vt)	**brīdināt**	[bri:dina:t]

dia (m) de folga	brīvdiena (s)	[bri:vdiɛna]
horário (m)	saraksts (v)	[saraksts]
horário (m) de funcionamento	darba laiks (v)	[darba laiks]

BEM-VINDOS!	LAIPNI LŪDZAM!	[laipni lu:dzam!]
ENTRADA	IEEJA	[iɛeja]
SAÍDA	IZEJA	[izeja]

EMPURRE	GRŪST	[gru:st]
PUXE	VILKT	[vilkt]
ABERTO	ATVĒRTS	[atve:rts]
FECHADO	SLĒGTS	[sle:gts]

| MULHER | SIEVIEŠU | [siɛviɛʃu] |
| HOMEM | VĪRIEŠU | [vi:riɛʃu] |

DESCONTOS	ATLAIDES	[atlaides]
SALDOS	IZPĀRDOŠANA	[izpa:rdoʃana]
NOVIDADE!	JAUNUMS!	[jaunums!]
GRÁTIS	BEZMAKSAS	[bezmaksas]

ATENÇÃO!	UZMANĪBU!	[uzmani:bu!]
NÃO HÁ VAGAS	BRĪVU VIETU NAV	[bri:vu viɛtu nav]
RESERVADO	REZERVĒTS	[rɛzerve:ts]

| ADMINISTRAÇÃO | ADMINISTRĀCIJA | [administra:tsija] |
| SOMENTE PESSOAL AUTORIZADO | TIKAI PERSONĀLAM | [tikai pɛrsona:lam] |

CUIDADO CÃO FEROZ	NIKNS SUNS	[nikns suns]
PROIBIDO FUMAR!	SMĒĶĒT AIZLIEGTS!	[smɛ:tʲe:t aizliɛgts!]
NÃO TOCAR	AR ROKĀM NEAIZTIKT	[ar rɔka:m neaiztikt]

PERIGOSO	BĪSTAMI	[bi:stami]
PERIGO	BĪSTAMS	[bi:stams]
ALTA TENSÃO	AUGSTSPRIEGUMS	[augstspriɛgums]
PROIBIDO NADAR	PELDĒT AIZLIEGTS!	[pelde:t aizliɛgts!]
AVARIADO	NESTRĀDĀ	[nestra:da:]

INFLAMÁVEL	UGUNSNEDROŠS	[ugunsnedrɔʃs]
PROIBIDO	AIZLIEGTS	[aizliɛgts]
ENTRADA PROIBIDA	IEIEJA AIZLIEGTA	[iɛiɛja aizliɛgta]
CUIDADO TINTA FRESCA	SVAIGI KRĀSOTS	[svaigi kra:sɔts]

81. Transportes urbanos

autocarro (m)	autobuss (v)	[autɔbus]
elétrico (m)	tramvajs (v)	[tramvajs]
troleicarro (m)	trolejbuss (v)	[trɔlejbus]
itinerário (m)	maršruts (v)	[marʃruts]
número (m)	numurs (v)	[numurs]

| ir de … (carro, etc.) | braukt ar … | [braukt ar …] |
| entrar (~ no autocarro) | iekāpt | [iɛka:pt] |

descer de ...	izkāpt	[izka:pt]
paragem (f)	pietura (s)	[piɛtura]
próxima paragem (f)	nākamā pietura (s)	[na:kama: piɛtura]
ponto (m) final	galapunkts (v)	[galapunkts]
horário (m)	saraksts (v)	[saraksts]
esperar (vt)	gaidīt	[gaidi:t]

bilhete (m)	biļete (s)	[bilʲɛte]
custo (m) do bilhete	biļetes maksa (s)	[bilʲɛtes maksa]

bilheteiro (m)	kasieris (v)	[kasiɛris]
controlo (m) dos bilhetes	kontrole (s)	[kontrɔle]
revisor (m)	kontrolieris (v)	[kontrɔliɛris]

atrasar-se (vr)	nokavēties	[nɔkave:tiɛs]
perder (o autocarro, etc.)	nokavēt ...	[nɔkave:t ...]
estar com pressa	steigties	[stɛigtiɛs]

táxi (m)	taksometrs (v)	[taksɔmetrs]
taxista (m)	taksists (v)	[taksists]
de táxi (ir ~)	ar taksometru	[ar taksɔmetru]
praça (f) de táxis	taksometru stāvvieta (s)	[taksɔmetru sta:vviɛta]
chamar um táxi	izsaukt taksometru	[izsaukt taksɔmetru]
apanhar um táxi	nolīgt taksometru	[nɔli:gt taksɔmetru]

tráfego (m)	satiksme (s)	[satiksme]
engarrafamento (m)	sastrēgums (v)	[sastrɛ:gums]
horas (f pl) de ponta	maksimālās slodzes laiks (v)	[maksima:la:s slɔdzes laiks]
estacionar (vi)	novietot auto	[nɔviɛtɔt autɔ]
estacionar (vt)	novietot auto	[nɔviɛtɔt autɔ]
parque (m) de estacionamento	autostāvvieta (s)	[autɔsta:vviɛta]

metro (m)	metro (v)	[metrɔ]
estação (f)	stacija (s)	[statsija]
ir de metro	braukt ar metro	[braukt ar metrɔ]
comboio (m)	vilciens (v)	[viltsiɛns]
estação (f)	dzelzceļa stacija (s)	[dzelztsɛlʲa statsija]

82. Turismo

monumento (m)	piemineklis (v)	[piɛmineklis]
fortaleza (f)	cietoksnis (v)	[tsiɛtɔksnis]
palácio (m)	pils (s)	[pils]
castelo (m)	pils (s)	[pils]
torre (f)	tornis (v)	[tɔrnis]
mausoléu (m)	mauzolejs (v)	[mauzɔlejs]

arquitetura (f)	arhitektūra (s)	[arxitektu:ra]
medieval	viduslaiku	[viduslaiku]
antigo	senlaiku	[senlaiku]
nacional	nacionāls	[natsiɔna:ls]
conhecido	slavens	[slavens]
turista (m)	tūrists (v)	[tu:rists]

guia (pessoa)	gids (v)	[gids]
excursão (f)	ekskursija (s)	[ekskursija]
mostrar (vt)	parādīt	[para:di:t]
contar (vt)	stāstīt	[sta:sti:t]
encontrar (vt)	atrast	[atrast]
perder-se (vr)	nomaldīties	[nɔmaldi:tiɛs]
mapa (~ do metrô)	shēma (s)	[sxɛ:ma]
mapa (~ da cidade)	plāns (v)	[pla:ns]
lembrança (f), presente (m)	suvenīrs (v)	[suveni:rs]
loja (f) de presentes	suvenīru veikals (v)	[suveni:ru vɛikals]
fotografar (vt)	fotografēt	[fɔtɔgrafe:t]
fotografar-se	fotografēties	[fɔtɔgrafe:tiɛs]

83. Compras

comprar (vt)	pirkt	[pirkt]
compra (f)	pirkums (v)	[pirkums]
fazer compras	iepirkties	[iɛpirktiɛs]
compras (f pl)	iepirkšanās (s)	[iɛpirkʃana:s]
estar aberta (loja, etc.)	strādāt	[stra:da:t]
estar fechada	slēgties	[sle:gtiɛs]
calçado (m)	apavi (v dsk)	[apavi]
roupa (f)	apģērbs (v)	[apdʲe:rbs]
cosméticos (m pl)	kosmētika (s)	[kɔsme:tika]
alimentos (m pl)	pārtikas produkti (v dsk)	[pa:rtikas prɔdukti]
presente (m)	dāvana (s)	[da:vana]
vendedor (m)	pārdevējs (v)	[pa:rdɛve:js]
vendedora (f)	pārdevēja (s)	[pa:rdɛve:ja]
caixa (f)	kase (s)	[kase]
espelho (m)	spogulis (v)	[spɔgulis]
balcão (m)	lete (s)	[lɛte]
cabine (f) de provas	pielaikošanas kabīne (s)	[piɛlaikɔʃanas kabi:ne]
provar (vt)	pielaikot	[piɛlaikɔt]
servir (vi)	derēt	[dɛre:t]
gostar (apreciar)	patikt	[patikt]
preço (m)	cena (s)	[tsɛna]
etiqueta (f) de preço	cenas zīme (s)	[tsɛnas zi:me]
custar (vt)	maksāt	[maksa:t]
Quanto?	Cik?	[tsik?]
desconto (m)	atlaide (s)	[atlaide]
não caro	ne visai dārgs	[ne visai da:rgs]
barato	lēts	[le:ts]
caro	dārgs	[da:rgs]
É caro	Tas ir dārgi	[tas ir da:rgi]
aluguer (m)	noma (s)	[nɔma]

alugar (vestidos, etc.)	paņemt nomā	[paɲemt nɔma:]
crédito (m)	kredīts (v)	[kredi:ts]
a crédito	uz kredīta	[uz kredi:ta]

84. Dinheiro

dinheiro (m)	nauda (s)	[nauda]
câmbio (m)	maiņa (s)	[maiɲa]
taxa (f) de câmbio	kurss (v)	[kurs]
Caixa Multibanco (m)	bankomāts (v)	[bankɔma:ts]
moeda (f)	monēta (s)	[mɔnɛ:ta]

dólar (m)	dolārs (v)	[dɔla:rs]
euro (m)	eiro (v)	[ɛirɔ]

lira (f)	lira (s)	[lira]
marco (m)	marka (s)	[marka]
franco (m)	franks (v)	[franks]
libra (f) esterlina	sterliņu mārciņa (s)	[sterliɲu ma:rtsiɲa]
iene (m)	jena (s)	[jena]

dívida (f)	parāds (v)	[para:ds]
devedor (m)	parādnieks (v)	[para:dniɛks]
emprestar (vt)	aizdot	[aizdɔt]
pedir emprestado	aizņemties	[aizɲemtiɛs]

banco (m)	banka (s)	[banka]
conta (f)	konts (v)	[kɔnts]
depositar (vt)	noguldīt	[nɔguldi:t]
depositar na conta	noguldīt kontā	[nɔguldi:t kɔnta:]
levantar (vt)	izņemt no konta	[izɲemt nɔ kɔnta]

cartão (m) de crédito	kredītkarte (s)	[kredi:tkarte]
dinheiro (m) vivo	skaidra nauda (v)	[skaidra nauda]
cheque (m)	čeks (v)	[tʃeks]
passar um cheque	izrakstīt čeku	[izraksti:t tʃeku]
livro (m) de cheques	čeku grāmatiņa (s)	[tʃɛku gra:matiɲa]

carteira (f)	maks (v)	[maks]
porta-moedas (m)	maks (v)	[maks]
cofre (m)	seifs (v)	[sɛifs]

herdeiro (m)	mantinieks (v)	[mantiniɛks]
herança (f)	mantojums (v)	[mantɔjums]
fortuna (riqueza)	mantība (s)	[manti:ba]

arrendamento (m)	rentēšana (s)	[rente:ʃana]
renda (f) de casa	īres maksa (s)	[i:res maksa]
alugar (vt)	īrēt	[i:re:t]

preço (m)	cena (s)	[tsɛna]
custo (m)	vērtība (s)	[ve:rti:ba]
soma (f)	summa (s)	[summa]
gastar (vt)	tērēt	[tɛ:re:t]

gastos (m pl)	izdevumi (v dsk)	[izdɛvumi]
economizar (vi)	taupīt	[taupi:t]
económico	taupīgs	[taupi:gs]

pagar (vt)	maksāt	[maksa:t]
pagamento (m)	samaksa (s)	[samaksa]
troco (m)	atlikums (v)	[atlikums]

imposto (m)	nodoklis (v)	[nɔdɔklis]
multa (f)	sods (v)	[sɔds]
multar (vt)	uzlikt naudas sodu	[uzlikt naudas sɔdu]

85. Correios. Serviço postal

correios (m pl)	pasts (v)	[pasts]
correio (m)	pasts (v)	[pasts]
carteiro (m)	pastnieks (v)	[pastniɛks]
horário (m)	darba laiks (v)	[darba laiks]

carta (f)	vēstule (s)	[ve:stule]
carta (f) registada	ierakstīta vēstule (s)	[iɛraksti:ta ve:stule]
postal (m)	pastkarte (s)	[pastkarte]
telegrama (m)	telegramma (s)	[tɛlegramma]
encomenda (f) postal	sūtījums (v)	[su:ti:jums]
remessa (f) de dinheiro	naudas pārvedums (v)	[naudas pa:rvɛdums]

receber (vt)	saņemt	[saɲemt]
enviar (vt)	nosūtīt	[nɔsu:ti:t]
envio (m)	aizsūtīšana (s)	[aizsu:ti:ʃana]

endereço (m)	adrese (s)	[adrɛse]
código (m) postal	indekss (v)	[indeks]
remetente (m)	sūtītājs (v)	[su:ti:ta:js]
destinatário (m)	saņēmējs (v)	[saɲɛ:me:js]

| nome (m) | vārds (v) | [va:rds] |
| apelido (m) | uzvārds (v) | [uzva:rds] |

tarifa (f)	tarifs (v)	[tarifs]
ordinário	parasts	[parasts]
económico	ekonomisks	[ekɔnɔmisks]

peso (m)	svars (v)	[svars]
pesar (estabelecer o peso)	svērt	[sve:rt]
envelope (m)	aploksne (s)	[aplɔksne]
selo (m)	marka (s)	[marka]
colar o selo	uzlīmēt marku	[uzli:me:t marku]

Moradia. Casa. Lar

86. Casa. Habitação

casa (f)	mãja (s)	[maːja]
em casa	mãjās	[maːjaːs]
pátio (m)	sēta (s)	[sɛːta]
cerca (f)	žogs (v)	[ʒɔgs]

tijolo (m)	ķieģelis (v)	[tʲiɛdʲelis]
de tijolos	ķieģeļu	[tʲiɛdʲɛlʲu]
pedra (f)	akmens (v)	[akmens]
de pedra	akmeņu	[akmɛɲu]
betão (m)	betons (v)	[betɔns]
de betão	betona	[betɔna]

novo	jauns	[jauns]
velho	vecs	[vets]
decrépito	vecs	[vets]
moderno	moderns	[mɔderns]
de muitos andares	daudzstāvu	[daudzstaːvu]
alto	augsts	[augsts]

| andar (m) | stāvs (v) | [staːvs] |
| de um andar | vienstāva | [viɛnstaːva] |

| andar (m) de baixo | apakšstāvs (v) | [apakʃstaːvs] |
| andar (m) de cima | augšstāvs (v) | [augʃstaːvs] |

| telhado (m) | jumts (v) | [jumts] |
| chaminé (f) | skurstenis (v) | [skurstenis] |

telha (f)	dakstiņi (v dsk)	[dakstiɲi]
de telha	dakstiņu	[dakstiɲu]
sótão (m)	bēniņi (v dsk)	[beːniɲi]

| janela (f) | logs (v) | [lɔgs] |
| vidro (m) | stikls (v) | [stikls] |

| parapeito (m) | palodze (s) | [palɔdze] |
| portadas (f pl) | slēģi (v dsk) | [sleːdʲi] |

parede (f)	siena (s)	[siɛna]
varanda (f)	balkons (v)	[balkɔns]
tubo (m) de queda	notekcaurule (s)	[nɔtektsaurule]

em cima	augšā	[augʃaː]
subir (~ as escadas)	kāpt augšup	[kaːpt augʃup]
descer (vi)	nokāpt	[nɔkaːpt]
mudar-se (vr)	pārcelties	[paːrtseltiɛs]

87. Casa. Entrada. Elevador

entrada (f)	ieeja (s)	[iɛeja]
escada (f)	kāpnes (s dsk)	[ka:pnes]
degraus (m pl)	pakāpieni (v dsk)	[paka:piɛni]
corrimão (m)	margas (s dsk)	[margas]
hall (m) de entrada	halle (s)	[xalle]
caixa (f) de correio	pastkastīte (s)	[pastkasti:te]
caixote (m) do lixo	atkritumu tvertne (s)	[atkritumu tvertne]
conduta (f) do lixo	atkritumvads (v)	[atkritumvads]
elevador (m)	lifts (v)	[lifts]
elevador (m) de carga	kravas lifts (v)	[kravas lifts]
cabine (f)	kabīne (s)	[kabi:ne]
pegar o elevador	braukt ar liftu	[braukt ar liftu]
apartamento (m)	dzīvoklis (v)	[dzi:vɔklis]
moradores (m pl)	mājas iedzīvotāji (v dsk)	[ma:jas iɛdzi:vɔta:ji]
vizinho (m)	kaimiņš (v)	[kaimiɲʃ]
vizinha (f)	kaimiņiene (s)	[kaimiɲiɛne]
vizinhos (pl)	kaimiņi (v dsk)	[kaimiɲi]

88. Casa. Eletricidade

eletricidade (f)	elektrība (s)	[ɛlektri:ba]
lâmpada (f)	spuldze (s)	[spuldze]
interruptor (m)	izslēdzējs (v)	[izsle:dze:js]
fusível (m)	drošinātājs (v)	[drɔʃina:ta:js]
fio, cabo (m)	vads (v)	[vads]
instalação (f) elétrica	instalācija (s)	[instala:tsija]
contador (m) de eletricidade	skaitītājs (v)	[skaiti:ta:js]
indicação (f), registo (m)	rādījums (v)	[ra:di:jums]

89. Casa. Portas. Fechaduras

porta (f)	durvis (s dsk)	[durvis]
portão (m)	vārti (v dsk)	[va:rti]
maçaneta (f)	rokturis (v)	[rɔkturis]
destrancar (vt)	attaisīt	[attaisi:t]
abrir (vt)	atvērt	[atve:rt]
fechar (vt)	aizvērt	[aizve:rt]
chave (f)	atslēga (s)	[atslɛ:ga]
molho (m)	saišķis (v)	[saiʃtʲis]
ranger (vi)	čirkstēt	[tʃirkste:t]
rangido (m)	čirkstoņa (s)	[tʃirkstɔɲa]
dobradiça (f)	eņģe (s)	[eɲdʲe]
tapete (m) de entrada	paklājiņš (v)	[pakla:jiɲʃ]
fechadura (f)	slēdzis (v)	[sle:dzis]

buraco (m) da fechadura	atslēgas caurums (v)	[atslɛ:gas tsaurums]
ferrolho (m)	aizšaujamais (v)	[aizʃaujamais]
fecho (ferrolho pequeno)	aizbīdnis (v)	[aizbi:dnis]
cadeado (m)	piekaramā slēdzene (s)	[piɛkarama: sle:dzɛne]

tocar (vt)	zvanīt	[zvani:t]
toque (m)	zvans (v)	[zvans]
campainha (f)	zvans (v)	[zvans]
botão (m)	poga (s)	[pɔga]
batida (f)	klaudziens (v)	[klaudziɛns]
bater (vi)	klauvēt	[klauve:t]

código (m)	kods (v)	[kɔds]
fechadura (f) de código	kodu slēdzene (s)	[kɔdu sle:dzɛne]
telefone (m) de porta	namrunis (v)	[namrunis]
número (m)	numurs (v)	[numurs]
placa (f) de porta	tabuliņa (s)	[tabuliɲa]
vigia (f), olho (m) mágico	actiņa (s)	[atstiɲa]

90. Casa de campo

aldeia (f)	ciems (v)	[tsiɛms]
horta (f)	sakņu dārzs (v)	[sakɲu da:rzs]
cerca (f)	žogs (v)	[ʒɔgs]
paliçada (f)	sēta (s)	[sɛ:ta]
cancela (f) do jardim	vārtiņi (v dsk)	[va:rtiɲi]

celeiro (m)	klēts (v)	[kle:ts]
adega (f)	pagrabs (v)	[pagrabs]
galpão, barracão (m)	šķūnis (v)	[ʃťu:nis]
poço (m)	aka (s)	[aka]

fogão (m)	krāsns (v)	[kra:sns]
atiçar o fogo	kurināt	[kurina:t]
lenha (carvão ou ~)	malka (s, v)	[malka]
acha (lenha)	pagale (s)	[pagale]

varanda (f)	veranda (s)	[vɛranda]
alpendre (m)	terase (s)	[tɛrase]
degraus (m pl) de entrada	lievenis (v)	[liɛvenis]
balouço (m)	šūpoles (s dsk)	[ʃu:pɔles]

91. Moradia. Mansão

casa (f) de campo	ārpilsētas māja (s)	[a:rpilsɛ:tas ma:ja]
vila (f)	villa (s)	[villa]
ala (~ do edifício)	ēkas spārns (v)	[ɛ:kas spa:rns]

jardim (m)	dārzs (v)	[da:rzs]
parque (m)	parks (v)	[parks]
estufa (f)	oranžērija (s)	[ɔranʒe:rija]
cuidar de ...	kopt	[kɔpt]

piscina (f)	baseins (v)	[basɛins]
ginásio (m)	sporta zāle (s)	[sporta za:le]
campo (m) de ténis	tenisa laukums (v)	[tenisa laukums]
cinema (m)	kinoteātris (v)	[kinotea:tris]
garagem (f)	garāža (s)	[gara:ʒa]

| propriedade (f) privada | privātīpašums (v) | [priva:ti:paʃums] |
| terreno (m) privado | privātīpašums (v) | [priva:ti:paʃums] |

| advertência (f) | brīdinājums (v) | [bri:dina:jums] |
| sinal (m) de aviso | brīdinājuma zīme (s) | [bri:dina:juma zi:me] |

guarda (f)	apsardze (s)	[apsardze]
guarda (m)	apsargs (v)	[apsargs]
alarme (m)	signalizācija (s)	[signaliza:tsija]

92. Castelo. Palácio

castelo (m)	pils (s)	[pils]
palácio (m)	pils (s)	[pils]
fortaleza (f)	cietoksnis (v)	[tsiɛtɔksnis]
muralha (f)	cietokšņa mūris (v)	[tsiɛtɔkʃɲa mu:ris]
torre (f)	tornis (v)	[tɔrnis]
calabouço (m)	galvenais tornis (v)	[galvɛnais tɔrnis]

grade (f) levadiça	nolaižamie vārti (v dsk)	[nɔlaiʒamiɛ va:rti]
passagem (f) subterrânea	pazemes eja (s)	[pazɛmes eja]
fosso (m)	grāvis (v)	[gra:vis]
corrente, cadeia (f)	ķēde (s)	[tʲɛ:de]
seteira (f)	šaujamlūka (s)	[ʃaujamlu:ka]

magnífico	lielisks	[liɛlisks]
majestoso	dižens	[diʒens]
inexpugnável	neaizsniedzams	[neaizsniɛdzams]
medieval	viduslaiku	[viduslaiku]

93. Apartamento

apartamento (m)	dzīvoklis (v)	[dzi:vɔklis]
quarto (m)	istaba (s)	[istaba]
quarto (m) de dormir	guļamistaba (s)	[gulʲamistaba]
sala (f) de jantar	ēdamistaba (s)	[ɛ:damistaba]
sala (f) de estar	viesistaba (s)	[viɛsistaba]
escritório (m)	kabinets (v)	[kabinets]

antessala (f)	priekštelpa (s)	[priɛkʃtelpa]
quarto (m) de banho	vannas istaba (s)	[vannas istaba]
toilette (lavabo)	tualete (s)	[tualɛte]

teto (m)	griesti (v dsk)	[griɛsti]
chão, soalho (m)	grīda (s)	[gri:da]
canto (m)	kakts (v)	[kakts]

94. Apartamento. Limpeza

arrumar, limpar (vt)	uzkopt	[uzkɔpt]
guardar (no armário, etc.)	aizvākt	[aizvaːkt]
pó (m)	putekļi (v dsk)	[puteklʲi]
empoeirado	putekļains	[puteklʲains]
limpar o pó	slaucīt putekļus	[slautsiːt puteklʲus]
aspirador (m)	putekļu sūcējs (v)	[puteklʲu suːtseːjs]
aspirar (vt)	sūkt putekļus	[suːkt puteklʲus]
varrer (vt)	slaucīt	[slautsiːt]
sujeira (f)	saslaukas (s dsk)	[saslaukas]
arrumação (f), ordem (f)	kārtība (s)	[kaːrtiːba]
desordem (f)	nekārtība (s)	[nɛkaːrtiːba]
esfregão (m)	birste (s)	[birste]
pano (m), trapo (m)	lupata (s)	[lupata]
vassoura (f)	slota (s)	[slɔta]
pá (f) de lixo	liekšķere (s)	[liɛkʃtʲɛre]

95. Mobiliário. Interior

mobiliário (m)	mēbeles (s dsk)	[meːbɛles]
mesa (f)	galds (v)	[galds]
cadeira (f)	krēsls (v)	[kreːsls]
cama (f)	gulta (s)	[gulta]
divã (m)	dīvāns (v)	[diːvaːns]
cadeirão (m)	atpūtas krēsls (v)	[atpuːtas kreːsls]
estante (f)	grāmatplaukts (v)	[graːmatplaukts]
prateleira (f)	plaukts (v)	[plaukts]
guarda-vestidos (m)	drēbju skapis (v)	[dreːbju skapis]
cabide (m) de parede	pakaramais (v)	[pakaramais]
cabide (m) de pé	stāvpakaramais (v)	[staːvpakaramais]
cómoda (f)	kumode (s)	[kumɔde]
mesinha (f) de centro	žurnālu galdiņš (v)	[ʒurnaːlu galdiɲʃ]
espelho (m)	spogulis (v)	[spɔgulis]
tapete (m)	paklājs (v)	[paklaːjs]
tapete (m) pequeno	paklājiņš (v)	[paklaːjiɲʃ]
lareira (f)	kamīns (v)	[kamiːns]
vela (f)	svece (s)	[svetse]
castiçal (m)	svečturis (v)	[svetʃturis]
cortinas (f pl)	aizkari (v dsk)	[aizkari]
papel (m) de parede	tapetes (s dsk)	[tapɛtes]
estores (f pl)	žalūzijas (s dsk)	[ʒaluːzijas]
candeeiro (m) de mesa	galda lampa (s)	[galda lampa]
candeeiro (m) de parede	gaismeklis (v)	[gaismeklis]

candeeiro (m) de pé	stāvlampa (s)	[sta:vlampa]
lustre (m)	lustra (s)	[lustra]

pé (de mesa, etc.)	kāja (s)	[ka:ja]
braço (m)	elkoņa balsts (v)	[elkɔɲa balsts]
costas (f pl)	atzveltne (s)	[atzveltne]
gaveta (f)	atvilktne (s)	[atvilktne]

96. Quarto de dormir

roupa (f) de cama	gultas veļa (s)	[gultas vɛlʲa]
almofada (f)	spilvens (v)	[spilvens]
fronha (f)	spilvendrāna (s)	[spilvendra:na]
cobertor (m)	sega (s)	[sɛga]
lençol (m)	palags (v)	[palags]
colcha (f)	pārsegs (v)	[pa:rsegs]

97. Cozinha

cozinha (f)	virtuve (s)	[virtuve]
gás (m)	gāze (s)	[ga:ze]
fogão (m) a gás	gāzes plīts (v)	[ga:zes pli:ts]
fogão (m) elétrico	elektriskā plīts (v)	[ɛlektriska: pli:ts]
forno (m)	cepeškrāsns (v)	[tsɛpeʃkra:sns]
forno (m) de micro-ondas	mikroviļņu krāsns (v)	[mikrɔvilʲɲu kra:sns]

frigorífico (m)	ledusskapis (v)	[lɛduskapis]
congelador (m)	saldētava (s)	[saldɛ:tava]
máquina (f) de lavar louça	trauku mazgājamā mašīna (s)	[trauku mazga:jama: maʃi:na]

moedor (m) de carne	gaļas mašīna (s)	[galʲas maʃi:na]
espremedor (m)	sulu spiede (s)	[sulu spiɛde]
torradeira (f)	tosters (v)	[tɔstɛrs]
batedeira (f)	mikseris (v)	[mikseris]

máquina (f) de café	kafijas aparāts (v)	[kafijas apara:ts]
cafeteira (f)	kafijas kanna (s)	[kafijas kanna]
moinho (m) de café	kafijas dzirnaviņas (s)	[kafijas dzirnaviɲas]

chaleira (f)	tējkanna (s)	[te:jkanna]
bule (m)	tējkanna (s)	[te:jkanna]
tampa (f)	vāciņš (v)	[va:tsiɲʃ]
coador (m) de chá	sietiņš (v)	[siɛtiɲʃ]

colher (f)	karote (s)	[karɔte]
colher (f) de chá	tējkarote (s)	[te:jkarɔte]
colher (f) de sopa	ēdamkarote (s)	[ɛ:damkarɔte]
garfo (m)	dakša (s)	[dakʃa]
faca (f)	nazis (v)	[nazis]
louça (f)	galda piederumi (v dsk)	[galda piɛdɛrumi]
prato (m)	šķīvis (v)	[ʃtʲi:vis]

pires (m)	apakštase (s)	[apakʃtase]
cálice (m)	glāzīte (s)	[glaːziːte]
copo (m)	glāze (s)	[glaːze]
chávena (f)	tase (s)	[tase]

açucareiro (m)	cukurtrauks (v)	[tsukurtrauks]
saleiro (m)	sālstrauks (v)	[saːlstrauks]
pimenteiro (m)	piparu trauciņš (v)	[piparu trautsiɲʃ]
manteigueira (f)	sviesta trauks (v)	[sviɛsta trauks]

panela, caçarola (f)	kastrolis (v)	[kastrɔlis]
frigideira (f)	panna (s)	[panna]
concha (f)	smeļamkarote (s)	[smɛlʲamkarɔte]
passador (m)	caurduris (v)	[tsaurduris]
bandeja (f)	paplāte (s)	[paplaːte]

garrafa (f)	pudele (s)	[pudɛle]
boião (m) de vidro	burka (s)	[burka]
lata (f)	bundža (s)	[bundʒa]

abre-garrafas (m)	atvere (s)	[atvɛre]
abre-latas (m)	atvere (s)	[atvɛre]
saca-rolhas (m)	korķviļķis (v)	[kɔrtʲvilʲtʲis]
filtro (m)	filtrs (v)	[filtrs]
filtrar (vt)	filtrēt	[filtreːt]

| lixo (m) | atkritumi (v dsk) | [atkritumi] |
| balde (m) do lixo | atkritumu tvertne (s) | [atkritumu tvertne] |

98. Casa de banho

quarto (m) de banho	vannas istaba (s)	[vannas istaba]
água (f)	ūdens (v)	[uːdens]
torneira (f)	krāns (v)	[kraːns]
água (f) quente	karsts ūdens (v)	[karsts uːdens]
água (f) fria	auksts ūdens (v)	[auksts uːdens]

pasta (f) de dentes	zobu pasta (s)	[zɔbu pasta]
escovar os dentes	tīrīt zobus	[tiːriːt zɔbus]
escova (f) de dentes	zobu birste (s)	[zɔbu birste]

barbear-se (vr)	skūties	[skuːtiɛs]
espuma (f) de barbear	skūšanās putas (s)	[skuːʃanaːs putas]
máquina (f) de barbear	skuveklis (v)	[skuveklis]

lavar (vt)	mazgāt	[mazgaːt]
lavar-se (vr)	mazgāties	[mazgaːtiɛs]
duche (m)	duša (s)	[duʃa]
tomar um duche	iet dušā	[iɛt duʃaː]

banheira (f)	vanna (s)	[vanna]
sanita (f)	klozetpods (v)	[klɔzetpɔds]
lavatório (m)	izlietne (s)	[izliɛtne]
sabonete (m)	ziepes (s dsk)	[ziɛpes]

saboneteira (f)	**ziepju trauks** (v)	[ziɛpju trauks]
esponja (f)	**sūklis** (v)	[suːklis]
champô (m)	**šampūns** (v)	[ʃampuːns]
toalha (f)	**dvielis** (v)	[dviɛlis]
roupão (m) de banho	**halāts** (v)	[xalaːts]

lavagem (f)	**veļas mazgāšana** (s)	[vɛlʲas mazgaːʃana]
máquina (f) de lavar	**veļas mazgājamā mašīna** (s)	[vɛlʲas mazgaːjama: maʃiːna]
lavar a roupa	**mazgāt veļu**	[mazga:t vɛlʲu]
detergente (m)	**veļas pulveris** (v)	[vɛlʲas pulveris]

99. Eletrodomésticos

televisor (m)	**televizors** (v)	[tɛlevizɔrs]
gravador (m)	**magnetofons** (v)	[magnetɔfɔns]
videogravador (m)	**videomagnetofons** (v)	[videɔmagnetɔfɔns]
rádio (m)	**radio uztvērējs** (v)	[radiɔ uztvɛːreːjs]
leitor (m)	**atskaņotājs** (v)	[atskaɲotaːjs]

projetor (m)	**video projektors** (v)	[videɔ prɔjektɔrs]
cinema (m) em casa	**mājas kinoteātris** (v)	[maːjas kinɔtea:tris]
leitor (m) de DVD	**DVD atskaņotājs** (v)	[dvd atskaɲota:js]
amplificador (m)	**pastiprinātājs** (v)	[pastiprina:ta:js]
console (f) de jogos	**spēļu konsole** (s)	[spɛːlʲu kɔnsɔle]

câmara (f) de vídeo	**videokamera** (s)	[videɔkamɛra]
máquina (f) fotográfica	**fotoaparāts** (v)	[fɔtɔapara:ts]
câmara (f) digital	**digitālais fotoaparāts** (v)	[digita:lais fɔtɔapara:ts]

aspirador (m)	**putekļu sūcējs** (v)	[puteklʲu su:tse:js]
ferro (m) de engomar	**gludeklis** (v)	[gludeklis]
tábua (f) de engomar	**gludināmais dēlis** (v)	[gludina:mais de:lis]

telefone (m)	**tālrunis** (v)	[ta:lrunis]
telemóvel (m)	**mobilais tālrunis** (v)	[mɔbilais ta:lrunis]
máquina (f) de escrever	**rakstāmmašīna** (s)	[raksta:mmaʃi:na]
máquina (f) de costura	**šujmašīna** (s)	[ʃujmaʃi:na]

microfone (m)	**mikrofons** (v)	[mikrɔfɔns]
auscultadores (m pl)	**austiņas** (s dsk)	[austiɲas]
controlo remoto (m)	**pults** (v)	[pults]

CD (m)	**kompaktdisks** (v)	[kɔmpaktdisks]
cassete (f)	**kasete** (s)	[kasɛte]
disco (m) de vinil	**plate** (s)	[plate]

100. Reparações. Renovação

renovação (f)	**remonts** (v)	[remɔnts]
renovar (vt), fazer obras	**renovēt**	[renɔve:t]
reparar (vt)	**remontēt**	[remɔnte:t]

consertar (vt)	sakārtot	[saka:rtɔt]
refazer (vt)	pārtaisīt	[pa:rtaisi:t]
tinta (f)	krāsa (s)	[kra:sa]
pintar (vt)	krāsot	[kra:sɔt]
pintor (m)	krāsotājs (v)	[kra:sɔta:js]
pincel (m)	ota (s)	[ɔta]
cal (f)	krīts (v)	[kri:ts]
caiar (vt)	balināt	[balina:t]
papel (m) de parede	tapetes (s dsk)	[tapɛtes]
colocar papel de parede	izlīmēt tapetes	[izli:me:t tapɛtes]
verniz (m)	laka (s)	[laka]
envernizar (vt)	nolakot	[nɔlakɔt]

101. Canalizações

água (f)	ūdens (v)	[u:dens]
água (f) quente	karsts ūdens (v)	[karsts u:dens]
água (f) fria	auksts ūdens (v)	[auksts u:dens]
torneira (f)	krāns (v)	[kra:ns]
gota (f)	piliens (v)	[piliɛns]
gotejar (vi)	pilēt	[pile:t]
vazar (vt)	tecēt	[tetse:t]
vazamento (m)	sūce (s)	[su:tse]
poça (f)	peļķe (s)	[peļ'tʲe]
tubo (m)	caurule (s)	[tsaurule]
válvula (f)	ventilis (v)	[ventilis]
entupir-se (vr)	aizsērēt	[aizsɛ:re:t]
ferramentas (f pl)	instrumenti (v dsk)	[instrumenti]
chave (f) inglesa	bīdatslēga (s)	[bi:datslɛ:ga]
desenroscar (vt)	atgriezt	[atgriɛzt]
enroscar (vt)	aizgriezt	[aizgriɛzt]
desentupir (vt)	izslaucīt	[izslautsi:t]
canalizador (m)	santehniķis (v)	[santexnitʲis]
cave (f)	pagrabs (v)	[pagrabs]
sistema (m) de esgotos	kanalizācija (s)	[kanaliza:tsija]

102. Fogo. Deflagração

incêndio (m)	uguns (v)	[uguns]
chama (f)	liesma (s)	[liɛsma]
faísca (f)	dzirkstele (s)	[dzirkstɛle]
fumo (m)	dūmi (v dsk)	[du:mi]
tocha (f)	lāpa (s)	[la:pa]
fogueira (f)	ugunskurs (v)	[ugunskurs]
gasolina (f)	benzīns (v)	[benzi:ns]

querosene (m)	petroleja (s)	[petrɔleja]
inflamável	degošs	[degɔʃs]
explosivo	eksplozīvs	[eksplɔzi:vs]
PROIBIDO FUMAR!	SMĒĶĒT AIZLIEGTS!	[smɛ:tʲe:t aizliɛgts!]

segurança (f)	drošība (s)	[drɔʃi:ba]
perigo (m)	bīstams (v)	[bi:stams]
perigoso	bīstams	[bi:stams]

incendiar-se (vr)	iedegties	[iɛdegtiɛs]
explosão (f)	sprādziens (v)	[spra:dziɛns]
incendiar (vt)	aizdedzināt	[aizdedzina:t]
incendiário (m)	dedzinātājs (v)	[dedzina:ta:js]
incêndio (m) criminoso	dedzināšana (s)	[dedzina:ʃana]

arder (vi)	liesmot	[liɛsmɔt]
queimar (vi)	degt	[degt]
queimar tudo (vi)	nodegt	[nɔdegt]

chamar os bombeiros	izsaukt ugunsdzēsējus	[izsaukt ugunsdzɛ:se:jus]
bombeiro (m)	ugunsdzēsējs (v)	[ugunsdzɛ:se:js]
carro (m) de bombeiros	ugunsdzēsēju mašīna (s)	[ugunsdzɛ:se:ju maʃi:na]
corpo (m) de bombeiros	ugunsdzēsēju komanda (s)	[ugunsdzɛ:se:ju kɔmanda]
escada (f) extensível	ugunsdzēsēju kāpnes (s dsk)	[ugunsdzɛ:se:ju ka:pnes]

mangueira (f)	šļūtene (s)	[ʃlʲu:tɛne]
extintor (m)	ugunsdzēšamais aparāts (v)	[ugunsdze:ʃamais apara:ts]
capacete (m)	ķivere (s)	[tʲivɛre]
sirene (f)	sirēna (s)	[sirɛ:na]

gritar (vi)	kliegt	[kliɛgt]
chamar por socorro	saukt palīgā	[saukt pali:ga:]
salvador (m)	glābējs (v)	[gla:be:js]
salvar, resgatar (vt)	glābt	[gla:bt]

chegar (vi)	atbraukt	[atbraukt]
apagar (vt)	dzēst	[dze:st]
água (f)	ūdens (v)	[u:dens]
areia (f)	smiltis (s dsk)	[smiltis]

ruínas (f pl)	drupas (s dsk)	[drupas]
ruir (vi)	sabrukt	[sabrukt]
desmoronar (vi)	sabrukt	[sabrukt]
desabar (vi)	sagāzties	[saga:ztiɛs]

| fragmento (m) | atlūza (s) | [atlu:za] |
| cinza (f) | pelni (v dsk) | [pelni] |

| sufocar (vi) | nosmakt | [nɔsmakt] |
| perecer (vi) | nomirt | [nɔmirt] |

ATIVIDADES HUMANAS

Emprego. Negócios. Parte 1

103. Escritório. O trabalho no escritório

escritório (~ de advogados)	birojs (v)	[birɔjs]
escritório (do diretor, etc.)	kabinets (v)	[kabinets]
receção (f)	reģistratūra (s)	[redʲistratu:ra]
secretário (m)	sekretārs (v)	[sekrɛta:rs]
secretária (f)	sekretāre (s)	[sekrɛta:re]

diretor (m)	direktors (v)	[direktɔrs]
gerente (m)	menedžeris (v)	[mɛnedʒeris]
contabilista (m)	grāmatvedis (v)	[gra:matvedis]
empregado (m)	darbinieks (v)	[darbiniɛks]

mobiliário (m)	mēbeles (s dsk)	[me:bɛles]
mesa (f)	galds (v)	[galds]
cadeira (f)	krēsls (v)	[kre:sls]
bloco (m) de gavetas	atvilktņu bloks (v)	[atvilktņu blɔks]
cabide (m) de pé	slāvpakaramais (v)	[sta·vpakaramais]

computador (m)	dators (v)	[datɔrs]
impressora (f)	printeris (v)	[printeris]
fax (m)	fakss (v)	[faks]
fotocopiadora (f)	kopējamais aparāts (v)	[kɔpe:jamais apara:ts]

papel (m)	papīrs (v)	[papi:rs]
artigos (m pl) de escritório	kancelejas preces (s dsk)	[kantsɛlejas pretses]
tapete (m) de rato	paliktnis (v)	[paliktnis]
folha (f) de papel	lapa (s)	[lapa]
pasta (f)	mape (s)	[mape]

catálogo (m)	katalogs (v)	[katalɔgs]
diretório (f) telefónico	rokasgrāmata (s)	[rɔkasgra:mata]
documentação (f)	dokumentācija (s)	[dɔkumenta:tsija]
brochura (f)	brošūra (s)	[brɔʃu:ra]
flyer (m)	skrejlapa (s)	[skrejlapa]
amostra (f)	paraugs (v)	[paraugs]

formação (f)	praktiskā nodarbība (s)	[praktiska: nɔdarbi:ba]
reunião (f)	sapulce (s)	[sapultse]
hora (f) de almoço	pusdienu pārtraukums (v)	[pusdiɛnu pa:rtraukums]

fazer uma cópia	kopēt	[kɔpe:t]
tirar cópias	pavairot	[pavairɔt]
receber um fax	saņemt faksu	[saņemt faksu]
enviar um fax	sūtīt faksu	[su:ti:t faksu]

fazer uma chamada	piezvanīt	[piɛzvani:t]
responder (vt)	atbildēt	[atbilde:t]
passar (vt)	savienot	[saviɛnɔt]

marcar (vt)	nozīmēt	[nɔzi:me:t]
demonstrar (vt)	demonstrēt	[demɔnstre:t]
estar ausente	nebūt klāt	[nɛbu:t kla:t]
ausência (f)	kavējums (v)	[kave:jums]

104. Processos negociais. Parte 1

negócio (m)	darīšanas (s dsk)	[dari:ʃanas]
ocupação (f)	process (v)	[prɔtses]
firma, empresa (f)	firma (s)	[firma]
companhia (f)	kompānija (s)	[kɔmpa:nija]
corporação (f)	korporācija (s)	[kɔrpora:tsija]
empresa (f)	uzņēmums (v)	[uzɲɛ:mums]
agência (f)	aģentūra (s)	[adʲentu:ra]

acordo (documento)	līgums (v)	[li:gums]
contrato (m)	līgums (v)	[li:gums]
acordo (transação)	darījums (v)	[dari:jums]
encomenda (f)	pasūtījums (v)	[pasu:ti:jums]
cláusulas (f pl), termos (m pl)	nosacījums (v)	[nɔsatsi:jums]

por grosso (adv)	vairumā	[vairuma:]
por grosso (adj)	vairum-	[vairum-]
venda (f) por grosso	vairumtirdzniecība (s)	[vairumtirdzniɛtsi:ba]
a retalho	mazumtirdzniecības-	[mazumtirdzniɛtsi:bas-]
venda (f) a retalho	mazumtirdzniecība (s)	[mazumtirdzniɛtsi:ba]

concorrente (m)	konkurents (v)	[kɔnkurents]
concorrência (f)	konkurence (s)	[kɔnkurentse]
competir (vi)	konkurēt	[kɔnkure:t]

sócio (m)	partneris (v)	[partneris]
parceria (f)	partnerība (s)	[partneri:ba]

crise (f)	krīze (s)	[kri:ze]
bancarrota (f)	bankrots (v)	[bankrɔts]
entrar em falência	bankrotēt	[bankrɔte:t]
dificuldade (f)	grūtības (s dsk)	[gru:ti:bas]
problema (m)	problēma (s)	[prɔblɛ:ma]
catástrofe (f)	katastrofa (s)	[katastrɔfa]

economia (f)	ekonomika (s)	[ekɔnɔmika]
económico	ekonomisks	[ekɔnɔmisks]
recessão (f) económica	ekonomikas lejupeja (s)	[ekɔnɔmikas lejupeja]

objetivo (m)	mērķis (v)	[me:rtʲis]
tarefa (f)	uzdevums (v)	[uzdɛvums]

comerciar (vi, vt)	tirgot	[tirgɔt]
rede (de distribuição)	tīkls (v)	[ti:kls]

| estoque (m) | noliktava (s) | [nɔliktava] |
| sortimento (m) | sortiments (v) | [sɔrtiments] |

líder (m)	līderis (v)	[liːderis]
grande (~ empresa)	liels	[liɛls]
monopólio (m)	monopols (v)	[mɔnɔpɔls]

teoria (f)	teorija (s)	✹ [teɔrija]
prática (f)	prakse (s)	[prakse]
experiência (falar por ~)	pieredze (s)	[piɛredze]
tendência (f)	tendence (s)	[tendentse]
desenvolvimento (m)	attīstība (s)	[attiːstiːba]

105. Processos negociais. Parte 2

| rentabilidade (f) | labums (v) | [labums] |
| rentável | izdevīgs | [izdeviːgs] |

delegação (f)	delegācija (s)	[delɛgaːtsija]
salário, ordenado (m)	darba alga (s)	[darba alga]
corrigir (um erro)	labot	[labɔt]
viagem (f) de negócios	komandējums (v)	[kɔmandeːjums]
comissão (f)	komisija (s)	[kɔmisija]

controlar (vt)	kontrolēt	[kɔntrɔleːt]
conferência (f)	konference (s)	[kɔnfɛrentse]
licença (f)	licence (s)	[litsentse]
confiável	uzticams	[uztitsams]

empreendimento (m)	pasākums (v)	[pasaːkums]
norma (f)	norma (s)	[nɔrma]
circunstância (f)	apstāklis (v)	[apstaːklis]
dever (m)	pienākums (v)	[piɛnaːkums]

empresa (f)	organizācija (s)	[ɔrganizaːtsija]
organização (f)	organizēšana (s)	[ɔrganizeːʃana]
organizado	organizēts	[ɔrganizeːts]
anulação (f)	atcelšana (s)	[attselʃana]
anular, cancelar (vt)	atcelt	[attselt]
relatório (m)	atskaite (s)	[atskaite]

patente (f)	patents (v)	[patents]
patentear (vt)	patentēt	[patenteːt]
planear (vt)	plānot	[plaːnɔt]

prémio (m)	prēmija (s)	[preːmija]
profissional	profesionāls	[prɔfesiɔnaːls]
procedimento (m)	procedūra (s)	[prɔtsɛduːra]

examinar (a questão)	izskatīt	[izskatiːt]
cálculo (m)	aprēķins (v)	[apreːtʲins]
reputação (f)	reputācija (s)	[rɛputaːtsija]
risco (m)	risks (v)	[risks]
dirigir (~ uma empresa)	vadīt	[vadiːt]

informação (f)	ziņas (s dsk)	[ziɲas]
propriedade (f)	īpašums (v)	[i:paʃums]
união (f)	savienība (s)	[saviɛni:ba]

seguro (m) de vida	dzīvības apdrošināšana (s)	[dzi:vi:bas apdroʃina:ʃana]
fazer um seguro	apdrošināt	[apdroʃina:t]
seguro (m)	apdrošināšana (s)	[apdroʃina:ʃana]

leilão (m)	izsole (s)	[izsole]
notificar (vt)	paziņot	[paziɲot]
gestão (f)	vadīšana (s)	[vadi:ʃana]
serviço (indústria de ~s)	pakalpojums (v)	[pakalpojums]

fórum (m)	forums (v)	[forums]
funcionar (vi)	funkcionēt	[funktsione:t]
estágio (m)	posms (v)	[posms]
jurídico	juridisks	[juridisks]
jurista (m)	jurists (v)	[jurists]

106. Produção. Trabalhos

usina (f)	rūpnīca (s)	[ru:pni:tsa]
fábrica (f)	fabrika (s)	[fabrika]
oficina (f)	cehs (v)	[tsexs]
local (m) de produção	rūpniecības nozare (s)	[ru:pniɛtsi:bas nozare]

indústria (f)	rūpniecība (s)	[ru:pniɛtsi:ba]
industrial	rūpniecisks	[ru:pniɛtsisks]
indústria (f) pesada	smagā rūpniecība (s)	[smaga: ru:pniɛtsi:ba]
indústria (f) ligeira	vieglā rūpniecība (s)	[viɛgla: ru:pniɛtsi:ba]

produção (f)	produkcija (s)	[produktsija]
produzir (vt)	ražot	[raʒot]
matérias-primas (f pl)	izejviela (s)	[izejviɛla]

chefe (m) de brigada	brigadieris (v)	[brigadiɛris]
brigada (f)	brigāde (s)	[briga:de]
operário (m)	strādnieks (v)	[stra:dniɛks]

dia (m) de trabalho	darba diena (s)	[darba diɛna]
pausa (f)	pārtraukums (v)	[pa:rtraukums]
reunião (f)	sapulce (s)	[sapultse]
discutir (vt)	apspriest	[apspriɛst]

plano (m)	plāns (v)	[pla:ns]
cumprir o plano	izpildīt plānu	[izpildi:t pla:nu]
taxa (f) de produção	norma (s)	[norma]
qualidade (f)	kvalitāte (s)	[kvalita:te]
controlo (m)	kontrole (s)	[kontrole]
controlo (m) da qualidade	kvalitātes kontrole (s)	[kvalita:tes kontrole]

segurança (f) no trabalho	darba drošība (s)	[darba droʃi:ba]
disciplina (f)	disciplīna (s)	[distsipli:na]
infração (f)	pārkāpums (v)	[pa:rka:pums]

violar (as regras)	pārkāpt	[pa:rka:pt]
greve (f)	streiks (v)	[strɛiks]
grevista (m)	streikotājs (v)	[strɛikota:js]
estar em greve	streikot	[strɛikɔt]
sindicato (m)	arodbiedrība (s)	[arɔdbiɛdri:ba]

inventar (vt)	izgudrot	[izgudrɔt]
invenção (f)	izgudrojums (v)	[izgudrɔjums]
pesquisa (f)	pētījums (v)	[pe:ti:jums]
melhorar (vt)	uzlabot	[uzlabɔt]
tecnologia (f)	tehnoloģija (s)	[texnɔlɔdⁱija]
desenho (m) técnico	rasējums (v)	[rase:jums]

carga (f)	krava (s)	[krava]
carregador (m)	krāvējs (v)	[kra:ve:js]
carregar (vt)	iekraut	[iɛkraut]
carregamento (m)	iekraušana (s)	[iɛkrauʃana]
descarregar (vt)	izkraut	[izkraut]
descarga (f)	izkraušana (s)	[izkrauʃana]

transporte (m)	transports (v)	[transpɔrts]
companhia (f) de transporte	transporta kompānija (s)	[transpɔrta kɔmpa:nija]
transportar (vt)	transportēt	[transpɔrte:t]

vagão (m) de carga	vagons (v)	[vagɔns]
cisterna (f)	cisterna (s)	[tsisterna]
camião (m)	kravas automašīna (s)	[kravas autɔmaʃi:na]

| máquina-ferramenta (f) | darbmašīna (s) | [darbmaʃi:na] |
| mecanismo (m) | mehānisms (v) | [mexa:nisms] |

resíduos (m pl) industriais	atkritumi (v dsk)	[atkritumi]
embalagem (f)	iesaiņošana (s)	[iɛsaiɲɔʃana]
embalar (vt)	iesaiņot	[iɛsaiɲɔt]

107. Contrato. Acordo

contrato (m)	līgums (v)	[li:gums]
acordo (m)	vienošanās (s)	[viɛnɔʃana:s]
adenda (f), anexo (m)	pielikums (v)	[piɛlikums]

assinar o contrato	noslēgt līgumu	[nɔsle:gt li:gumu]
assinatura (f)	paraksts (v)	[paraksts]
assinar (vt)	parakstīt	[paraksti:t]
carimbo (m)	zīmogs (v)	[zi:mɔgs]

objeto (m) do contrato	līguma priekšmets (v)	[li:guma priɛkʃmets]
cláusula (f)	punkts (v)	[punkts]
partes (f pl)	puses (s dsk)	[puses]
morada (f) jurídica	juridiska adrese (s)	[juridiska adrɛse]

violar o contrato	pārkāpt līgumu	[pa:rka:pt li:gumu]
obrigação (f)	pienākums (v)	[piɛna:kums]
responsabilidade (f)	atbildība (s)	[atbildi:ba]

força (f) maior	nepārvarama vara (s)	[nɛpa:rvarama vara]
litígio (m), disputa (f)	strīds (v)	[stri:ds]
multas (f pl)	soda sankcijas (s dsk)	[sɔda sanktsijas]

108. Importação & Exportação

importação (f)	imports (v)	[impɔrts]
importador (m)	importētājs (v)	[impɔrtɛ:ta:js]
importar (vt)	importēt	[impɔrte:t]
de importação	importa-	[impɔrta-]

exportação (f)	eksports (v)	[ekspɔrts]
exportador (m)	eksportētājs (v)	[ekspɔrtɛ:ta:js]
exportar (vt)	eksportēt	[ekspɔrte:t]
de exportação	eksporta	[ekspɔrta]

| mercadoria (f) | prece (s) | [pretse] |
| lote (de mercadorias) | partija (s) | [partija] |

peso (m)	svars (v)	[svars]
volume (m)	apjoms (v)	[apjɔms]
metro (m) cúbico	kubikmetrs (v)	[kubikmetrs]

produtor (m)	ražotājs (v)	[raʒɔta:js]
companhia (f) de transporte	transporta kompānija (s)	[transpɔrta kɔmpa:nija]
contentor (m)	konteiners (v)	[kɔntɛinɛrs]

fronteira (f)	robeža (s)	[rɔbeʒa]
alfândega (f)	muita (s)	[muita]
taxa (f) alfandegária	muitas nodeva (s)	[muitas nɔdɛva]
funcionário (m) da alfândega	muitas ierēdnis (v)	[muitas iɛre:dnis]
contrabando (atividade)	kontrabanda (s)	[kɔntrabanda]
contrabando (produtos)	kontrabanda (s)	[kɔntrabanda]

109. Finanças

ação (f)	akcija (s)	[aktsija]
obrigação (f)	obligācija (s)	[ɔbliga:tsija]
nota (f) promissória	vekselis (v)	[vekselis]

| bolsa (f) | birža (s) | [birʒa] |
| cotação (m) das ações | akciju kurss (v) | [aktsiju kurs] |

| tornar-se mais barato | kļūt lētākam | [klʲu:t lɛ:ta:kam] |
| tornar-se mais caro | kļūt dārgākam | [klʲu:t da:rga:kam] |

parte (f)	akcija, paja (s)	[aktsija], [paja]
participação (f) maioritária	kontroles pakete (s)	[kɔntrɔles pakɛte]
investimento (m)	investīcijas (s dsk)	[investi:tsijas]
investir (vt)	investēt	[investe:t]
percentagem (f)	procents (v)	[prɔtsents]
juros (m pl)	procenti (v dsk)	[prɔtsenti]

lucro (m)	peļņa (s)	[pelʲɲa]
lucrativo	ienesīgs	[iɛnesiːgs]
imposto (m)	nodoklis (v)	[nɔdɔklis]
divisa (f)	valūta (s)	[valuːta]
nacional	nacionāls	[natsiɔnaːls]
câmbio (m)	apmaiņa (s)	[apmaiɲa]
contabilista (m)	grāmatvedis (v)	[graːmatvedis]
contabilidade (f)	grāmatvedība (s)	[graːmatvediːba]
bancarrota (f)	bankrots (v)	[bankrɔts]
falência (f)	krahs (v)	[kraxs]
ruína (f)	izputēšana (s)	[izputeːʃana]
arruinar-se (vr)	izputēt	[izputeːt]
inflação (f)	inflācija (s)	[inflaːtsija]
desvalorização (f)	devalvācija (s)	[dɛvalvaːtsija]
capital (m)	kapitāls (v)	[kapitaːls]
rendimento (m)	ienākums (v)	[iɛnaːkums]
volume (m) de negócios	apgrieziens (v)	[apgriɛziɛns]
recursos (m pl)	resursi (v dsk)	[rɛsursi]
recursos (m pl) financeiros	naudas līdzekļi (v dsk)	[naudas liːdzeklʲi]
despesas (f pl) gerais	pieskaitāmie izdevumi (v dsk)	[piɛskaitaːmiɛ izdɛvumi]
reduzir (vt)	samazināt	[samazinaːt]

110. Marketing

marketing (m)	mārketings (v)	[maːrketiŋgs]
mercado (m)	tirgus (v)	[tirgus]
segmento (m) do mercado	tirgus segments (v)	[tirgus segments]
produto (m)	produkts (v)	[prɔdukts]
mercadoria (f)	prece (s)	[pretse]
marca (f)	zīmols (v)	[ziːmɔls]
marca (f) comercial	tirdzniecības zīme (s)	[tirdzniɛtsiːbas ziːme]
logotipo (m)	firmas zīme (s)	[firmas ziːme]
logo (m)	logotips (v)	[lɔgɔtips]
demanda (f)	pieprasījums (v)	[piɛprasiːjums]
oferta (f)	piedāvājums (v)	[piɛdaːvaːjums]
necessidade (f)	vajadzība (s)	[vajadziːba]
consumidor (m)	patērētājs (v)	[patɛːrɛːtaːjs]
análise (f)	analīze (s)	[analiːze]
analisar (vt)	analizēt	[analizeːt]
posicionamento (m)	pozicionēšana (s)	[pɔzitsiɔneːʃana]
posicionar (vt)	pozicionēt	[pɔzitsiɔneːt]
preço (m)	cena (s)	[tsɛna]
política (f) de preços	cenu politika (s)	[tsenu pɔlitika]
formação (f) de preços	cenu izveidošana (s)	[tsenu izvɛidɔʃana]

111. Publicidade

publicidade (f)	reklāma (s)	[rekla:ma]
publicitar (vt)	reklamēt	[reklame:t]
orçamento (m)	budžets (v)	[budʒets]

anúncio (m) publicitário	reklāma (s)	[rekla:ma]
publicidade (f) televisiva	telereklāma (s)	[tɛlɛrekla:ma]
publicidade (f) na rádio	radioreklāma (s)	[radiɔrekla:ma]
publicidade (f) exterior	ārējā reklāma (s)	[a:re:ja: rekla:ma]

comunicação (f) de massa	masu informācijas līdzekļi (v dsk)	[masu informa:tsijas li:dzekļi]
periódico (m)	periodisks izdevums (v)	[periɔdisks izdɛvums]
imagem (f)	imidžs (v)	[imidʒs]

slogan (m)	lozungs (v)	[lɔzuŋgs]
mote (m), divisa (f)	devīze (s)	[devi:ze]

campanha (f)	kampaņa (s)	[kampaɲa]
companha (f) publicitária	reklāmas kampaņa (s)	[rekla:mas kampaɲa]
grupo (m) alvo	mērķa auditorija (s)	[me:rťa auditɔrija]

cartão (m) de visita	vizītkarte (s)	[vizi:tkarte]
flyer (m)	skrejlapa (s)	[skrejlapa]
brochura (f)	brošūra (s)	[brɔʃu:ra]
folheto (m)	buklets (v)	[buklets]
boletim (~ informativo)	slimības lapa (s)	[slimi:bas lapa]

letreiro (m)	izkārtne (s)	[izka:rtne]
cartaz, póster (m)	plakāts (v)	[plaka:ts]
painel (m) publicitário	reklāmu dēlis (v)	[rekla:mu de:lis]

112. Banca

banco (m)	banka (s)	[banka]
sucursal, balcão (f)	nodaļa (s)	[nɔdaļa]

consultor (m)	konsultants (v)	[kɔnsultants]
gerente (m)	pārvaldnieks (v)	[pa:rvaldnɛks]

conta (f)	konts (v)	[kɔnts]
número (m) da conta	konta numurs (v)	[kɔnta numurs]
conta (f) corrente	tekošais konts (v)	[tekɔʃais kɔnts]
conta (f) poupança	iekrājumu konts (v)	[iɛkra:jumu kɔnts]

abrir uma conta	atvērt kontu	[atve:rt kɔntu]
fechar uma conta	aizvērt kontu	[aizve:rt kɔntu]
depositar na conta	nolikt kontā	[nɔlikt kɔnta:]
levantar (vt)	izņemt no konta	[izɲemt nɔ kɔnta]

depósito (m)	ieguldījums (v)	[iɛguldi:jums]
fazer um depósito	veikt ieguldījumu	[vɛikt iɛguldi:jumu]

| transferência (f) bancária | pārskaitījums (v) | [pa:rskaiti:jums] |
| transferir (vt) | pārskaitīt | [pa:rskaiti:t] |

| soma (f) | summa (s) | [summa] |
| Quanto? | Cik? | [tsik?] |

| assinatura (f) | paraksts (v) | [paraksts] |
| assinar (vt) | parakstīt | [paraksti:t] |

cartão (m) de crédito	kredītkarte (s)	[kredi:tkarte]
código (m)	kods (v)	[kods]
número (m) do cartão de crédito	kredītkartes numurs (v)	[kredi:tkartes numurs]
Caixa Multibanco (m)	bankomāts (v)	[bankoma:ts]

cheque (m)	čeks (v)	[tʃeks]
passar um cheque	izrakstīt čeku	[izraksti:t tʃɛku]
livro (m) de cheques	čeku grāmatiņa (s)	[tʃɛku gra:matiɲa]

empréstimo (m)	kredīts (v)	[kredi:ts]
pedir um empréstimo	griezties pēc kredīta	[griɛzties pe:ts kredi:ta]
obter um empréstimo	ņemt kredītu	[ɲemt kredi:tu]
conceder um empréstimo	dot kredītu	[dot kredi:tu]
garantia (f)	garantija (s)	[garantija]

113. Telefone. Conversação telefónica

telefone (m)	tālrunis (v)	[ta:lrunis]
telemóvel (m)	mobilais tālrunis (v)	[mobilais ta:lrunis]
secretária (f) electrónica	autoatbildētājs (v)	[autoatbildɛ:ta:js]

| fazer uma chamada | zvanīt | [zvani:t] |
| chamada (f) | zvans (v) | [zvans] |

marcar um número	uzgriezt telefona numuru	[uzgriɛzt tɛlefona numuru]
Alô!	Hallo!	[xallo!]
perguntar (vt)	pajautāt	[pajauta:t]
responder (vt)	atbildēt	[atbilde:t]

ouvir (vt)	dzirdēt	[dzirde:t]
bem	labi	[labi]
mal	slikti	[slikti]
ruído (m)	traucējumi (v dsk)	[trautse:jumi]

auscultador (m)	klausule (s)	[klausule]
pegar o telefone	noņemt klausuli	[noɲemt klausuli]
desligar (vi)	nolikt klausuli	[nolikt klausuli]

ocupado	aizņemts	[aizɲemts]
tocar (vi)	zvanīt	[zvani:t]
lista (f) telefónica	telefona grāmata (s)	[tɛlefona gra:mata]

| local | vietējais | [viɛte:jais] |
| chamada (f) local | vietējais zvans (v) | [viɛte:jais zvans] |

de longa distância	starppilsētu	[starppilsɛ:tu]
chamada (f) de longa distância	starppilsētu zvans (v)	[starppilsɛ:tu zvans]
internacional	starptautiskais	[starptautiskais]
chamada (f) internacional	starptautiskais zvans (v)	[starptautiskais zvans]

114. Telefone móvel

telemóvel (m)	mobilais tālrunis (v)	[mɔbilais ta:lrunis]
ecrã (m)	displejs (v)	[displejs]
botão (m)	poga (s)	[pɔga]
cartão SIM (m)	SIM-karte (s)	[sim-karte]

bateria (f)	baterija (s)	[baterija]
descarregar-se	izlādēties	[izla:de:tiɛs]
carregador (m)	uzlādes ierīce (s)	[uzla:des iɛri:tse]

menu (m)	izvēlne (s)	[izve:lne]
definições (f pl)	uzstādījumi (v dsk)	[uzsta:di:jumi]
melodia (f)	melodija (s)	[melɔdija]
escolher (vt)	izvēlēties	[izvɛ:le:tiɛs]

calculadora (f)	kalkulators (v)	[kalkulatɔrs]
correio (m) de voz	autoatbildētājs (v)	[autɔatbildɛ:ta:js]
despertador (m)	modinātājs (v)	[mɔdina:ta:js]
contatos (m pl)	telefona grāmata (s)	[tɛlefɔna gra:mata]

mensagem (f) de texto	SMS-ziņa (s)	[sms-ziɲa]
assinante (m)	abonents (v)	[abɔnents]

115. Estacionário

caneta (f)	lodīšu pildspalva (s)	[lɔdi:ʃu pildspalva]
caneta (f) tinteiro	spalvaskāts (v)	[spalvaska:ts]

lápis (m)	zīmulis (v)	[zi:mulis]
marcador (m)	marķieris (v)	[martʲiɛris]
caneta (f) de feltro	flomasteris (v)	[flɔmasteris]

bloco (m) de notas	bloknots (v)	[blɔknɔts]
agenda (f)	dienasgrāmata (s)	[diɛnasgra:mata]

régua (f)	lineāls (v)	[linea:ls]
calculadora (f)	kalkulators (v)	[kalkulatɔrs]
borracha (f)	dzēšgumija (s)	[dze:ʃgumija]
pionés (m)	piespraude (s)	[piɛspraude]
clipe (m)	saspraude (s)	[saspraude]

cola (f)	līme (s)	[li:me]
agrafador (m)	skavotājs (v)	[skavɔta:js]
furador (m)	caurumotājs (v)	[tsaurumɔta:js]
afia-lápis (m)	zīmuļu asināmais (v)	[zi:muʎu asina:mais]

116. Vários tipos de documentos

relatório (m)	atskaite (s)	[atskaite]
acordo (m)	vienošanās (s)	[viɛnɔʃanaːs]
ficha (f) de inscrição	pieteikums (v)	[piɛtɛikums]
autêntico	īsts	[iːsts]
crachá (m)	personas karte (s)	[pɛrsɔnas karte]
cartão (m) de visita	vizītkarte (s)	[viziːtkarte]
certificado (m)	sertifikāts (v)	[sertifikaːts]
cheque (m)	čeks (v)	[tʃeks]
conta (f)	rēķins (v)	[reːtʲins]
constituição (f)	konstitūcija (s)	[kɔnstituːtsija]
contrato (m)	līgums (v)	[liːgums]
cópia (f)	kopija (s)	[kɔpija]
exemplar (m)	eksemplārs (v)	[eksemplaːrs]
declaração (f) alfandegária	muitas deklerācija (s)	[muitas deklɛraːtsija]
documento (m)	dokuments (v)	[dɔkuments]
carta (f) de condução	vadītāja apliecība (s)	[vadiːtaːja apliɛtsiːba]
adenda (ao contrato)	pielikums (v)	[piɛlikums]
questionário (m)	anketa (s)	[ankɛta]
bilhete (m) de identidade	apliecība (s)	[apliɛtsiːba]
inquérito (m)	pieprasījums (v)	[piɛprasiːjums]
convite (m)	ielūgums (v)	[iɛluːgums]
fatura (f)	rōķinɛ (v)	[roːtʲinɛ]
lei (f)	likums (v)	[likums]
carta (correio)	vēstule (s)	[veːstule]
papel (m) timbrado	veidlapa (s)	[vɛidlapa]
lista (f)	saraksts (v)	[saraksts]
manuscrito (m)	rokraksts (v)	[rɔkraksts]
boletim (~ informativo)	slimības lapa (s)	[slimiːbas lapa]
bilhete (mensagem breve)	zīmīte (s)	[ziːmiːte]
passe (m)	caurlaide (s)	[tsaurlaide]
passaporte (m)	pase (s)	[pase]
permissão (f)	atļauja (s)	[atlʲauja]
CV, currículo (m)	kopsavilkums (v)	[kɔpsavilkums]
vale (nota promissória)	parādzīme (s)	[paraːdziːme]
recibo (m)	kvīts (v)	[kviːts]
talão (f)	čeks (v)	[tʃeks]
relatório (m)	atskaite (s)	[atskaite]
mostrar (vt)	uzrādīt	[uzraːdiːt]
assinar (vt)	parakstīt	[parakstiːt]
assinatura (f)	paraksts (v)	[paraksts]
carimbo (m)	zīmogs (v)	[ziːmɔgs]
texto (m)	teksts (v)	[teksts]
bilhete (m)	biļete (s)	[bilʲɛte]
riscar (vt)	izsvītrot	[izsviːtrɔt]
preencher (vt)	aizpildīt	[aizpildiːt]

103

| guia (f) de remessa | pavadzīme (s) | [pavadzi:me] |
| testamento (m) | testaments (v) | [testaments] |

117. Tipos de negócios

serviços (m pl) de contabilidade	grāmatvežu pakalpojumi (v dsk)	[gra:matveʒu pakalpojumi]
publicidade (f)	reklāma (s)	[rekla:ma]
agência (f) de publicidade	reklāmas aģentūra (s)	[rekla:mas adʲentu:ra]
ar (m) condicionado	kondicionieri (v dsk)	[kɔnditsiɔniɛri]
companhia (f) aérea	aviokompānija (s)	[aviɔkɔmpa:nija]

bebidas (f pl) alcoólicas	alkoholiskie dzērieni (v dsk)	[alkɔxɔliskiɛ dze:riɛni]
comércio (m) de antiguidades	antikvariāts (v)	[antikvaria:ts]
galeria (f) de arte	mākslas galerija (s)	[ma:kslas galerija]
serviços (m pl) de auditoria	audita pakalpojumi (v dsk)	[audita pakalpojumi]

negócios (m pl) bancários	banku bizness (v)	[banku biznes]
bar (m)	bārs (v)	[ba:rs]
salão (m) de beleza	skaistuma salons (v)	[skaistuma salɔns]
livraria (f)	grāmatnīca (s)	[gra:matni:tsa]
cervejaria (f)	alus darītava (s)	[alus dari:tava]
centro (m) de escritórios	bizness-centrs (v)	[biznes-tsentrs]
escola (f) de negócios	bizness-skola (s)	[biznes-skɔla]

casino (m)	kazino (v)	[kazinɔ]
construção (f)	būvniecība (s)	[bu:vniɛtsi:ba]
serviços (m pl) de consultoria	konsultācijas (s dsk)	[kɔnsulta:tsijas]

estomatologia (f)	stomatoloģija (s)	[stɔmatɔlodʲija]
design (m)	dizains (v)	[dizains]
farmácia (f)	aptieka (s)	[aptiɛka]
lavandaria (f)	ķīmiskā tīrītava (s)	[tʲi:miska: ti:ri:tava]
agência (f) de emprego	nodarbinātības aģentūra (s)	[nɔdarbina:ti:bas adʲentu:ra]

serviços (m pl) financeiros	finanšu pakalpojumi (v dsk)	[finanʃu pakalpojumi]
alimentos (m pl)	pārtikas produkti (v dsk)	[pa:rtikas prɔdukti]
agência (f) funerária	apbedīšanas birojs (v)	[apbedi:ʃanas birɔjs]
mobiliário (m)	mēbeles (s dsk)	[me:bɛles]
roupa (f)	apģērbs (v)	[apdʲe:rbs]
hotel (m)	viesnīca (s)	[viɛsni:tsa]

gelado (m)	saldējums (v)	[salde:jums]
indústria (f)	rūpniecība (s)	[ru:pniɛtsi:ba]
seguro (m)	apdrošināšana (s)	[apdrɔʃina:ʃana]
internet (f)	internets (v)	[internets]
investimento (m)	investīcijas (s dsk)	[investi:tsijas]

joalheiro (m)	juvelieris (v)	[juveliɛris]
joias (f pl)	juvelieru izstrādājumi (v dsk)	[juveliɛru izstra:da:jumi]
lavandaria (f)	veļas mazgātava (s)	[vɛlʲas mazga:tava]
serviços (m pl) jurídicos	juristu pakalpojumi (v dsk)	[juristu pakalpojumi]
indústria (f) ligeira	vieglā rūpniecība (s)	[viɛgla: ru:pniɛtsi:ba]
revista (f)	žurnāls (v)	[ʒurna:ls]

vendas (f pl) por catálogo	tirdzniecība pēc katalogu (s)	[tirdzniɛtsi:ba pe:ts katalɔgu]
medicina (f)	medicīna (s)	[meditsi:na]
cinema (m)	kinoteātris (v)	[kinɔtea:tris]
museu (m)	muzejs (v)	[muzejs]

agência (f) de notícias	informāciju aģentūra (s)	[infɔrma:tsiju adʲentu:ra]
jornal (m)	laikraksts (v)	[laikraksts]
clube (m) noturno	naktsklubs (v)	[naktsklubs]

petróleo (m)	nafta (s)	[nafta]
serviço (m) de encomendas	kurjeru dienests (v)	[kurjeru diɛnests]
indústria (f) farmacêutica	farmācija (s)	[farma:tsija]
poligrafia (f)	poligrāfija (s)	[pɔligra:fija]
editora (f)	izdevniecība (s)	[izdevniɛtsi:ba]

rádio (m)	radio (v)	[radiɔ]
imobiliário (m)	nekustamais īpašums (v)	[nɛkustamais i:paʃums]
restaurante (m)	restorāns (v)	[restɔra:ns]

empresa (f) de segurança	apsardzes aģentūra (s)	[apsardzes adʲentu:ra]
desporto (m)	sports (v)	[spɔrts]
bolsa (f)	birža (s)	[birʒa]
loja (f)	veikals (v)	[vɛikals]
supermercado (m)	lielveikals (v)	[liɛlvɛikals]
piscina (f)	baseins (v)	[basɛins]

alfaiataria (f)	ateljē (v)	[atelje:]
televisão (f)	televīzija (s)	[tɛlevi:zija]
teatro (m)	teātris (v)	[teɑ:triɛ]
comércio (atividade)	tirdzniecība (s)	[tirdzniɛtsi:ba]
serviços (m pl) de transporte	pārvadājumi (v dsk)	[pa:rvada:jumi]
viagens (f pl)	tūrisms (v)	[tu:risms]

veterinário (m)	veterinārs (v)	[vɛterina:rs]
armazém (m)	noliktava (s)	[nɔliktava]
recolha (f) do lixo	atkritumu izvešana (s)	[atkritumu izveʃana]

Emprego. Negócios. Parte 2

118. Espetáculo. Feira

| feira (f) | izstāde (s) | [izsta:de] |
| feira (f) comercial | tirdzniecības izstāde (s) | [tirdzniɛtsi:bas izsta:de] |

participação (f)	piedalīšanās (s)	[piɛdali:ʃana:s]
participar (vi)	piedalīties	[piɛdali:tiɛs]
participante (m)	dalībnieks (v)	[dali:bniɛks]

diretor (m)	direktors (v)	[direktɔrs]
direção (f)	direkcija (s)	[direktsija]
organizador (m)	organizators (v)	[ɔrganizatɔrs]
organizar (vt)	organizēt	[ɔrganize:t]

ficha (f) de inscrição	pieteikums (v) dalībai	[piɛtɛikums dali:bai]
preencher (vt)	aizpildīt	[aizpildi:t]
detalhes (m pl)	detaļas (s dsk)	[dɛtaļas]
informação (f)	informācija (s)	[infɔrma:tsija]

preço (m)	cena (s)	[tsɛna]
incluindo	ieskaitot	[iɛskaitɔt]
incluir (vt)	ietvert	[iɛtvert]
pagar (vt)	maksāt	[maksa:t]
taxa (f) de inscrição	reģistrācijas iemaksa (s)	[redʲistra:tsijas iɛmaksa]

entrada (f)	ieeja (s)	[iɛeja]
pavilhão (m)	paviljons (v)	[paviljɔns]
inscrever (vt)	reģistrēt	[redʲistre:t]
crachá (m)	personas karte (s)	[pɛrsɔnas karte]

| stand (m) | stends (v) | [stends] |
| reservar (vt) | rezervēt | [rɛzerve:t] |

vitrina (f)	skatlogs (v)	[skatlɔgs]
foco, spot (m)	gaismeklis (v)	[gaismeklis]
design (m)	dizains (v)	[dizains]
pôr, colocar (vt)	izvietot	[izviɛtɔt]
ser colocado, -a	atrasties	[atrastiɛs]

distribuidor (m)	izplatītājs (v)	[izplati:ta:js]
fornecedor (m)	piegādātājs (v)	[piɛga:da:ta:js]
fornecer (vt)	piegādāt	[piɛga:da:t]

país (m)	valsts (s)	[valsts]
estrangeiro	ārzemju	[a:rzemju]
produto (m)	produkts (v)	[prɔdukts]
associação (f)	asociācija (s)	[asɔtsia:tsija]
sala (f) de conferências	konferenču zāle (s)	[kɔnfɛrentʃu za:le]

| congresso (m) | kongress (v) | [koŋgres] |
| concurso (m) | konkurss (v) | [konkurs] |

visitante (m)	apmeklētājs (v)	[apmeklɛ:ta:js]
visitar (vt)	apmeklēt	[apmekle:t]
cliente (m)	pasūtītājs (v)	[pasu:ti:ta:js]

119. Media

jornal (m)	laikraksts (v)	[laikraksts]
revista (f)	žurnāls (v)	[ʒurna:ls]
imprensa (f)	prese (s)	[prɛse]
rádio (m)	radio (v)	[radio]
estação (f) de rádio	radiostacija (s)	[radiostatsija]
televisão (f)	televīzija (s)	[tɛlevi:zija]

apresentador (m)	vadītājs (v)	[vadi:ta:js]
locutor (m)	diktors (v)	[diktors]
comentador (m)	komentētājs (v)	[komentɛ:ta:js]

jornalista (m)	žurnālists (v)	[ʒurna:lists]
correspondente (m)	korespondents (v)	[korespondents]
repórter (m) fotográfico	fotokorespondents (v)	[fotokorespondents]
repórter (m)	reportieris (v)	[reportiɛris]

| redator (m) | redaktors (v) | [rɛdaktors] |
| redator-chefe (m) | galvenais redaktors (v) | [galvɛnais rɛdaktors] |

assinar a ...	pasūtīt	[pasu:ti:t]
assinatura (f)	parakstīšanās (s)	[paraksti:ʃana:s]
assinante (m)	abonents (v)	[abonents]
ler (vt)	lasīt	[lasi:t]
leitor (m)	lasītājs (v)	[lasi:ta:js]

tiragem (f)	tirāža (s)	[tira:ʒa]
mensal	ikmēneša-	[ikmɛ:neʃa-]
semanal	iknedēļas	[iknɛdɛ:lʲas]
número (jornal, revista)	numurs (v)	[numurs]
recente	svaigs	[svaigs]

manchete (f)	virsraksts (v)	[virsraksts]
pequeno artigo (m)	piezīme (s)	[piɛzi:me]
coluna (~ semanal)	rubrika (s)	[rubrika]
artigo (m)	raksts (v)	[raksts]
página (f)	lappuse (s)	[lappuse]

reportagem (f)	reportāža (s)	[reporta:ʒa]
evento (m)	notikums (v)	[notikums]
sensação (f)	sensācija (s)	[sensa:tsija]
escândalo (m)	skandāls (v)	[skanda:ls]
escandaloso	skandalozs	[skandalozs]
grande	skaļš	[skalʲʃ]
programa (m) de TV	raidījums (v)	[raidi:jums]
entrevista (f)	intervija (s)	[intervija]

| transmissão (f) em direto | tieša translācija (s) | [tiɛʃa transla:tsija] |
| canal (m) | kanāls (v) | [kana:ls] |

120. Agricultura

agricultura (f)	lauksaimniecība (s)	[lauksaimniɛtsi:ba]
camponês (m)	zemnieks (v)	[zemniɛks]
camponesa (f)	zemniece (s)	[zemniɛtse]
agricultor (m)	fermeris (v)	[fermeris]

| trator (m) | traktors (v) | [traktɔrs] |
| ceifeira-debulhadora (f) | kombains (v) | [kɔmbains] |

arado (m)	arkls (v)	[arkls]
arar (vt)	art	[art]
campo (m) lavrado	uzarts lauks (v)	[uzarts lauks]
rego (m)	vaga (s)	[vaga]

semear (vt)	sēt	[se:t]
semeadora (f)	sējmašīna (s)	[se:jmaʃi:na]
semeadura (f)	sēšana (s)	[se:ʃana]

| gadanha (f) | izkapts (s) | [izkapts] |
| gadanhar (vt) | pļaut | [plʲaut] |

| pá (f) | lāpsta (s) | [la:psta] |
| cavar (vt) | rakt | [rakt] |

enxada (f)	kaplis (v)	[kaplis]
carpir (vt)	ravēt	[rave:t]
erva (f) daninha	nezāle (s)	[nɛza:le]

regador (m)	lejkanna (s)	[lejkanna]
regar (vt)	laistīt	[laisti:t]
rega (f)	laistīšana (s)	[laisti:ʃana]

| forquilha (f) | dakšas (s dsk) | [dakʃas] |
| ancinho (m) | grābeklis (v) | [gra:beklis] |

fertilizante (m)	mēslojums (v)	[me:slɔjums]
fertilizar (vt)	mēslot	[me:slɔt]
estrume (m)	kūtsmēsli (v dsk)	[ku:tsme:sli]

campo (m)	lauks (v)	[lauks]
prado (m)	pļava (s)	[plʲava]
horta (f)	sakņu dārzs (v)	[sakɲu da:rzs]
pomar (m)	dārzs (v)	[da:rzs]

pastar (vt)	ganīt	[gani:t]
pastor (m)	gans (v)	[gans]
pastagem (f)	ganības (s dsk)	[gani:bas]

| pecuária (f) | lopkopība (s) | [lɔpkɔpi:ba] |
| criação (f) de ovelhas | aitkopība (s) | [aitkɔpi:ba] |

plantação (f)	plantācija (s)	[planta:tsija]
canteiro (m)	dobe (s)	[dɔbe]
invernadouro (m)	lecekts (v)	[letsekts]

seca (f)	sausums (v)	[sausums]
seco (verão ~)	sauss	[saus]

cereal (m)	graudi (v dsk)	[graudi]
cereais (m pl)	graudaugi (v dsk)	[graudaugi]
colher (vt)	novākt	[nɔva:kt]

moleiro (m)	dzirnavnieks (v)	[dzirnavniɛks]
moinho (m)	dzirnavas (s dsk)	[dzirnavas]
moer (vt)	malt graudus	[malt graudus]
farinha (f)	milti (v dsk)	[milti]
palha (f)	salmi (v dsk)	[salmi]

121. Construção. Processo de construção

canteiro (m) de obras	būvvieta (s)	[bu:vviɛta]
construir (vt)	būvēt	[bu:ve:t]
construtor (m)	celtnieks (v)	[tseltniɛks]

projeto (m)	projekts (v)	[prɔjekts]
arquiteto (m)	arhitekts (v)	[arxitekts]
operário (m)	strādnieks (v)	[stra:dniɛks]

fundação (f)	pamats (v)	[pamats]
telhado (m)	jumts (v)	[jumts]
estaca (f)	pālis (v)	[pa:lis]
parede (f)	siena (s)	[siɛna]

varões (m pl) para betão	armatūra (s)	[armatu:ra]
andaime (m)	būvkoki (v dsk)	[bu:vkɔki]

betão (m)	betons (v)	[betɔns]
granito (m)	granīts (v)	[grani:ts]
pedra (f)	akmens (v)	[akmens]
tijolo (m)	ķieģelis (v)	[tʲiɛdʲelis]

areia (f)	smiltis (s dsk)	[smiltis]
cimento (m)	cements (v)	[tsɛments]
emboço (m)	apmetums (v)	[apmɛtums]
emboçar (vt)	apmest	[apmest]

tinta (f)	krāsa (s)	[kra:sa]
pintar (vt)	krāsot	[kra:sɔt]
barril (m)	muca (s)	[mutsa]

grua (f), guindaste (m)	krāns (v)	[kra:ns]
erguer (vt)	celt	[tselt]
baixar (vt)	nolaist	[nɔlaist]
buldózer (m)	buldozers (v)	[buldɔzɛrs]
escavadora (f)	ekskavators (v)	[ekskavatɔrs]

caçamba (f)	kauss (v)	[kaus]
escavar (vt)	rakt	[rakt]
capacete (m) de proteção	ķivere (s)	[tʲivɛre]

122. Ciência. Investigação. Cientistas

ciência (f)	zinātne (s)	[zina:tne]
científico	zinātnisks	[zina:tnisks]
cientista (m)	zinātnieks (v)	[zina:tniɛks]
teoria (f)	teorija (s)	[teɔrija]

axioma (m)	aksioma (s)	[aksiɔma]
análise (f)	analīze (s)	[anali:ze]
analisar (vt)	analizēt	[analize:t]
argumento (m)	arguments (v)	[arguments]
substância (f)	viela (s)	[viɛla]

hipótese (f)	hipotēze (s)	[xipotɛ:ze]
dilema (m)	dilemma (s)	[dilemma]
tese (f)	disertācija (s)	[diserta:tsija]
dogma (m)	dogma (s)	[dɔgma]

doutrina (f)	doktrīna (s)	[dɔktri:na]
pesquisa (f)	pētījums (v)	[pe:ti:jums]
pesquisar (vt)	pētīt	[pe:ti:t]
teste (m)	kontrole (s)	[kɔntrɔle]
laboratório (m)	laboratorija (s)	[labɔratɔrija]

método (m)	metode (s)	[metɔde]
molécula (f)	molekula (s)	[mɔlɛkula]
monitoramento (m)	monitorings (v)	[mɔnitɔriŋgs]
descoberta (f)	atklājums (v)	[atkla:jums]

postulado (m)	postulāts (v)	[pɔstula:ts]
princípio (m)	princips (v)	[printsips]
prognóstico (previsão)	prognoze (s)	[prɔgnɔze]
prognosticar (vt)	prognozēt	[prɔgnɔze:t]

síntese (f)	sintēze (s)	[sintɛ:ze]
tendência (f)	tendence (s)	[tendentse]
teorema (m)	teorēma (s)	[teɔrɛ:ma]

| ensinamentos (m pl) | mācība (s) | [ma:tsi:ba] |
| facto (m) | fakts (v) | [fakts] |

| expedição (f) | ekspedīcija (s) | [ekspedi:tsija] |
| experiência (f) | eksperiments (v) | [eksperiments] |

académico (m)	akadēmiķis (v)	[akade:mitʲis]
bacharel (m)	bakalaurs (v)	[bakalaurs]
doutor (m)	doktors (v)	[dɔktɔrs]
docente (m)	docents (v)	[dɔtsents]
mestre (m)	maģistrs (v)	[madʲistrs]
professor (m) catedrático	profesors (v)	[prɔfesɔrs]

Profissões e ocupações

123. Procura de emprego. Demissão

trabalho (m)	darbs (v)	[darbs]
equipa (f)	štats (v)	[ʃtats]
pessoal (m)	personāls (v)	[pɛrsɔna:ls]
carreira (f)	karjera (s)	[karjera]
perspetivas (f pl)	perspektīva (s)	[pɛrspekti:va]
mestria (f)	meistarība (s)	[mɛistari:ba]
seleção (f)	izlase (s)	[izlase]
agência (f) de emprego	nodarbinātības aģentūra (s)	[nɔdarbina:ti:bas adʲentu:ra]
CV, currículo (m)	kopsavilkums (v)	[kɔpsavilkums]
entrevista (f) de emprego	darba intervija (s)	[darba intervija]
vaga (f)	vakance (s)	[vakantse]
salário (m)	darba alga (s)	[darba alga]
salário (m) fixo	alga (s)	[alga]
pagamento (m)	samaksa (s)	[samaksa]
posto (m)	amats (v)	[amats]
dever (do empregado)	pienākums (v)	[piɛna:kums]
gama (f) de deveres	loks (v)	[lɔks]
ocupado	aizņemts	[aizɲemts]
despedir, demitir (vt)	atlaist	[atlaist]
demissão (f)	atlaišana (s)	[atlaiʃana]
desemprego (m)	bezdarbs (v)	[bezdarbs]
desempregado (m)	bezdarbnieks (v)	[bezdarbniɛks]
reforma (f)	pensija (s)	[pensija]
reformar-se	aiziet pensijā	[aiziɛt pensija:]

124. Gente de negócios

diretor (m)	direktors (v)	[direktɔrs]
gerente (m)	pārvaldnieks (v)	[pa:rvaldniɛks]
patrão, chefe (m)	vadītājs (v)	[vadi:ta:js]
superior (m)	priekšnieks (v)	[priɛkʃniɛks]
superiores (m pl)	priekšniecība (s)	[priɛkʃniɛtsi:ba]
presidente (m)	prezidents (v)	[prezidents]
presidente (m) de direção	priekšsēdētājs (v)	[priɛkʃsɛ:dɛ:ta:js]
substituto (m)	aizvietotājs (v)	[aizviɛtota:js]
assistente (m)	palīgs (v)	[pali:gs]

secretário (m)	**sekretārs** (v)	[sekrɛta:rs]
secretário (m) pessoal	**personīgais sekretārs** (v)	[pɛrsɔni:gais sekrɛta:rs]
homem (m) de negócios	**biznesmenis** (v)	[biznesmenis]
empresário (m)	**uzņēmējs** (v)	[uzɲɛ:me:js]
fundador (m)	**pamatlicējs** (v)	[pamatlitse:js]
fundar (vt)	**nodibināt**	[nɔdibina:t]
fundador, sócio (m)	**dibinātājs** (v)	[dibina:ta:js]
parceiro, sócio (m)	**partneris** (v)	[partneris]
acionista (m)	**akcionārs** (v)	[aktsiɔna:rs]
milionário (m)	**miljonārs** (v)	[miljɔna:rs]
bilionário (m)	**miljardieris** (v)	[miljardiɛris]
proprietário (m)	**īpašnieks** (v)	[i:paʃniɛks]
proprietário (m) de terras	**zemes īpašnieks** (v)	[zɛmes i:paʃniɛks]
cliente (m)	**klients** (v)	[kliɛnts]
cliente (m) habitual	**pastāvīgais klients** (v)	[pasta:vi:gais kliɛnts]
comprador (m)	**pircējs** (v)	[pirtse:js]
visitante (m)	**apmeklētājs** (v)	[apmeklɛ:ta:js]
profissional (m)	**profesionālis** (v)	[prɔfesiɔna:lis]
perito (m)	**eksperts** (v)	[eksperts]
especialista (m)	**speciālists** (v)	[spetsia:lists]
banqueiro (m)	**baņķieris** (v)	[baɲtʲiɛris]
corretor (m)	**brokeris** (v)	[brɔkeris]
caixa (m, f)	**kasieris** (v)	[kasiɛris]
contabilista (m)	**grāmatvedis** (v)	[gra:matvedis]
guarda (m)	**apsargs** (v)	[apsargs]
investidor (m)	**investors** (v)	[investɔrs]
devedor (m)	**parādnieks** (v)	[para:dniɛks]
credor (m)	**kreditors** (v)	[kreditɔrs]
mutuário (m)	**aizņēmējs** (v)	[aizɲɛ:me:js]
importador (m)	**importētājs** (v)	[impɔrtɛ:ta:js]
exportador (m)	**eksportētājs** (v)	[ekspɔrtɛ:ta:js]
produtor (m)	**ražotājs** (v)	[raʒɔta:js]
distribuidor (m)	**izplatītājs** (v)	[izplati:ta:js]
intermediário (m)	**starpnieks** (v)	[starpniɛks]
consultor (m)	**konsultants** (v)	[kɔnsultants]
representante (m)	**pārstāvis** (v)	[pa:rsta:vis]
agente (m)	**aģents** (v)	[adʲents]
agente (m) de seguros	**apdrošināšanas aģents** (v)	[apdrɔʃina:ʃanas adʲents]

125. Profissões de serviços

cozinheiro (m)	**pavārs** (v)	[pava:rs]
cozinheiro chefe (m)	**šefpavārs** (v)	[ʃefpava:rs]

padeiro (m)	maiznieks (v)	[maizniɛks]
barman (m)	bārmenis (v)	[ba:rmenis]
empregado (m) de mesa	oficiants (v)	[ɔfitsiants]
empregada (f) de mesa	oficiante (s)	[ɔfitsiante]

advogado (m)	advokāts (v)	[advɔka:ts]
jurista (m)	jurists (v)	[jurists]
notário (m)	notārs (v)	[nɔta:rs]

eletricista (m)	elektriķis (v)	[ɛlektritʲis]
canalizador (m)	santehniķis (v)	[santexnitʲis]
carpinteiro (m)	namdaris (v)	[namdaris]

massagista (m)	masieris (v)	[masiɛris]
massagista (f)	masiere (s)	[masiɛre]
médico (m)	ārsts (v)	[a:rsts]

taxista (m)	taksists (v)	[taksists]
condutor (automobilista)	šoferis (v)	[ʃɔferis]
entregador (m)	kurjers (v)	[kurjers]

camareira (f)	istabene (s)	[istabɛne]
guarda (m)	apsargs (v)	[apsargs]
hospedeira (f) de bordo	stjuarte (s)	[stjuarte]

professor (m)	skolotājs (v)	[skɔlɔta:js]
bibliotecário (m)	bibliotekārs (v)	[bibliotɛka:rs]
tradutor (m)	tulks (v)	[tulks]
interprete (m)	tulks (v)	[tulks]
guia (pessoa)	gids (v)	[gids]

cabeleireiro (m)	frizieris (v)	[friziɛris]
carteiro (m)	pastnieks (v)	[pastniɛks]
vendedor (m)	pārdevējs (v)	[pa:rdɛve:js]

jardineiro (m)	dārznieks (v)	[da:rzniɛks]
criado (m)	kalps (v)	[kalps]
criada (f)	kalpone (s)	[kalpɔne]
empregada (f) de limpeza	apkopēja (s)	[apkɔpe:ja]

126. Profissões militares e postos

soldado (m) raso	ierindnieks (v)	[iɛrindniɛks]
sargento (m)	seržants (v)	[serʒants]
tenente (m)	leitnants (v)	[lɛitnants]
capitão (m)	kapteinis (v)	[kaptɛinis]

major (m)	majors (v)	[majɔrs]
coronel (m)	pulkvedis (v)	[pulkvedis]
general (m)	ģenerālis (v)	[dʲɛnɛra:lis]
marechal (m)	maršals (v)	[marʃals]
almirante (m)	admirālis (v)	[admira:lis]
militar (m)	karavīrs (v)	[karavi:rs]
soldado (m)	karavīrs (v)	[karavi:rs]

| oficial (m) | virsnieks (v) | [virsnɛks] |
| comandante (m) | komandieris (v) | [komandiɛris] |

guarda (m) fronteiriço	robežsargs (v)	[robeʒsargs]
operador (m) de rádio	radists (v)	[radists]
explorador (m)	izlūks (v)	[izlu:ks]
sapador (m)	sapieris (v)	[sapiɛris]
atirador (m)	šāvējs (v)	[ʃa:ve:js]
navegador (m)	stūrmanis (v)	[stu:rmanis]

127. Oficiais. Padres

| rei (m) | karalis (v) | [karalis] |
| rainha (f) | karaliene (s) | [karaliɛne] |

| príncipe (m) | princis (v) | [printsis] |
| princesa (f) | princese (s) | [printsɛse] |

| czar (m) | cars (v) | [tsars] |
| czarina (f) | cariene (s) | [tsariɛne] |

presidente (m)	prezidents (v)	[prezidents]
ministro (m)	ministrs (v)	[ministrs]
primeiro-ministro (m)	premjerministrs (v)	[premjerministrs]
senador (m)	senators (v)	[sɛnators]

diplomata (m)	diplomāts (v)	[diploma:ts]
cônsul (m)	konsuls (v)	[konsuls]
embaixador (m)	vēstnieks (v)	[ve:stniɛks]
conselheiro (m)	padomnieks (v)	[padomniɛks]

funcionário (m)	ierēdnis (v)	[iɛre:dnis]
prefeito (m)	prefekts (v)	[prefekts]
Presidente (m) da Câmara	mērs (v)	[mɛ:rs]

| juiz (m) | tiesnesis (v) | [tiɛsnesis] |
| procurador (m) | prokurors (v) | [prokurors] |

missionário (m)	misionārs (v)	[misiona:rs]
monge (m)	mūks (v)	[mu:ks]
abade (m)	abats (v)	[abats]
rabino (m)	rabīns (v)	[rabi:ns]

vizir (m)	vezīrs (v)	[vezi:rs]
xá (m)	šahs (v)	[ʃaxs]
xeque (m)	šeihs (v)	[ʃɛixs]

128. Profissões agrícolas

apicultor (m)	biškopis (v)	[biʃkopis]
pastor (m)	gans (v)	[gans]
agrónomo (m)	agronoms (v)	[agronoms]

| criador (m) de gado | lopkopis (v) | [lɔpkɔpis] |
| veterinário (m) | veterinārs (v) | [vɛterina:rs] |

agricultor (m)	fermeris (v)	[fermeris]
vinicultor (m)	vīndaris (v)	[vi:ndaris]
zoólogo (m)	zoologs (v)	[zɔɔlɔgs]
cowboy (m)	kovbojs (v)	[kɔvbɔjs]

129. Profissões artísticas

| ator (m) | aktieris (v) | [aktiɛris] |
| atriz (f) | aktrise (s) | [aktrise] |

| cantor (m) | dziedātājs (v) | [dziɛda:ta:js] |
| cantora (f) | dziedātāja (s) | [dziɛda:ta:ja] |

| bailarino (m) | dejotājs (v) | [dejɔta:js] |
| bailarina (f) | dejotāja (s) | [dejɔta:ja] |

| artista (m) | mākslinieks (v) | [ma:ksliniɛks] |
| artista (f) | māksliniece (s) | [ma:ksliniɛtse] |

músico (m)	mūziķis (v)	[mu:ziťis]
pianista (m)	pianists (v)	[pianists]
guitarrista (m)	ģitārists (v)	[dʲita:rists]

maestro (m)	diriģents (v)	[diridʲents]
compositor (m)	komponists (v)	[kompɔnists]
empresário (m)	impresārijs (v)	[imprɛsa:rijs]

realizador (m)	režisors (v)	[reʒisɔrs]
produtor (m)	producents (v)	[prɔdutsents]
argumentista (m)	scenārija autors (v)	[stsɛna:rija autɔrs]
crítico (m)	kritiķis (v)	[krititʲis]

escritor (m)	rakstnieks (v)	[rakstniɛks]
poeta (m)	dzejnieks (v)	[dzejniɛks]
escultor (m)	skulptors (v)	[skulptɔrs]
pintor (m)	mākslinieks (v)	[ma:ksliniɛks]

malabarista (m)	žonglieris (v)	[ʒɔŋgliɛris]
palhaço (m)	klauns (v)	[klauns]
acrobata (m)	akrobāts (v)	[akrɔba:ts]
mágico (m)	burvju mākslinieks (v)	[burvju ma:ksliniɛks]

130. Várias profissões

médico (m)	ārsts (v)	[a:rsts]
enfermeira (f)	medmāsa (s)	[medma:sa]
psiquiatra (m)	psihiatrs (v)	[psixiatrs]
estomatologista (m)	stomatologs (v)	[stɔmatɔlɔgs]
cirurgião (m)	ķirurgs (v)	[ťirurgs]

astronauta (m)	astronauts (v)	[astronauts]
astrónomo (m)	astronoms (v)	[astronoms]
motorista (m)	vadītājs (v)	[vadi:ta:js]
maquinista (m)	mašīnists (v)	[maʃi:nists]
mecânico (m)	mehāniķis (v)	[mexa:nitʲis]
mineiro (m)	oglracis (v)	[ɔglʲratsis]
operário (m)	strādnieks (v)	[stra:dniɛks]
serralheiro (m)	atslēdznieks (v)	[atsle:dzniɛks]
marceneiro (m)	galdnieks (v)	[galdniɛks]
torneiro (m)	virpotājs (v)	[virpota:js]
construtor (m)	celtnieks (v)	[tseltniɛks]
soldador (m)	metinātājs (v)	[metina:ta:js]
professor (m) catedrático	profesors (v)	[profesɔrs]
arquiteto (m)	arhitekts (v)	[arxitekts]
historiador (m)	vēsturnieks (v)	[ve:sturniɛks]
cientista (m)	zinātnieks (v)	[zina:tniɛks]
físico (m)	fiziķis (v)	[fizitʲis]
químico (m)	ķīmiķis (v)	[tʲi:mitʲis]
arqueólogo (m)	arheologs (v)	[arxeɔlɔgs]
geólogo (m)	ģeologs (v)	[dʲeɔlɔgs]
pesquisador (cientista)	pētnieks (v)	[pe:tniɛks]
babysitter (f)	aukle (s)	[aukle]
professor (m)	pedagogs (v)	[pɛdagɔgs]
redator (m)	redaktors (v)	[rɛdaktɔrs]
redator-chefe (m)	galvenais redaktors (v)	[galvɛnais rɛdaktɔrs]
correspondente (m)	korespondents (v)	[kɔrespondents]
datilógrafa (f)	mašīnrakstītāja (s)	[maʃi:nraksti:ta:ja]
designer (m)	dizainers (v)	[dizainɛrs]
especialista (m) em informática	datoru eksperts (v)	[datɔru eksperts]
programador (m)	programmētājs (v)	[prɔgrammɛ:ta:js]
engenheiro (m)	inženieris (v)	[inʒeniɛris]
marujo (m)	jūrnieks (v)	[ju:rniɛks]
marinheiro (m)	matrozis (v)	[matrɔzis]
salvador (m)	glābējs (v)	[gla:be:js]
bombeiro (m)	ugunsdzēsējs (v)	[ugunsdzɛ:se:js]
polícia (m)	policists (v)	[pɔlitsists]
guarda-noturno (m)	sargs (v)	[sargs]
detetive (m)	detektīvs (v)	[dɛtekti:vs]
funcionário (m) da alfândega	muitas ierēdnis (v)	[muitas iɛre:dnis]
guarda-costas (m)	miesassargs (v)	[miɛsasargs]
guarda (m) prisional	uzraugs (v)	[uzraugs]
inspetor (m)	inspektors (v)	[inspektɔrs]
desportista (m)	sportists (v)	[spɔrtists]
treinador (m)	treneris (v)	[trɛneris]

talhante (m)	miesnieks (v)	[miɛsniɛks]
sapateiro (m)	kurpnieks (v)	[kurpniɛks]
comerciante (m)	komersants (v)	[kɔmɛrsants]
carregador (m)	krāvējs (v)	[kra:ve:js]

| estilista (m) | modelētājs (v) | [mɔdɛlɛ:ta:js] |
| modelo (f) | modele (s) | [mɔdɛle] |

131. Ocupações. Estatuto social

| aluno, escolar (m) | skolnieks (v) | [skɔlniɛks] |
| estudante (~ universitária) | students (v) | [students] |

filósofo (m)	filosofs (v)	[filɔsɔfs]
economista (m)	ekonomists (v)	[ekɔnɔmists]
inventor (m)	izgudrotājs (v)	[izgudrɔta:js]

desempregado (m)	bezdarbnieks (v)	[bezdarbniɛks]
reformado (m)	pensionārs (v)	[pensiɔna:rs]
espião (m)	spiegs (v)	[spiɛgs]

preso (m)	ieslodzītais (v)	[iɛslɔdzi:tais]
grevista (m)	streikotājs (v)	[strɛikota:js]
burocrata (m)	birokrāts (v)	[birɔkra:ts]
viajante (m)	ceļotājs (v)	[tseľota:js]

homossexual (m)	homoseksuālists (v)	[xɔmɔseksua:lists]
hacker (m)	hakeris (v)	[xakeris]
hippie	hipijs (v)	[xipijs]

bandido (m)	bandīts (v)	[bandi:ts]
assassino (m) a soldo	algots slepkava (v)	[algɔts slepkava]
toxicodependente (m)	narkomāns (v)	[narkoma:ns]
traficante (m)	narkotiku tirgotājs (v)	[narkotiku tirgota:js]
prostituta (f)	prostitūta (s)	[prɔstitu:ta]
chulo (m)	suteners (v)	[sutɛnɛrs]

bruxo (m)	burvis (v)	[burvis]
bruxa (f)	burve (s)	[burve]
pirata (m)	pirāts (v)	[pira:ts]
escravo (m)	vergs (v)	[vergs]
samurai (m)	samurajs (v)	[samurajs]
selvagem (m)	mežonis (v)	[meʒonis]

Desportos

132. Tipos de desportos. Desportistas

desportista (m)	sportists (v)	[sportists]
tipo (m) de desporto	sporta veids (v)	[sporta vɛids]
basquetebol (m)	basketbols (v)	[basketbols]
jogador (m) de basquetebol	basketbolists (v)	[basketbolists]
beisebol (m)	beisbols (v)	[bɛisbols]
jogador (m) de beisebol	beisbolists (v)	[bɛisbolists]
futebol (m)	futbols (v)	[futbols]
futebolista (m)	futbolists (v)	[futbolists]
guarda-redes (m)	vārtsargs (v)	[va:rtsargs]
hóquei (m)	hokejs (v)	[xɔkejs]
jogador (m) de hóquei	hokejists (v)	[xɔkejists]
voleibol (m)	volejbols (v)	[vɔlejbols]
jogador (m) de voleibol	volejbolists (v)	[vɔlejbolists]
boxe (m)	bokss (v)	[bɔks]
boxeador, pugilista (m)	bokseris (v)	[bɔkseris]
luta (f)	cīņa (s)	[tsi:ɲa]
lutador (m)	cīkstonis (v)	[tsi:kstɔnis]
karaté (m)	karatē (v)	[karate:]
karateca (m)	karatists (v)	[karatists]
judo (m)	džudo (v)	[dʒudɔ]
judoca (m)	džudists (v)	[dʒudists]
ténis (m)	teniss (v)	[tenis]
tenista (m)	tenisists (v)	[tenisists]
natação (f)	peldēšana (s)	[pelde:ʃana]
nadador (m)	peldētājs (v)	[peldɛ:ta:js]
esgrima (f)	paukošana (s)	[paukɔʃana]
esgrimista (m)	paukotājs (v)	[paukɔta:js]
xadrez (m)	šahs (v)	[ʃaxs]
xadrezista (m)	šahists (v)	[ʃaxists]
alpinismo (m)	alpīnisms (v)	[alpi:nisms]
alpinista (m)	alpīnists (v)	[alpi:nists]
corrida (f)	skriešana (s)	[skriɛʃana]

corredor (m)	skrējējs (v)	[skre:je:js]
atletismo (m)	vieglatlētika (s)	[viɛglatle:tika]
atleta (m)	atlēts (v)	[atle:ts]

| hipismo (m) | jāšanas sports (v) | [ja:ʃanas spɔrts] |
| cavaleiro (m) | jātnieks (v) | [ja:tniɛks] |

patinagem (f) artística	daiļslidošana (s)	[daiļslidɔʃana]
patinador (m)	daiļslidotājs (v)	[daiļslidɔta:js]
patinadora (f)	daiļslidotāja (s)	[daiļslidɔta:ja]

halterofilismo (m)	smagatlētika (s)	[smagatle:tika]
halterofilista (m)	svarcēlājs (v)	[svartsɛ:la:js]
corrida (f) de carros	autosacīkstes (s dsk)	[autɔsatsi:kstes]
piloto (m)	braucējs (v)	[brautse:js]

| ciclismo (m) | riteņbraukšana (s) | [riteņbraukʃana] |
| ciclista (m) | riteņbraucējs (v) | [riteņbrautse:js] |

salto (m) em comprimento	tāllēkšana (s)	[ta:lle:kʃana]
salto (m) à vara	kārtslēkšana (s)	[ka:rtsle:kʃana]
atleta (m) de saltos	lēcējs (v)	[le:tse:js]

133. Tipos de desportos. Diversos

futebol (m) americano	amerikāņu futbols (v)	[amerika:ņu futbɔls]
badminton (m)	badmintons (v)	[badmintɔns]
biatlo (m)	biatlons (v)	[biatlɔns]
bilhar (m)	biljards (v)	[biljards]

bobsled (m)	bobslejs (v)	[bɔbslejs]
musculação (f)	bodibildings (v)	[bɔdibildiņgs]
polo (m) aquático	ūdenspolo (v)	[u:denspɔlɔ]
andebol (m)	rokasbumba (s)	[rɔkasbumba]
golfe (m)	golfs (v)	[gɔlfs]

remo (m)	airēšana (s)	[aire:ʃana]
mergulho (m)	niršana (s)	[nirʃana]
corrida (f) de esqui	slēpošanas sacīkstes (s dsk)	[sle:pɔʃanas satsi:kstes]
ténis (m) de mesa	galda teniss (v)	[galda tenis]

vela (f)	buru sports (v)	[buru spɔrts]
rali (m)	rallijs (v)	[rallijs]
râguebi (m)	regbijs (v)	[regbijs]
snowboard (m)	snovbords (v)	[snɔvbɔrds]
tiro (m) com arco	loka šaušana (s)	[lɔka ʃauʃana]

134. Ginásio

barra (f)	stienis (v)	[stiɛnis]
halteres (m pl)	hanteles (s dsk)	[xantɛles]
aparelho (m) de musculaçao	trenažieris (v)	[trɛnaʒiɛris]

| bicicleta (f) ergométrica | velotrenažieris (v) | [velɔtrɛnaʒiɛris] |
| passadeira (f) de corrida | skrejceļš (v) | [skrejtselʲʃ] |

barra (f) fixa	šķērssija (s)	[ʃtʲɛːrsija]
barras (f) paralelas	līdztekas (s dsk)	[liːdztɛkas]
cavalo (m)	vingrošanas zirgs (v)	[viŋgrɔʃanas zirgs]
tapete (m) de ginástica	vingrošanas paklājs (v)	[viŋgrɔʃanas paklaːjs]

corda (f) de saltar	lecamaukla (s)	[letsamaukla]
aeróbica (f)	vingrošana (s)	[viŋgrɔʃana]
ioga (f)	joga (s)	[jɔga]

135. Hóquei

hóquei (m)	hokejs (v)	[xɔkejs]
jogador (m) de hóquei	hokejists (v)	[xɔkejists]
jogar hóquei	spēlēt hokeju	[spɛːleːt xɔkeju]
gelo (m)	ledus (v)	[lɛdus]

disco (m)	ripa (s)	[ripa]
taco (m) de hóquei	nūja (s)	[nuːja]
patins (m pl) de gelo	slidas (s dsk)	[slidas]

| muro (m) | borts (v) | [bɔrts] |
| tiro (m) | metiens (v) | [metiɛns] |

guarda-redes (m)	vārtsargs (v)	[vaːrtsargs]
golo (m)	vārti (v dsk)	[vaːrti]
marcar um golo	gūt vārtus	[guːt vaːrtus]

tempo (m)	periods (v)	[periɔds]
segundo tempo (m)	otrais periods (v)	[ɔtrais periɔds]
banco (m) de reservas	rezervistu sols (v)	[rɛzervistu sɔls]

136. Futebol

futebol (m)	futbols (v)	[futbɔls]
futebolista (m)	futbolists (v)	[futbɔlists]
jogar futebol	spēlēt futbolu	[spɛːleːt futbɔlu]

Liga Principal (f)	augstākā līga (s)	[augstaːka: liːga]
clube (m) de futebol	futbola klubs (v)	[futbɔla klubs]
treinador (m)	treneris (v)	[trɛneris]
proprietário (m)	īpašnieks (v)	[iːpaʃniɛks]

equipa (f)	komanda (s)	[kɔmanda]
capitão (m) da equipa	komandas kapteinis (v)	[kɔmandas kaptɛinis]
jogador (m)	spēlētājs (v)	[spɛːlɛːta:js]
jogador (m) de reserva	rezerves spēlētājs (v)	[rɛzerves spɛːlɛːta:js]

| atacante (m) | uzbrucējs (v) | [uzbrutse:js] |
| avançado (m) centro | centra uzbrucējs (v) | [tsentra uzbrutse:js] |

marcador (m)	bombardieris (v)	[bombardiɛris]
defesa (m)	aizsargs (v)	[aizsargs]
médio (m)	pussargs (v)	[pusargs]
jogo (desafio)	mačs (v)	[matʃs]
encontrar-se (vr)	satikt	[satikt]
final (m)	fināls (v)	[fina:ls]
meia-final (f)	pusfināls (v)	[pusfina:ls]
campeonato (m)	čempionāts (v)	[tʃempiɔna:ts]
tempo (m)	puslaiks (v)	[puslaiks]
primeiro tempo (m)	pirmais puslaiks (v)	[pirmais puslaiks]
intervalo (m)	pārtraukums (v)	[pa:rtraukums]
baliza (f)	vārti (v dsk)	[va:rti]
guarda-redes (m)	vārtsargs (v)	[va:rtsargs]
trave (f)	stabs (v)	[stabs]
barra (f) transversal	vārtu pārliktnis (v)	[va:rtu pa:rliktnis]
rede (f)	vārtu tīkls (v)	[va:rtu ti:kls]
sofrer um golo	palaist garām vārtus	[palaist gara:m va:rtus]
bola (f)	bumba (s)	[bumba]
passe (m)	piespēle (s)	[piɛspɛ:le]
chute (m)	sitiens (v)	[sitiɛns]
chutar (vt)	sist	[sist]
tiro (m) livre	soda sitiens (v)	[sɔda sitiɛns]
canto (m)	stūra sitiens (v)	[stu:ra sitiɛns]
ataque (m)	uzbrukums (v)	[uzbrukums]
contra-ataque (m)	pretuzbrukums (v)	[prɛtuzbrukums]
combinação (f)	kombinācija (s)	[kɔmbina:tsija]
árbitro (m)	arbitrs (v)	[arbitrs]
apitar (vi)	svilpot	[svilpɔt]
apito (m)	svilpe (s)	[svilpe]
falta (f)	pārkāpums (v)	[pa:rka:pums]
cometer a falta	pārkāpt	[pa:rka:pt]
expulsar (vt)	noraidīt no laukuma	[nɔraidi:t nɔ laukuma]
cartão (m) amarelo	dzeltenā kartīte (s)	[dzeltɛna: karti:te]
cartão (m) vermelho	sarkanā kartīte (s)	[sarkana: karti:te]
desqualificação (f)	diskvalifikācija (s)	[diskvalifika:tsija]
desqualificar (vt)	diskvalificēt	[diskvalifitse:t]
penálti (m)	soda sitiens (v)	[sɔda sitiɛns]
barreira (f)	siena (s)	[siɛna]
marcar (vt)	gūt	[gu:t]
golo (m)	vārti (v dsk)	[va:rti]
marcar um golo	gūt vārtus	[gu:t va:rtus]
substituição (f)	maiņa (s)	[maiɲa]
substituir (vt)	nomainīt	[nɔmaini:t]
regras (f pl)	noteikumi (v dsk)	[nɔtɛikumi]
tática (f)	taktika (s)	[taktika]
estádio (m)	stadions (v)	[stadiɔns]
bancadas (f pl)	tribīne (s)	[tribi:ne]

| fã, adepto (m) | līdzjutējs (v) | [li:dzjute:js] |
| gritar (vi) | kliegt | [kliɛgt] |

| marcador (m) | tablo (v) | [tablɔ] |
| resultado (m) | rezultāts (v) | [rɛzulta:ts] |

derrota (f)	sakāve (s)	[saka:ve]
perder (vt)	zaudēt	[zaude:t]
empate (m)	neizšķirts rezultāts (v)	[nɛizʃt'irts rɛzulta:ts]
empatar (vi)	nospēlēt neizšķirti	[nɔspɛ:le:t nɛizʃt'irti]

vitória (f)	uzvara (s)	[uzvara]
ganhar, vencer (vi, vt)	uzvarēt	[uzvare:t]
campeão (m)	čempions (v)	[tʃempiɔns]
melhor	labākais	[laba:kais]
felicitar (vt)	apsveikt	[apsvɛikt]

comentador (m)	komentētājs (v)	[kɔmentɛ:ta:js]
comentar (vt)	komentēt	[kɔmente:t]
transmissão (f)	translācija (s)	[transla:tsija]

137. Esqui alpino

esqui (m)	slēpes (s dsk)	[slɛ:pes]
esquiar (vi)	slēpot	[sle:pɔt]
estância (f) de esqui	kalnu slēpošanas kūrorts (v)	[kalnu sle:pɔʃanas ku:rɔrts]
teleférico (m)	ceļamkrāns (v)	[tsɛl'amkra:ns]

bastões (m pl) de esqui	nūjas (s dsk)	[nu:jas]
declive (m)	nogāze (s)	[nɔga:ze]
slalom (m)	slaloms (v)	[slalɔms]

138. Ténis. Golfe

golfe (m)	golfs (v)	[gɔlfs]
clube (m) de golfe	golfa klubs (v)	[gɔlfa klubs]
jogador (m) de golfe	golfa spēlētājs (v)	[gɔlfa spɛ:lɛ:ta:js]

buraco (m)	bedrīte (s)	[bedri:te]
taco (m)	nūja (s)	[nu:ja]
trolley (m)	golf ratiņi (v dsk)	[gɔlf ratiɲi]

| ténis (m) | teniss (v) | [tenis] |
| quadra (f) de ténis | tenisa laukums (v) | [tenisa laukums] |

| saque (m) | servēšana (s) | [serve:ʃana] |
| sacar (vi) | servēt | [serve:t] |

raquete (f)	rakete (s)	[rakɛte]
rede (f)	tīkls (v)	[ti:kls]
bola (f)	bumba (s)	[bumba]

139. Xadrez

xadrez (m)	šaha spēle (s)	[ʃaxa spɛ:le]
peças (f pl) de xadrez	šaha figūras (s dsk)	[ʃaxa figu:ras]
xadrezista (m)	šahists (v)	[ʃaxists]
tabuleiro (m) de xadrez	šaha galdiŋš (v)	[ʃaxa galdiɲʃ]
peça (f) de xadrez	figūra (s)	[figu:ra]
brancas (f pl)	baltie (v dsk)	[baltiɛ]
pretas (f pl)	melnie (v dsk)	[melniɛ]
peão (m)	bandinieks (v)	[bandiniɛks]
bispo (m)	laidnis (v)	[laidnis]
cavalo (m)	zirdziņš (v)	[zirdziɲʃ]
torre (f)	tornis (v)	[tɔrnis]
dama (f)	dāma (s)	[da:ma]
rei (m)	karalis (v)	[karalis]
vez (m)	gājiens (v)	[ga:jiɛns]
mover (vt)	iziet	[iziɛt]
sacrificar (vt)	upurēt	[upure:t]
roque (m)	rokāde (s)	[rɔka:de]
xeque (m)	šahs (v)	[ʃaxs]
xeque-mate (m)	mats (v)	[mats]
torneio (m) de xadrez	šaha turnīrs (v)	[ʃaxa turni:rs]
grão-mestre (m)	lielmeistars (v)	[liɛlmɛistars]
combinação (f)	kombināclja (s)	[kɔmbina·tsija]
partida (f)	partija (s)	[partija]
jogo (m) de damas	dambrete (s)	[dambrɛte]

140. Boxe

boxe (m)	bokss (v)	[bɔks]
combate (m)	kauja (s)	[kauja]
duelo (m)	divcīņa (s)	[divtsi:ɲa]
round (m)	raunds (v)	[raunds]
ringue (m)	rings (v)	[riŋgs]
gongo (m)	gongs (v)	[gɔŋgs]
murro, soco (m)	sitiens (v)	[sitiɛns]
knockdown (m)	nokdauns (v)	[nɔgdauns]
nocaute (m)	nokauts (v)	[nɔkauts]
nocautear (vt)	nokautēt	[nɔkaute:t]
luva (f) de boxe	boksa cimds (v)	[bɔksa tsimds]
árbitro (m)	tiesnesis (v)	[tiɛsnesis]
peso-leve (m)	vieglais svars (v)	[viɛglais svars]
peso-médio (m)	vidējais svars (v)	[vide:jais svars]
peso-pesado (m)	smagais svars (v)	[smagais svars]

141. Desportos. Diversos

Jogos (m pl) Olímpicos	Olimpiskās Spēles (s dsk)	[ɔlimpiska:s spɛ:les]
vencedor (m)	uzvarētājs (v)	[uzvarɛ:ta:js]
vencer (vi)	uzvarēt	[uzvare:t]
vencer, ganhar (vi)	vinnēt	[vinne:t]

líder (m)	līderis (v)	[li:deris]
liderar (vt)	izrauties vadībā	[izrauties vadi:ba:]

primeiro lugar (m)	pirmā vieta (s)	[pirma: viɛta]
segundo lugar (m)	otrā vieta (s)	[ɔtra: viɛta]
terceiro lugar (m)	trešā vieta (s)	[treʃa: viɛta]

medalha (f)	medaļa (s)	[mɛdalʲa]
troféu (m)	trofeja (s)	[trɔfeja]
taça (f)	kauss (v)	[kaus]
prémio (m)	balva (s)	[balva]
prémio (m) principal	galvenā balva (s)	[galvɛna: balva]

recorde (m)	rekords (v)	[rekɔrds]
estabelecer um recorde	uzstādīt rekordu	[uzsta:di:t rekɔrdu]

final (m)	fināls (v)	[fina:ls]
final	fināla	[fina:la]

campeão (m)	čempions (v)	[tʃempiɔns]
campeonato (m)	čempionāts (v)	[tʃempiɔna:ts]

estádio (m)	stadions (v)	[stadiɔns]
bancadas (f pl)	tribīne (s)	[tribi:ne]
fã, adepto (m)	līdzjutējs (v)	[li:dzjute:js]
adversário (m)	pretinieks (v)	[pretiniɛks]

partida (f)	starts (v)	[starts]
chegada, meta (f)	finišs (v)	[finiʃs]

derrota (f)	sakāve (s)	[saka:ve]
perder (vt)	zaudēt	[zaude:t]

árbitro (m)	tiesnesis (v)	[tiɛsnesis]
júri (m)	žūrija (s)	[ʒu:rija]
resultado (m)	rezultāts (v)	[rɛzulta:ts]
empate (m)	neizšķirts rezultāts (v)	[nɛizʃtʲirts rɛzulta:ts]
empatar (vi)	nospēlēt neizšķirti	[nɔspɛ:le:t nɛizʃtʲirti]
ponto (m)	punkts (v)	[punkts]
resultado (m) final	rezultāts (v)	[rɛzulta:ts]

tempo, período (m)	periods (v)	[periɔds]
intervalo (m)	pārtraukums (v)	[pa:rtraukums]
doping (m)	dopings (v)	[dɔpiŋgs]
penalizar (vt)	sodīt	[sɔdi:t]
desqualificar (vt)	diskvalificēt	[diskvalifitse:t]
aparelho (m)	sporta inventārs (v)	[spɔrta inventa:rs]
dardo (m)	šķēps (v)	[ʃtʲe:ps]

| peso (m) | lode (s) | [lɔde] |
| bola (f) | biljarda bumbiņa (s) | [biljarda bumbiɲa] |

alvo, objetivo (m)	mērķis (v)	[me:rtʲis]
alvo (~ de papel)	mērķis (v)	[me:rtʲis]
atirar, disparar (vi)	šaut	[ʃaut]
preciso (tiro ~)	precīzs	[pretsi:zs]

treinador (m)	treneris (v)	[trɛneris]
treinar (vt)	trenēt	[trɛne:t]
treinar-se (vr)	trenēties	[trɛne:tiɛs]
treino (m)	treniņš (v)	[treniɲʃ]

ginásio (m)	sporta zāle (s)	[spɔrta za:le]
exercício (m)	vingrinājums (v)	[viŋgrina:jums]
aquecimento (m)	izvingrināšana (s)	[izviŋgrina:ʃana]

Educação

142. Escola

escola (f)	skola (s)	[skɔla]
diretor (m) de escola	skolas direktors (v)	[skɔlas direktɔrs]
aluno (m)	skolnieks (v)	[skɔlniɛks]
aluna (f)	skolniece (s)	[skɔlniɛtse]
escolar (m)	skolnieks (v)	[skɔlniɛks]
escolar (f)	skolniece (s)	[skɔlniɛtse]
ensinar (vt)	mācīt	[maːtsiːt]
aprender (vt)	mācīties	[maːtsiːtiɛs]
aprender de cor	mācīties no galvas	[maːtsiːtiɛs nɔ galvas]
estudar (vi)	mācīties	[maːtsiːtiɛs]
andar na escola	mācīties	[maːtsiːtiɛs]
ir à escola	iet skolā	[iɛt skɔlaː]
alfabeto (m)	alfabēts (v)	[alfabeːts]
disciplina (f)	mācības priekšmets (v)	[maːtsiːbas priɛkʃmets]
sala (f) de aula	klase (s)	[klase]
lição (f)	stunda (s)	[stunda]
recreio (m)	starpbrīdis (v)	[starpbriːdis]
toque (m)	zvans (v)	[zvans]
carteira (f)	skolas sols (v)	[skɔlas sɔls]
quadro (m) negro	tāfele (s)	[taːfɛle]
nota (f)	atzīme (s)	[atziːme]
boa nota (f)	laba atzīme (s)	[laba atziːme]
nota (f) baixa	slikta atzīme (s)	[slikta atziːme]
dar uma nota	likt atzīmi	[likt atziːmi]
erro (m)	kļūda (s)	[klʲuːda]
fazer erros	kļūdīties	[klʲuːdiːtiɛs]
corrigir (vt)	labot	[labɔt]
cábula (f)	špikeris (v)	[ʃpikeris]
dever (m) de casa	mājas darbs (v)	[maːjas darbs]
exercício (m)	vingrinājums (v)	[viŋgrinaːjums]
estar presente	būt klāt	[buːt klaːt]
estar ausente	nebūt klāt	[nɛbuːt klaːt]
faltar às aulas	kavēt stundas	[kaveːt stundas]
punir (vt)	sodīt	[sɔdiːt]
punição (f)	sods (v)	[sɔds]
comportamento (m)	uzvedība (s)	[uzvediːba]

boletim (m) escolar	dienasgrāmata (s)	[diɛnasgra:mata]
lápis (m)	zīmulis (v)	[zi:mulis]
borracha (f)	dzēšgumija (s)	[dze:ʃgumija]
giz (m)	krīts (v)	[kri:ts]
estojo (m)	penālis (v)	[pɛna:lis]

pasta (f) escolar	portfelis (v)	[portfelis]
caneta (f)	pildspalva (s)	[pildspalva]
caderno (m)	burtnīca (s)	[burtni:tsa]
manual (m) escolar	mācību grāmata (s)	[ma:tsi:bu gra:mata]
compasso (m)	cirkulis (v)	[tsirkulis]

traçar (vt)	rasēt	[rase:t]
desenho (m) técnico	rasējums (v)	[rase:jums]

poesia (f)	dzejolis (v)	[dzejolis]
de cor	no galvas	[no galvas]
aprender de cor	mācīties no galvas	[ma:tsi:ties no galvas]

férias (f pl)	brīvlaiks (v)	[bri:vlaiks]
estar de férias	būt brīvlaikā	[bu:t bri:vlaika:]
passar as férias	pavadīt brīvlaiku	[pavadi:t bri:vlaiku]

teste (m)	kontroldarbs (v)	[kontroldarbs]
composição, redação (f)	sacerējums (v)	[satsɛre:jums]
ditado (m)	diktāts (v)	[dikta:ts]
exame (m)	eksāmens (v)	[eksa:mens]
fazer exame	likt eksāmenus	[likt eksa:menus]
experiência (~ química)	mēģinājums (v)	[me:dⁱina:jums]

143. Colégio. Universidade

academia (f)	akadēmija (s)	[akade:mija]
universidade (f)	universitāte (s)	[univɛrsita:te]
faculdade (f)	fakultāte (s)	[fakulta:te]

estudante (m)	students (v)	[students]
estudante (f)	studente (s)	[studente]
professor (m)	pasniedzējs (v)	[pasniɛdze:js]

sala (f) de palestras	auditorija (s)	[auditorija]
graduado (m)	absolvents (v)	[absolvents]

diploma (m)	diploms (v)	[diploms]
tese (f)	disertācija (s)	[diserta:tsija]

estudo (obra)	pētījums (v)	[pe:ti:jums]
laboratório (m)	laboratorija (s)	[laboratorija]

palestra (f)	lekcija (s)	[lektsija]
colega (m) de curso	kursa biedrs (v)	[kursa biɛdrs]

bolsa (f) de estudos	stipendija (s)	[stipendija]
grau (m) académico	zinātniskais grāds (v)	[zina:tniskais gra:ds]

144. Ciências. Disciplinas

matemática (f)	matemātika (s)	[matɛma:tika]
álgebra (f)	algebra (s)	[algebra]
geometria (f)	ģeometrija (s)	[dⁱeɔmetrija]

astronomia (f)	astronomija (s)	[astrɔnɔmija]
biologia (f)	bioloģija (s)	[biɔlɔdⁱija]
geografia (f)	ģeogrāfija (s)	[dⁱeɔgra:fija]
geologia (f)	ģeoloģija (s)	[dⁱeɔlɔdⁱija]
história (f)	vēsture (s)	[ve:sture]

medicina (f)	medicīna (s)	[meditsi:na]
pedagogia (f)	pedagoģija (s)	[pɛdagɔdⁱija]
direito (m)	tieslietas (s dsk)	[tiɛsliɛtas]

física (f)	fizika (s)	[fizika]
química (f)	ķīmija (s)	[tⁱi:mija]
filosofia (f)	filozofija (s)	[filɔzɔfija]
psicologia (f)	psiholoģija (s)	[psixɔlɔdⁱija]

145. Sistema de escrita. Ortografia

gramática (f)	gramatika (s)	[gramatika]
vocabulário (m)	leksika (s)	[leksika]
fonética (f)	fonētika (s)	[fɔne:tika]

substantivo (m)	lietvārds (v)	[liɛtva:rds]
adjetivo (m)	īpašības vārds (v)	[i:paʃi:bas va:rds]
verbo (m)	darbības vārds (v)	[darbi:bas va:rds]
advérbio (m)	apstākļa vārds (v)	[apsta:klⁱa va:rds]

pronome (m)	vietniekvārds (v)	[viɛtniɛkva:rds]
interjeição (f)	izsauksmes vārds (v)	[izsauksmes va:rds]
preposição (f)	prievārds (v)	[priɛva:rds]

raiz (f) da palavra	vārda sakne (s)	[va:rda sakne]
terminação (f)	galotne (s)	[galɔtne]
prefixo (m)	priedēklis (v)	[priɛde:klis]
sílaba (f)	zilbe (s)	[zilbe]
sufixo (m)	sufikss (v)	[sufiks]

acento (m)	uzsvars (v)	[uzsvars]
apóstrofo (m)	apostrofs (v)	[apɔstrɔfs]

ponto (m)	punkts (v)	[punkts]
vírgula (f)	komats (v)	[kɔmats]
ponto e vírgula (m)	semikols (v)	[semikɔls]
dois pontos (m pl)	kols (v)	[kɔls]
reticências (f pl)	daudzpunkte (s)	[daudzpunkte]

ponto (m) de interrogação	jautājuma zīme (s)	[jauta:juma zi:me]
ponto (m) de exclamação	izsaukuma zīme (s)	[izsaukuma zi:me]

aspas (f pl)	pēdiņas (s dsk)	[pe:diņas]
entre aspas	pēdiņās	[pe:diņa:s]
parênteses (m pl)	iekavas (s dsk)	[iɛkavas]
entre parênteses	iekavās	[iɛkava:s]

hífen (m)	defise (s)	[defise]
travessão (m)	domuzīme (s)	[dɔmuzi:me]
espaço (m)	atstarpe (s)	[atstarpe]

| letra (f) | burts (v) | [burts] |
| letra (f) maiúscula | lielais burts (v) | [liɛlais burts] |

| vogal (f) | patskanis (v) | [patskanis] |
| consoante (f) | līdzskanis (v) | [li:dzskanis] |

frase (f)	teikums (v)	[tɛikums]
sujeito (m)	teikuma priekšmets (v)	[tɛikuma priɛkʃmets]
predicado (m)	izteicējs (v)	[iztɛitse:js]

linha (f)	rinda (s)	[rinda]
em uma nova linha	ar jaunu rindu	[ar jaunu rindu]
parágrafo (m)	rindkopa (s)	[rindkɔpa]

palavra (f)	vārds (v)	[va:rds]
grupo (m) de palavras	vārdkopa (s)	[va:rdkɔpa]
expressão (f)	izteiciens (v)	[iztɛitsiɛns]
sinónimo (m)	sinonīms (v)	[sinɔni:ms]
antónimo (m)	antonīms (v)	[antɔni:ms]

regra (f)	likums (v)	[likums]
exceção (f)	izņēmums (v)	[izņɛ:mums]
correto	pareizs	[parɛizs]

conjugação (f)	konjugācija (s)	[kɔnjuga:tsija]
declinação (f)	deklinācija (s)	[deklina:tsija]
caso (m)	locījums (v)	[lɔtsi:jums]
pergunta (f)	jautājums (v)	[jauta:jums]
sublinhar (vt)	pasvītrot	[pasvi:trɔt]
linha (f) pontilhada	punktēta līnija (s)	[punktɛ:ta li:nija]

146. Línguas estrangeiras

língua (f)	valoda (s)	[valɔda]
estrangeiro	svešs	[sveʃs]
língua (f) estrangeira	svešvaloda (s)	[sveʃvalɔda]
estudar (vt)	pētīt	[pe:ti:t]
aprender (vt)	mācīties	[ma:tsi:tiɛs]

ler (vt)	lasīt	[lasi:t]
falar (vi)	runāt	[runa:t]
compreender (vt)	saprast	[saprast]
escrever (vt)	rakstīt	[raksti:t]
rapidamente	ātri	[a:tri]
devagar	lēni	[le:ni]

fluentemente	**brīvi**	[bri:vi]
regras (f pl)	**noteikumi** (v dsk)	[nɔtɛikumi]
gramática (f)	**gramatika** (s)	[gramatika]
vocabulário (m)	**leksika** (s)	[leksika]
fonética (f)	**fonētika** (s)	[fɔne:tika]

manual (m) escolar	**mācību grāmata** (s)	[ma:tsi:bu gra:mata]
dicionário (m)	**vārdnīca** (s)	[va:rdni:tsa]
manual (m) de autoaprendizagem	**pašmācības grāmata** (s)	[paʃma:tsi:bas gra:mata]
guia (m) de conversação	**sarunvārdnīca** (s)	[sarunva:rdni:tsa]

cassete (f)	**kasete** (s)	[kasɛte]
vídeo cassete (m)	**videokasete** (s)	[videɔkasɛte]
CD (m)	**kompaktdisks** (v)	[kɔmpaktdisks]
DVD (m)	**DVD** (v)	[dvd]

alfabeto (m)	**alfabēts** (v)	[alfabe:ts]
soletrar (vt)	**izrunāt pa burtiem**	[izruna:t pa burtiɛm]
pronúncia (f)	**izruna** (s)	[izruna]

sotaque (m)	**akcents** (v)	[aktsents]
com sotaque	**ar akcentu**	[ar aktsentu]
sem sotaque	**bez akcenta**	[bez aktsenta]

palavra (f)	**vārds** (v)	[va:rds]
sentido (m)	**nozīme** (s)	[nɔzi:me]

cursos (m pl)	**kursi** (v dsk)	[kursi]
inscrever-se (vr)	**pierakstīties**	[piɛraksti:tiɛs]
professor (m)	**pasniedzējs** (v)	[pasniɛdze:js]

tradução (processo)	**tulkošana** (s)	[tulkɔʃana]
tradução (texto)	**tulkojums** (v)	[tulkɔjums]
tradutor (m)	**tulks** (v)	[tulks]
intérprete (m)	**tulks** (v)	[tulks]

poliglota (m)	**poliglots** (v)	[pɔliglɔts]
memória (f)	**atmiņa** (s)	[atmiɲa]

147. Personagens de contos de fadas

Pai (m) Natal	**Santa Klauss** (v)	[santa klaus]
Cinderela (f)	**Pelnruškīte** (s)	[pelnruʃťi:te]
sereia (f)	**nāra** (s)	[na:ra]
Neptuno (m)	**Neptūns** (v)	[neptu:ns]

mago (m)	**burvis** (v)	[burvis]
fada (f)	**burve** (s)	[burve]
mágico	**burvju**	[burvju]
varinha (f) mágica	**burvju nūjiņa** (s)	[burvju nu:jiɲa]

conto (m) de fadas	**pasaka** (s)	[pasaka]
milagre (m)	**brīnums** (v)	[bri:nums]

| anão (m) | rūķītis (v) | [ru:tʲi:tis] |
| transformar-se em ... | pārvērsties par ... | [pa:rvɛ:rsties par ...] |

fantasma (m)	rēgs (v)	[re:gs]
espetro (m)	spoks (v)	[spɔks]
monstro (m)	nezvērs (v)	[nezvɛ:rs]
dragão (m)	pūķis (v)	[pu:tʲis]
gigante (m)	milzis (v)	[milzis]

148. Signos do Zodíaco

Carneiro	Auns (v)	[auns]
Touro	Vērsis (v)	[vɛ:rsis]
Gémeos	Dvīņi (v dsk)	[dvi:ɲi]
Caranguejo	Vēzis (v)	[ve:zis]
Leão	Lauva (s)	[lauva]
Virgem (f)	Jaunava (s)	[jaunava]

Balança	Svari (v dsk)	[svari]
Escorpião	Skorpions (v)	[skɔrpiɔns]
Sagitário	Strēlnieks (v)	[stre:lniɛks]
Capricórnio	Mežāzis (v)	[meʒa:zis]
Aquário	Ūdensvīrs (v)	[u:densvi:rs]
Peixes	Zivis (v dsk)	[zivis]

caráter (m)	raksturs (v)	[raksturs]
traços (m pl) do caráter	rakstura iezīmes (s dsk)	[rakstura iɛzi:mes]
comportamento (m)	uzvedība (s)	[uzvedi:ba]
predizer (vt)	zīlēt	[zi:le:t]
adivinha (f)	zīlniece (s)	[zi:lniɛtse]
horóscopo (m)	horoskops (v)	[xɔrɔskɔps]

Artes

149. Teatro

teatro (m)	teātris (v)	[tea:tris]
ópera (f)	opera (s)	[ɔpɛra]
opereta (f)	operete (s)	[ɔpɛrɛte]
balé (m)	balets (v)	[balets]
cartaz (m)	afiša (s)	[afiʃa]
companhia (f) teatral	trupa (s)	[trupa]
turné (digressão)	viesizrāde (s)	[viɛsizra:de]
estar em turné	sniegt viesizrādes	[sniɛgt viɛsizra:des]
ensaiar (vt)	mēģināt	[me:dʲina:t]
ensaio (m)	mēģinājums (v)	[me:dʲina:jums]
repertório (m)	repertuārs (v)	[rɛpertua:rs]
apresentação (f)	izrāde (s)	[izra:de]
espetáculo (m)	izrāde (s)	[izra:de]
peça (f)	luga (s)	[luga]
bilhete (m)	biļete (s)	[bilʲɛte]
bilheteira (f)	biļešu kase (s)	[bilʲeʃu kase]
hall (m)	halle (s)	[xalle]
guarda-roupa (m)	garderobe (s)	[garderɔbe]
senha (f) numerada	numurs (v)	[numurs]
binóculo (m)	binoklis (v)	[binɔklis]
lanterninha (m)	kontrolieris (v)	[kɔntrɔliɛris]
plateia (f)	parters (v)	[partɛrs]
balcão (m)	balkons (v)	[balkɔns]
primeiro balcão (m)	beletāža (s)	[bɛlɛta:ʒa]
camarote (m)	loža (s)	[lɔʒa]
fila (f)	rinda (s)	[rinda]
assento (m)	vieta (s)	[viɛta]
público (m)	publika (s)	[publika]
espetador (m)	skatītājs (v)	[skati:ta:js]
aplaudir (vt)	aplaudēt	[aplaude:t]
aplausos (m pl)	aplausi (v dsk)	[aplausi]
ovação (f)	ovācijas (s dsk)	[ɔva:tsijas]
palco (m)	skatuve (s)	[skatuve]
pano (m) de boca	priekškars (v)	[priɛkʃkars]
cenário (m)	dekorācija (s)	[dekɔra:tsija]
bastidores (m pl)	kulises (s dsk)	[kulises]
cena (f)	skats (v)	[skats]
ato (m)	cēliens (v)	[tse:liɛns]
entreato (m)	starpbrīdis (v)	[starpbri:dis]

150. Cinema

ator (m)	aktieris (v)	[aktiɛris]
atriz (f)	aktrise (s)	[aktrise]
cinema (m)	kino (v)	[kinɔ]
filme (m)	kino (v)	[kinɔ]
episódio (m)	sērija (s)	[se:rija]
filme (m) policial	detektīvs (v)	[dɛtekti:vs]
filme (m) de ação	grāvējs (v)	[gra:ve:js]
filme (m) de aventuras	piedzīvojumu filma (s)	[piɛdzi:vɔjumu filma]
filme (m) de ficção científica	fantastiska filma (s)	[fantastiska filma]
filme (m) de terror	šausmu filma (s)	[ʃausmu filma]
comédia (f)	kino komēdija (s)	[kinɔ kɔme:dija]
melodrama (m)	melodrāma (s)	[melɔdra:ma]
drama (m)	drāma (s)	[dra:ma]
filme (m) ficcional	mākslas filma (s)	[ma:kslas filma]
documentário (m)	dokumentāla filma (s)	[dɔkumenta:la filma]
desenho (m) animado	multfilma (s)	[multfilma]
cinema (m) mudo	mēmais kino (v)	[mɛ:mais kinɔ]
papel (m)	loma (s)	[lɔma]
papel (m) principal	galvenā loma (s)	[galvɛna: lɔma]
representar (vt)	spēlēt	[spɛ:le:t]
estrela (f) de cinema	kinozvaigzne (s)	[kinɔzvaigzne]
conhecido	slavens	[slavens]
famoso	slavens	[slavens]
popular	populārs	[pɔpula:rs]
argumento (m)	scenārijs (v)	[stsɛna:rijs]
argumentista (m)	scenārija autors (v)	[stsɛna:rija autɔrs]
realizador (m)	režisors (v)	[reʒisɔrs]
produtor (m)	producents (v)	[prɔdutsents]
assistente (m)	asistents (v)	[asistents]
diretor (m) de fotografia	operators (v)	[ɔpɛratɔrs]
duplo (m)	kaskadieris (v)	[kaskadiɛris]
duplo (m) de corpo	dublieris (v)	[dubliɛris]
filmar (vt)	uzņemt filmu	[uzɲemt filmu]
audição (f)	mēģinājumi (v dsk)	[me:dʲina:jumi]
filmagem (f)	uzņemšana (s)	[uzɲemʃana]
equipe (f) de filmagem	uzņemšanas grupa (s)	[uzɲemʃanas grupa]
set (m) de filmagem	uzņemšanas laukums (v)	[uzɲemʃanas laukums]
câmara (f)	kinokamera (s)	[kinɔkamɛra]
cinema (m)	kinoteātris (v)	[kinɔtea:tris]
ecrã (m), tela (f)	ekrāns (v)	[ekra:ns]
exibir um filme	rādīt filmu	[ra:di:t filmu]
pista (f) sonora	skaņas celiņš (v)	[skaɲas tseliɲʃ]
efeitos (m pl) especiais	specefekti (v dsk)	[spetsefekti]

legendas (f pl)	subtitri (v dsk)	[subtitri]
crédito (m)	titri (v dsk)	[titri]
tradução (f)	tulkojums (v)	[tulkɔjums]

151. Pintura

arte (f)	māksla (s)	[ma:ksla]
belas-artes (f pl)	daiļās mākslas (s dsk)	[dailʲa:s ma:kslas]
galeria (f) de arte	mākslas galerija (s)	[ma:kslas galerija]
exposição (f) de arte	gleznu izstāde (s)	[gleznu izsta:de]

pintura (f)	glezniecība (s)	[glezniɛtsi:ba]
arte (f) gráfica	grafika (s)	[grafika]
arte (f) abstrata	abstrakcionisms (v)	[abstraktsiɔnisms]
impressionismo (m)	impresionisms (v)	[impresiɔnisms]

pintura (f), quadro (m)	glezna (s)	[glezna]
desenho (m)	zīmējums (v)	[zi:me:jums]
cartaz, póster (m)	plakāts (v)	[plaka:ts]

ilustração (f)	ilustrācija (s)	[ilustra:tsija]
miniatura (f)	miniatūra (s)	[miniatu:ra]
cópia (f)	kopija (s)	[kɔpija]
reprodução (f)	reprodukcija (s)	[reprɔduktsija]

mosaico (m)	mozaīka (s)	[mɔzai:ka]
vitral (m)	vitrāža (s)	[vitra:ʒa]
fresco (m)	freska (s)	[freska]
gravura (f)	gravīra (s)	[gravi:ra]

busto (m)	biste (s)	[biste]
escultura (f)	skulptūra (s)	[skulptu:ra]
estátua (f)	statuja (s)	[statuja]
gesso (m)	ģipsis (v)	[dʲipsis]
em gesso	ģipša	[dʲipʃa]

retrato (m)	portrets (v)	[pɔrtrets]
autorretrato (m)	pašportrets (v)	[paʃpɔrtrets]
paisagem (f)	ainava (s)	[ainava]
natureza (f) morta	klusā daba (s)	[klusa: daba]
caricatura (f)	karikatūra (s)	[karikatu:ra]
esboço (m)	uzmetums (v)	[uzmɛtums]

tinta (f)	krāsa (s)	[kra:sa]
aguarela (f)	akvareļkrāsa (s)	[akvarelʲkra:sa]
óleo (m)	eļļas krāsas (s dsk)	[elʲlʲas kra:sas]
lápis (m)	zīmulis (v)	[zi:mulis]
tinta da China (f)	tuša (s)	[tuʃa]
carvão (m)	ogle (s)	[ɔgle]

desenhar (vt)	zīmēt	[zi:me:t]
pintar (vt)	gleznot	[gleznɔt]
posar (vi)	pozēt	[pɔze:t]
modelo (m)	modelis (v)	[mɔdelis]

modelo (f)	modele (s)	[mɔdɛle]
pintor (m)	mākslinieks (v)	[maːksliniɛks]
obra (f)	darbs (v)	[darbs]
obra-prima (f)	šedevrs (v)	[ʃɛdevrs]
estúdio (m)	darbnīca (s)	[darbniːtsa]

tela (f)	audekls (v)	[audekls]
cavalete (m)	molberts (v)	[mɔlberts]
paleta (f)	palete (s)	[palɛte]

moldura (f)	ietvars (v)	[iɛtvars]
restauração (f)	restaurācija (s)	[restauraːtsija]
restaurar (vt)	restaurēt	[restaureːt]

152. Literatura & Poesia

literatura (f)	literatūra (s)	[litɛratuːra]
autor (m)	autors (v)	[autɔrs]
pseudónimo (m)	pseidonīms (v)	[psɛidɔniːms]

livro (m)	grāmata (s)	[graːmata]
volume (m)	sējums (v)	[seːjums]
índice (m)	satura rādītājs (v)	[satura raːdiːtaːjs]
página (f)	lappuse (s)	[lappuse]
protagonista (m)	galvenais varonis (v)	[galvɛnais varɔnis]
autógrafo (m)	autogrāfs (v)	[autɔgraːfs]

conto (m)	stāsts (v)	[staːsts]
romance (m)	romāns (v)	[rɔmaːns]
obra (f)	sacerējums (v)	[satsɛreːjums]
fábula (m)	fabula (s)	[fabula]
romance (m) policial	detektīvs (v)	[dɛtektiːvs]

poesia (obra)	dzejolis (v)	[dzejɔlis]
poesia (arte)	dzeja (s)	[dzeja]
poema (m)	poēma (s)	[pɔɛːma]
poeta (m)	dzejnieks (v)	[dzejniɛks]

ficção (f)	beletristika (s)	[bɛletristika]
ficção (f) científica	zinātniskā fantastika (s)	[zinaːtniska: fantastika]
aventuras (f pl)	piedzīvojumi (v dsk)	[piɛdziːvɔjumi]
literatura (f) didática	mācību literatūra (s)	[maːtsiːbu litɛratuːra]
literatura (f) infantil	bērnu literatūra (s)	[beːrnu litɛratuːra]

153. Circo

circo (m)	cirks (v)	[tsirks]
circo (m) ambulante	ceļojošais cirks (v)	[tsel'ɔjɔʃais tsirks]
programa (m)	programma (s)	[prɔgramma]
apresentação (f)	izrāde (s)	[izraːde]
número (m)	numurs (v)	[numurs]
arena (f)	arēna (s)	[arɛːna]

| pantomima (f) | pantomīma (s) | [pantɔmi:ma] |
| palhaço (m) | klauns (v) | [klauns] |

acrobata (m)	akrobāts (v)	[akrɔba:ts]
acrobacia (f)	akrobātika (s)	[akrɔba:tika]
ginasta (m)	vingrotājs (v)	[viŋgrɔta:js]
ginástica (f)	vingrošana (s)	[viŋgrɔʃana]
salto (m) mortal	salto (v)	[saltɔ]

homem forte (m)	atlēts, spēkavīrs (v)	[atle:ts], [spɛ:kavi:rs]
domador (m)	dīdītājs (v)	[di:di:ta:js]
cavaleiro (m) equilibrista	jātnieks (v)	[ja:tniɛks]
assistente (m)	asistents (v)	[asistents]

truque (m)	triks (v)	[triks]
truque (m) de mágica	fokuss (v)	[fɔkus]
mágico (m)	triku meistars (v)	[triku mɛistars]

malabarista (m)	žonglieris (v)	[ʒɔŋgliɛris]
fazer malabarismos	žonglēt	[ʒɔŋgle:t]
domador (m)	dresētājs (v)	[drɛsɛ:ta:js]
adestramento (m)	dresēšana (s)	[drɛse:ʃana]
adestrar (vt)	dresēt	[drɛse:t]

154. Música. Música popular

música (f)	mūzika (s)	[mu:zika]
músico (m)	mūziķis (v)	[mu:zitʲis]
instrumento (m) musical	mūzikas instruments (v)	[mu:zikas instruments]
tocar ...	spēlēt ...	[spɛ:le:t ...]

guitarra (f)	ģitāra (s)	[dʲita:ra]
violino (m)	vijole (s)	[vijɔle]
violoncelo (m)	čells (v)	[tʃells]
contrabaixo (m)	kontrabass (v)	[kɔntrabas]
harpa (f)	arfa (s)	[arfa]

piano (m)	pianīns (v)	[piani:ns]
piano (m) de cauda	flīģelis (v)	[fli:dʲelis]
órgão (m)	ērģeles (s dsk)	[e:rdʲɛles]

instrumentos (m pl) de sopro	pūšamie instrumenti (v dsk)	[pu:ʃamiɛ instrumenti]
oboé (m)	oboja (s)	[ɔbɔja]
saxofone (m)	saksofons (v)	[saksɔfɔns]
clarinete (m)	klarnete (s)	[klarnɛte]
flauta (f)	flauta (s)	[flauta]
trompete (m)	trompete (s)	[trɔmpɛte]

| acordeão (m) | akordeons (v) | [akɔrdeɔns] |
| tambor (m) | bungas (s dsk) | [buŋgas] |

duo, dueto (m)	duets (v)	[duets]
trio (m)	trio (v)	[triɔ]
quarteto (m)	kvartets (v)	[kvartets]

| coro (m) | koris (v) | [kɔris] |
| orquestra (f) | orķestris (v) | [ɔrtʲestris] |

música (f) pop	popmūzika (s)	[pɔpmuːzika]
música (f) rock	rokmūzika (s)	[rɔkmuːzika]
grupo (m) de rock	rokgrupa (s)	[rɔkgrupa]
jazz (m)	džezs (v)	[ʤezs]

| ídolo (m) | elks (v) | [elks] |
| fã, admirador (m) | cienītājs (v) | [tsiɛniːtaːjs] |

concerto (m)	koncerts (v)	[kɔntserts]
sinfonia (f)	simfonija (s)	[simfɔnija]
composição (f)	sacerējums (v)	[satsɛreːjums]
compor (vt)	sacerēt	[satsɛreːt]

canto (m)	dziedāšana (s)	[dziɛdaːʃana]
canção (f)	dziesma (s)	[dziɛsma]
melodia (f)	melodija (s)	[melɔdija]
ritmo (m)	ritms (v)	[ritms]
blues (m)	blūzs (v)	[bluːzs]

notas (f pl)	notis (s dsk)	[nɔtis]
batuta (f)	zizlis (v)	[zizlis]
arco (m)	lociņš (v)	[lɔtsiɲʃ]
corda (f)	stīga (s)	[stiːga]
estojo (m)	futrālis (v)	[futraːlis]

Descanso. Entretenimento. Viagens

155. Viagens

turismo (m)	tūrisms (v)	[tu:risms]
turista (m)	tūrists (v)	[tu:rists]
viagem (f)	ceļojums (v)	[tseļʲɔjums]
aventura (f)	piedzīvojums (v)	[piɛdzi:vɔjums]
viagem (f)	brauciens (v)	[brautsiɛns]

férias (f pl)	atvaļinājums (v)	[atvaļʲina:jums]
estar de férias	būt atvaļinājumā	[bu:t atvaļʲina:juma:]
descanso (m)	atpūta (s)	[atpu:ta]

comboio (m)	vilciens (v)	[viltsiɛns]
de comboio (chegar ~)	ar vilcienu	[ar viltsiɛnu]
avião (m)	lidmašīna (s)	[lidmaʃi:na]
de avião	ar lidmašīnu	[ar lidmaʃi:nu]
de carro	ar automobili	[ar autɔmɔbili]
de navio	ar kuǵi	[ar kudʲi]

bagagem (f)	bagāža (s)	[baga:ʒa]
mala (f)	čemodāns (v)	[tʃemɔda:ns]
carrinho (m)	bagāžas ratiņi (v dsk)	[baga:ʒas ratiɲi]

passaporte (m)	pase (s)	[pase]
visto (m)	vīza (s)	[vi:za]
bilhete (m)	biļete (s)	[biļʲɛte]
bilhete (m) de avião	aviobiļete (s)	[aviɔbiļʲɛte]

guia (m) de viagem	ceļvedis (v)	[tseļʲvedis]
mapa (m)	karte (s)	[karte]
local (m), area (f)	apvidus (v)	[apvidus]
lugar, sítio (m)	vieta (s)	[viɛta]

exotismo (m)	eksotika (s)	[eksɔtika]
exótico	eksotisks	[eksɔtisks]
surpreendente	apbrīnojams	[apbri:nɔjams]

grupo (m)	grupa (s)	[grupa]
excursão (f)	ekskursija (s)	[ekskursija]
guia (m)	gids (v)	[gids]

156. Hotel

hotel (m), pensão (f)	viesnīca (s)	[viɛsni:tsa]
motel (m)	motelis (v)	[mɔtelis]
três estrelas	trīszvaigžņu	[tri:szvaigʒɲu]

| cinco estrelas | pieczvaigžņu | [piɛtszvaigჳɲu] |
| ficar (~ num hotel) | apmesties | [apmestiɛs] |

quarto (m)	numurs (v)	[numurs]
quarto (m) individual	vienvietīgs numurs (v)	[viɛnviɛti:gs numurs]
quarto (m) duplo	divvietīgs numurs (v)	[divviɛti:gs numurs]
reservar um quarto	rezervēt numuru	[rɛzerve:t numuru]

| meia pensão (f) | pus pansija (s) | [pus pansija] |
| pensão (f) completa | pilna pansija (s) | [pilna pansija] |

com banheira	ar vannu	[ar vannu]
com duche	ar dušu	[ar duʃu]
televisão (m) satélite	satelīta televīzija (s)	[sateli:ta tɛlevi:zija]
ar (m) condicionado	kondicionētājs (v)	[kɔnditsiɔnɛ:ta:js]
toalha (f)	dvielis (v)	[dviɛlis]
chave (f)	atslēga (s)	[atslɛ:ga]

administrador (m)	administrators (v)	[administratɔrs]
camareira (f)	istabene (s)	[istabɛne]
bagageiro (m)	nesējs (v)	[nɛse:js]
porteiro (m)	portjē (v)	[pɔrtje:]

restaurante (m)	restorāns (v)	[restɔra:ns]
bar (m)	bārs (v)	[ba:rs]
pequeno-almoço (m)	brokastis (s dsk)	[brɔkastis]
jantar (m)	vakariņas (s dsk)	[vakariɲas]
buffet (m)	zviedru galds (v)	[zviɛdru galds]

| hall (m) de entrada | vestibils (v) | [vestibils] |
| elevador (m) | lifts (v) | [lifts] |

| NÃO PERTURBE | NETRAUCĒT | [netrautse:t] |
| PROIBIDO FUMAR! | SMĒĶĒT AIZLIEGTS! | [smɛ:t'e:t aizliɛgts!] |

157. Livros. Leitura

livro (m)	grāmata (s)	[gra:mata]
autor (m)	autors (v)	[autɔrs]
escritor (m)	rakstnieks (v)	[rakstniɛks]
escrever (vt)	uzrakstīt	[uzraksti:t]

leitor (m)	lasītājs (v)	[lasi:ta:js]
ler (vt)	lasīt	[lasi:t]
leitura (f)	lasīšana (s)	[lasi:ʃana]

| para si | klusībā | [klusi:ba:] |
| em voz alta | skaļi | [skaļ'i] |

publicar (vt)	izdot	[izdɔt]
publicação (f)	izdevums (v)	[ızdɛvumsɪ]
editor (m)	izdevējs (v)	[izdɛve:js]
editora (f)	izdevniecība (s)	[izdevniɛtsi:ba]
sair (vi)	iznākt	[izna:kt]

| lançamento (m) | iznākšana (s) | [izna:kʃana] |
| tiragem (f) | izloze (s) | [izloze] |

| livraria (f) | grāmatnīca (s) | [gra:matni:tsa] |
| biblioteca (f) | bibliotēka (s) | [bibliotɛ:ka] |

novela (f)	stāsts (v)	[sta:sts]
conto (m)	stāsts (v)	[sta:sts]
romance (m)	romāns (v)	[roma:ns]
romance (m) policial	detektīvs (v)	[dɛtekti:vs]

memórias (f pl)	memuāri (v dsk)	[mɛmua:ri]
lenda (f)	leģenda (s)	[lɛdʲenda]
mito (m)	mīts (v)	[mi:ts]

poesia (f)	dzeja (s)	[dzeja]
autobiografia (f)	autobiogrāfija (s)	[autobiogra:fija]
obras (f pl) escolhidas	izlase (s)	[izlase]
ficção (f) científica	zinātniskā fantastika (s)	[zina:tniska: fantastika]

título (m)	nosaukums (v)	[nosaukums]
introdução (f)	ievads (v)	[iɛvads]
folha (f) de rosto	titullapa (s)	[titullapa]

capítulo (m)	nodaļa (s)	[nodalʲa]
excerto (m)	fragments (v)	[fragments]
episódio (m)	epizode (s)	[epizode]

tema (m)	sižets (v)	[siʒets]
conteúdo (m)	saturs (v)	[saturs]
índice (m)	satura rādītājs (v)	[satura ra:di:ta:js]
protagonista (m)	galvenais varonis (v)	[galvɛnais varonis]

tomo, volume (m)	sējums (v)	[se:jums]
capa (f)	vāks (v)	[va:ks]
encadernação (f)	iesējums (v)	[iɛse:jums]
marcador (m) de livro	ieliekamā zīme (s)	[iɛliɛkama: zi:me]

página (f)	lappuse (s)	[lappuse]
folhear (vt)	šķirstīt	[ʃtʲirsti:t]
margem (f)	apmales (s dsk)	[apmales]
anotação (f)	ķeksītis (v)	[tʲeksi:tis]
nota (f) de rodapé	piezīme (s)	[piɛzi:me]

texto (m)	teksts (v)	[teksts]
fonte (f)	burtu raksts (v)	[burtu raksts]
gralha (f)	drukas kļūda (s)	[drukas klʲu:da]

tradução (f)	tulkojums (v)	[tulkojums]
traduzir (vt)	tulkot	[tulkot]
original (m)	oriģināldarbs (v)	[oridʲina:ldarbs]

famoso	slavens	[slavens]
desconhecido	nezināms	[nezina:ms]
interessante	interesants	[intɛrɛsants]
best-seller (m)	bestsellers (v)	[bestsellɛrs]

dicionário (m)
manual (m) escolar
enciclopédia (f)

vārdnīca (s)
mācību grāmata (s)
enciklopēdija (s)

[va:rdni:tsa]
[ma:tsi:bu gra:mata]
[entsiklɔpe:dija]

158. Caça. Pesca

caça (f)	medības (s dsk)	[medi:bas]
caçar (vi)	medīt	[medi:t]
caçador (m)	mednieks (v)	[medniɛks]
atirar (vi)	šaut	[ʃaut]
caçadeira (f)	šautene (s)	[ʃautɛne]
cartucho (m)	patrona (s)	[patrɔna]
chumbo (m) de caça	skrotis (s dsk)	[skrɔtis]
armadilha (f)	lamatas (s dsk)	[lamatas]
armadilha (com corda)	slazds (v)	[slazds]
cair na armadilha	iekrist lamatās	[iɛkrist lamata:s]
pôr a armadilha	izlikt lamatas	[izlikt lamatas]
caçador (m) furtivo	malumednieks (v)	[malumedniɛks]
caça (f)	medījums (v)	[medi:jums]
cão (m) de caça	medību suns (v)	[medi:bu suns]
safári (m)	safari (v)	[safari]
animal (m) empalhado	izbāzenis (v)	[izba:zenis]
pescador (m)	zvejnieks (v)	[zvejniɛks]
pesca (f)	makšķerēšana (s)	[makʃtʲɛre:ʃana]
pescar (vt)	zvejot	[zvejɔt]
cana (f) de pesca	makšķere (s)	[makʃtʲɛre]
linha (f) de pesca	makšķeres aukla (s)	[makʃtʲɛres aukla]
anzol (m)	āķis (v)	[a:tʲis]
boia (f)	pludiņš (v)	[pludiɲʃ]
isca (f)	ēsma (s)	[ɛ:sma]
lançar a linha	iemest makšķeri	[iɛmest makʃtʲeri]
morder (vt)	ķerties	[tʲertiɛs]
pesca (f)	ķēriens (v)	[tʲe:riɛns]
buraco (m) no gelo	āliņģis (v)	[a:liɲdʲis]
rede (f)	tīkls (v)	[ti:kls]
barco (m)	laiva (s)	[laiva]
pescar com rede	zvejot	[zvejɔt]
lançar a rede	iemest tīklu	[iɛmest ti:klu]
puxar a rede	izvilkt tīklu	[izvilkt ti:klu]
cair nas malhas	ieskriet tīklā	[iɛskriɛt ti:kla:]
baleeiro (m)	valzivju mednieks (v)	[valzivju medniɛks]
baleeira (f)	valzivju medību kuģis (v)	[valzivju medi:bu kudʲis]
arpão (m)	harpūna (s)	[xarpu:na]

159. Jogos. Bilhar

bilhar (m)	biljards (v)	[biljards]
sala (f) de bilhar	biljarda istaba (s)	[biljarda istaba]
bola (f) de bilhar	biljarda bumbiņa (s)	[biljarda bumbiɲa]
embolsar uma bola	iesist bumbu	[iɛsist bumbu]
taco (m)	biljarda nūja (s)	[biljarda nu:ja]
caçapa (f)	maks (v)	[maks]

160. Jogos. Jogar cartas

ouros (m pl)	kāravs (v)	[ka:ravs]
espadas (f pl)	pīķis (v)	[pi:tʲis]
copas (f pl)	ercens (v)	[ertsens]
paus (m pl)	kreics (v)	[krɛits]
ás (m)	dūzis (v)	[du:zis]
rei (m)	kungs (v)	[kuŋgs]
dama (f)	dāma (s)	[da:ma]
valete (m)	kalps (v)	[kalps]
carta (f) de jogar	spēļu kārts (v)	[spɛ:lʲu ka:rts]
cartas (f pl)	kārtis (s dsk)	[ka:rtis]
trunfo (m)	trumpis (v)	[trumpis]
baralho (m)	kāršu kava (s)	[ka:rʃu kava]
ponto (m)	punkts (v)	[punkts]
dar, distribuir (vt)	izdot	[izdɔt]
embaralhar (vt)	jaukt	[jaukt]
vez, jogada (f)	gājiens (v)	[ga:jiɛns]
batoteiro (m)	blēdis (v)	[ble:dis]

161. Casino. Roleta

casino (m)	kazino (v)	[kazinɔ]
roleta (f)	rulete (s)	[rulɛte]
aposta (f)	likme (s)	[likme]
apostar (vt)	līkt likmes	[li:kt likmes]
vermelho (m)	sarkanais (v)	[sarkanais]
preto (m)	melnais (v)	[melnais]
apostar no vermelho	likt uz sarkano	[likt uz sarkanɔ]
apostar no preto	likt uz melno	[likt uz melnɔ]
crupiê (m, f)	krupjē (v)	[krupje:]
girar a roda	griezt ratu	[griɛzt ratu]
regras (f pl) do jogo	spēles noteikumi (v dsk)	[spɛ:les nɔtɛikumi]
ficha (f)	spēļu marka (s)	[spɛ:lʲu marka]
ganhar (vi, vt)	laimēt	[laime:t]
ganho (m)	laimests (v)	[laimests]

| perder (dinheiro) | zaudēt | [zaude:t] |
| perda (f) | zaudējums (v) | [zaude:jums] |

jogador (m)	spēlētājs (v)	[spɛ:lɛ:ta:js]
blackjack (m)	blekdžeks (v)	[blekdʒeks]
jogo (m) de dados	kauliņu spēle (s)	[kauliŋu spɛ:le]
dados (m pl)	spēļu kauliņi (v dsk)	[spɛ:lʲu kauliŋi]
máquina (f) de jogo	spēļu automāts (v)	[spɛ:lʲu autɔma:ts]

162. Descanso. Jogos. Diversos

passear (vi)	pastaigāties	[pastaiga:tiɛs]
passeio (m)	pastaiga (s)	[pastaiga]
viagem (f) de carro	izbrauciens (v)	[izbrautsiɛns]
aventura (f)	piedzīvojums (v)	[piɛdzi:vɔjums]
piquenique (m)	piknks (v)	[pikniks]

jogo (m)	spēle (s)	[spɛ:le]
jogador (m)	spēlētājs (v)	[spɛ:lɛ:ta:js]
partida (f)	partija (s)	[partija]

colecionador (m)	kolekcionārs (v)	[kɔlektsiɔna:rs]
colecionar (vt)	kolekcionēt	[kɔlektsiɔne:t]
coleção (f)	kolekcija (s)	[kɔlektsija]

palavras (f pl) cruzadas	krustvārdu mīkla (s)	[krustva:rdu mi:kla]
hipódromo (m)	hipodroms (v)	[xipɔdrɔms]
discoteca (f)	diskotēka (s)	[diskɔtɛ:ka]

| sauna (f) | sauna (s) | [sauna] |
| lotaria (f) | loterija (s) | [lɔterija] |

campismo (m)	gājiens (v)	[ga:jiɛns]
acampamento (m)	nometne (s)	[nɔmetne]
tenda (f)	telts (s)	[telts]
bússola (f)	kompass (v)	[kɔmpas]
campista (m)	tūrists (v)	[tu:rists]

ver (vt), assistir à ...	skatīties	[skati:tiɛs]
telespectador (m)	televīzijas skatītājs (v)	[tɛlevi:zijas skati:ta:js]
programa (m) de TV	televīzijas raidījums (v)	[tɛlevi:zijas raidi:jums]

163. Fotografia

| máquina (f) fotográfica | fotoaparāts (v) | [fotɔapara:ts] |
| foto, fotografia (f) | foto (v) | [fotɔ] |

fotógrafo (m)	fotogrāfs (v)	[fotɔgra:fs]
estúdio (m) fotográfico	fotostudija (s)	[fotɔstudija]
álbum (m) de fotografias	fotoalbums (v)	[fotɔalbums]
objetiva (f)	objektīvs (v)	[ɔbjekti:vs]
teleobjetiva (f)	teleobjektīvs (v)	[tɛleɔbjekti:vs]

| filtro (m) | filtrs (v) | [filtrs] |
| lente (f) | lēca (s) | [le:tsa] |

ótica (f)	optika (s)	[ɔptika]
abertura (f)	diafragma (s)	[diafragma]
exposição (f)	izturējums (v)	[izture:jums]
visor (m)	vizieris (v)	[vizieris]

câmara (f) digital	ciparkamera (s)	[tsiparkamɛra]
tripé (m)	statīvs (v)	[stati:vs]
flash (m)	zibsnis (v)	[zibsnis]

fotografar (vt)	fotografēt	[fɔtɔgrafe:t]
tirar fotos	fotografēt	[fɔtɔgrafe:t]
fotografar-se	fotografēties	[fɔtɔgrafe:tiɛs]

foco (m)	asums (v)	[asums]
focar (vt)	noregulēt asumu	[nɔrɛgule:t asumu]
nítido	ass	[as]
nitidez (f)	asums (v)	[asums]

| contraste (m) | kontrasts (v) | [kɔntrasts] |
| contrastante | kontrasta | [kɔntrasta] |

retrato (m)	attēls (v)	[attɛ:ls]
negativo (m)	negatīvs (v)	[nɛgati:vs]
filme (m)	filma (s)	[filma]
fotograma (m)	kadrs (v)	[kadrs]
imprimir (vt)	drukāt	[druka:t]

164. Praia. Natação

praia (f)	pludmale (s)	[pludmale]
areia (f)	smiltis (s dsk)	[smiltis]
deserto	tukšs	[tukʃs]

bronzeado (m)	iedegums (v)	[iɛdɛgums]
bronzear-se (vr)	sauļoties	[saulʲɔtiɛs]
bronzeado	nosauļojies	[nɔsaulʲɔjiɛs]
protetor (m) solar	sauļošanas krēms (v)	[saulʲɔʃanas kre:ms]

biquíni (m)	bikini (v)	[bikini]
fato (m) de banho	peldkostīms (v)	[peldkɔsti:ms]
calção (m) de banho	peldbikses (s dsk)	[peldbikses]

piscina (f)	baseins (v)	[basɛins]
nadar (vi)	peldēt	[pelde:t]
duche (m)	duša (s)	[duʃa]
mudar de roupa	pārģērbties	[pa:rdʲe:rbtiɛs]
toalha (f)	dvielis (v)	[dviɛlis]

barco (m)	laiva (s)	[laiva]
lancha (f)	kuteris (v)	[kuteris]
esqui (m) aquático	ūdensslēpes (s dsk)	[u:denslɛ:pes]

barco (m) de pedais	ūdens ritenis (v)	[u:dens ritenis]
surf (m)	sērfings (v)	[se:rfiŋgs]
surfista (m)	sērfotājs (v)	[se:rfɔta:js]
equipamento (m) de mergulho	akvalangs (v)	[akvalaŋgs]
barbatanas (f pl)	peldpleznas (s dsk)	[peldpleznas]
máscara (f)	maska (s)	[maska]
mergulhador (m)	nirējs (v)	[nire:js]
mergulhar (vi)	nirt	[nirt]
debaixo d'água	zem ūdens	[zem u:dens]
guarda-sol (m)	lietussargs (v)	[liɛtusargs]
espreguiçadeira (f)	guļamkrēsls (v)	[gulʲamkre:sls]
óculos (m pl) de sol	brilles (s dsk)	[brilles]
colchão (m) de ar	peldmatracis (v)	[peldmatratsis]
brincar (vi)	spēlēt	[spɛ:le:t]
ir nadar	peldēties	[pelde:tiɛs]
bola (f) de praia	bumba (s)	[bumba]
encher (vt)	piepūst	[piɛpu:st]
inflável, de ar	piepūšams	[piɛpu:ʃams]
onda (f)	vilnis (v)	[vilnis]
boia (f)	boja (s)	[bɔja]
afogar-se (pessoa)	slīkt	[sli:kt]
salvar (vt)	glābt	[gla:bt]
colete (m) salva-vidas	glābšanas veste (s)	[gla:bʃanas veste]
observar (vt)	novērot	[nɔve:rɔt]
nadador-salvador (m)	glābējs (v)	[gla:be:js]

EQUIPAMENTO TÉCNICO. TRANSPORTES

Equipamento técnico. Transportes

165. Computador

computador (m)	dators (v)	[datɔrs]
portátil (m)	portatīvais dators (v)	[pɔrtati:vais datɔrs]
ligar (vt)	ieslēgt	[iɛsle:gt]
desligar (vt)	izslēgt	[izsle:gt]
teclado (m)	tastatūra (s)	[tastatu:ra]
tecla (f)	taustiņš (v)	[taustiɲʃ]
rato (m)	pele (s)	[pɛle]
tapete (m) de rato	paliktnis (v)	[paliktnis]
botão (m)	poga (s)	[pɔga]
cursor (m)	kursors (v)	[kursɔrs]
monitor (m)	monitors (v)	[mɔnitɔrs]
ecrã (m)	ekrāns (v)	[ekra:ns]
disco (m) rígido	cietais disks (v)	[tsiɛtais disks]
capacidade (f) do disco rígido	cieta diska apjoms (v)	[tsiɛta diska apjɔms]
memória (f)	atmiņa (s)	[atmiɲa]
memória RAM (f)	operatīvā atmiņa (s)	[ɔpɛrati:va: atmiɲa]
ficheiro (m)	datne (s)	[datne]
pasta (f)	mape (s)	[mape]
abrir (vt)	atvērt	[atve:rt]
fechar (vt)	aizvērt	[aizve:rt]
guardar (vt)	saglabāt	[saglaba:t]
apagar, eliminar (vt)	izdzēst	[izdze:st]
copiar (vt)	nokopēt	[nɔkɔpe:t]
ordenar (vt)	šķirot	[ʃcʲirɔt]
copiar (vt)	pārrakstīt	[pa:rraksti:t]
programa (m)	programma (s)	[prɔgramma]
software (m)	programmatūra (s)	[prɔgrammatu:ra]
programador (m)	programmētājs (v)	[prɔgrammɛ:ta:js]
programar (vt)	programmēt	[prɔgrammɛ:t]
hacker (m)	hakeris (v)	[xakeris]
senha (f)	parole (s)	[parɔle]
vírus (m)	vīruss (v)	[vi:rus]
detetar (vt)	atrast, uziet	[atrast], [uziɛt]
byte (m)	baits (v)	[baits]

megabyte (m)	megabaits (v)	[mɛgabaits]
dados (m pl)	dati (v dsk)	[dati]
base (f) de dados	datu bāze (s)	[datu ba:ze]

cabo (m)	kabelis (v)	[kabelis]
desconectar (vt)	atvienot	[atviɛnɔt]
conetar (vt)	pievienot	[piɛviɛnɔt]

166. Internet. E-mail

internet (f)	internets (v)	[internets]
browser (m)	pārlūka programma (s)	[pa:rlu:ka prɔgramma]
motor (m) de busca	meklēšanas resurss (v)	[mekle:ʃanas rɛsurs]
provedor (m)	provaiders (v)	[prɔvaidɛrs]

webmaster (m)	tīmekļa meistars (v)	[ti:meklʲa mɛistars]
website, sítio web (m)	saits (v)	[saits]
página (f) web	tīmekļa lappuse (s)	[ti:meklʲa lappuse]

| endereço (m) | adrese (s) | [adrɛse] |
| livro (m) de endereços | adrešu grāmata (s) | [adreʃu gra:mata] |

caixa (f) de correio	pastkastīte (s)	[pastkasti:te]
correio (m)	pasts (v)	[pasts]
cheia (caixa de correio)	pārpildīts	[pa:rpildi:ts]

mensagem (f)	ziņojums (v)	[ziɲɔjums]
mensagons (f pl) recebidas	ienākošie ziņojumi (v dsk)	[iɛna:kɔʃiɛ ziɲɔjumi]
mensagens (f pl) enviadas	aizsūtītie ziņojumi (v dsk)	[aizsu:ti:tiɛ ziɲɔjumi]

remetente (m)	sūtītājs (v)	[su:ti:ta:js]
enviar (vt)	nosūtīt	[nɔsu:ti:t]
envio (m)	aizsūtīšana (s)	[aizsu:ti:ʃana]

| destinatário (m) | saņēmējs (v) | [saɲɛ:me:js] |
| receber (vt) | saņemt | [saɲemt] |

| correspondência (f) | sarakste (s) | [sarakste] |
| corresponder-se (vr) | sarakstīties | [saraksti:tiɛs] |

ficheiro (m)	datne (s)	[datne]
fazer download, baixar	novilkt	[nɔvilkt]
criar (vt)	izveidot	[izvɛidɔt]
apagar, eliminar (vt)	izdzēst	[izdze:st]
eliminado	izdzēstais	[izdze:stais]

conexão (f)	sakars (v)	[sakars]
velocidade (f)	ātrums (v)	[a:trums]
modem (m)	modems (v)	[mɔdems]
acesso (m)	pieeja (s)	[piɛeja]
porta (f)	pioslēgvieta (s)	[plɛslē:gviɛta]

| conexão (f) | pieslēgšana (s) | [piɛsle:gʃana] |
| conetar (vi) | pieslēgties | [piɛsle:gtiɛs] |

| escolher (vt) | izvēlēties | [izvɛ:le:tiɛs] |
| buscar (vt) | meklēt ... | [mekle:t ...] |

167. Eletricidade

eletricidade (f)	elektrība (s)	[ɛlektri:ba]
elétrico	elektrisks	[ɛlektrisks]
central (f) elétrica	elektrostacija (s)	[ɛlektrɔstatsija]
energia (f)	enerǵija (s)	[ɛnerdʲija]
energia (f) elétrica	elektroenerǵija (s)	[ɛlektrɔɛnerdʲija]

lâmpada (f)	spuldze (s)	[spuldze]
lanterna (f)	lukturītis (v)	[lukturi:tis]
poste (m) de iluminação	laterna (s)	[laterna]

luz (f)	gaisma (s)	[gaisma]
ligar (vt)	ieslēgt	[iɛsle:gt]
desligar (vt)	izslēgt	[izsle:gt]
apagar a luz	izslēgt gaismu	[izsle:gt gaismu]

fundir (vi)	izdegt	[izdegt]
curto-circuito (m)	īssavienojums (v)	[i:saviɛnɔjums]
rutura (f)	pārtrūkums (v)	[pa:rtru:kums]
contacto (m)	kontakts (v)	[kɔntakts]

interruptor (m)	slēdzis (v)	[sle:dzis]
tomada (f)	rozete (s)	[rɔzɛte]
ficha (f)	dakša (s)	[dakʃa]
extensão (f)	pagarinātājs (v)	[pagarina:ta:js]

fusível (m)	drošinātājs (v)	[drɔʃina:ta:js]
fio, cabo (m)	vads (v)	[vads]
instalação (f) elétrica	instalācija (s)	[instala:tsija]

ampere (m)	ampērs (v)	[ampɛ:rs]
amperagem (f)	strāvas stiprums (v)	[stra:vas stiprums]
volt (m)	volts (v)	[vɔlts]
voltagem (f)	spriegums (v)	[spriɛgums]

| aparelho (m) elétrico | elektriskais aparāts (v) | [ɛlektriskais apara:ts] |
| indicador (m) | indikators (v) | [indikatɔrs] |

eletricista (m)	elektriķis (v)	[ɛlektritʲis]
soldar (vt)	lodēt	[lɔde:t]
ferro (m) de soldar	lodāmurs (v)	[lɔda:murs]
corrente (f) elétrica	strāva (s)	[stra:va]

168. Ferramentas

ferramenta (f)	instruments (v)	[instruments]
ferramentas (f pl)	instrumenti (v dsk)	[instrumenti]
equipamento (m)	ierīce (s)	[iɛri:tse]

martelo (m)	āmurs (v)	[a:murs]
chave (f) de fendas	skrūvgriezis (v)	[skru:vgriɛzis]
machado (m)	cirvis (v)	[tsirvis]

serra (f)	zāģis (v)	[za:dʲis]
serrar (vt)	zāģēt	[za:dʲe:t]
plaina (f)	ēvele (s)	[ɛ:vɛle]
aplainar (vt)	ēvelēt	[ɛ:vɛle:t]
ferro (m) de soldar	lodāmurs (v)	[lɔda:murs]
soldar (vt)	lodēt	[lɔde:t]

lima (f)	vīle (s)	[vi:le]
tenaz (f)	knaibles (s dsk)	[knaibles]
alicate (m)	platknaibles (s dsk)	[platknaibles]
formão (m)	kalts (v)	[kalts]

broca (f)	urbis (v)	[urbis]
berbequim (f)	elektriskais urbis (v)	[ɛlektriskais urbis]
furar (vt)	urbt	[urbt]

| faca (f) | nazis (v) | [nazis] |
| lâmina (f) | asmens (v) | [asmens] |

afiado	ass	[as]
cego	truls	[truls]
embotar-se (vr)	notrulināties	[nɔtrulina:tiɛs]
afiar, amolar (vt)	asināt	[asina:t]

parafuso (m)	skrūve (s)	[skru:ve]
porca (f)	uzgrieznis (v)	[uzgriɛznis]
rosca (f)	vītne (s)	[vi:tne]
parafuso (m) para madeira	kokskrūve (s)	[kɔkskru:ve]

| prego (m) | nagla (s) | [nagla] |
| cabeça (f) do prego | galviņa (s) | [galviɲa] |

régua (f)	lineāls (v)	[linea:ls]
fita (f) métrica	mērlente (s)	[me:rlente]
nível (m)	līmeņrādis (v)	[li:meɲra:dis]
lupa (f)	lupa (s)	[lupa]

medidor (m)	mērierīce (s)	[me:riɛri:tse]
medir (vt)	mērīt	[me:ri:t]
escala (f)	skala (s)	[skala]
indicação (f), registo (m)	rādījums (v)	[ra:di:jums]

| compressor (m) | kompresors (v) | [kɔmpresɔrs] |
| microscópio (m) | mikroskops (v) | [mikrɔskɔps] |

bomba (f)	sūknis (v)	[su:knis]
robô (m)	robots (v)	[robɔts]
laser (m)	lāzers (v)	[la:zɛrs]

chave (f) de boca	uzgriežņu atslēga (s)	[uzgriɛʒɲu atslɛ:ga]
fita (f) adesiva	līmlenta (s)	[li:mlenta]
cola (f)	līme (s)	[li:me]

149

lixa (f)	smilšpapīrs (v)	[smilʃpapi:rs]
mola (f)	atspere (s)	[atspɛre]
íman (m)	magnēts (v)	[magne:ts]
luvas (f pl)	cimdi (v dsk)	[tsimdi]

corda (f)	virve (s)	[virve]
cordel (m)	aukla (s)	[aukla]
fio (m)	vads (v)	[vads]
cabo (m)	kabelis (v)	[kabelis]

marreta (f)	uzsitējveseris (v)	[uzsite:jvɛseris]
pé de cabra (m)	lauznis (v)	[lauznis]
escada (f) de mão	kāpnes (s dsk)	[ka:pnes]
escadote (m)	sastatņu kāpnes (s dsk)	[sastatņu ka:pnes]

enroscar (vt)	aizgriezt	[aizgriɛzt]
desenroscar (vt)	atgriezt	[atgriɛzt]
apertar (vt)	aizspiest	[aizspiɛst]
colar (vt)	pielīmēt	[piɛli:me:t]
cortar (vt)	griezt	[griɛzt]

falha (mau funcionamento)	bojājums (v)	[bɔja:jums]
conserto (m)	labošana (s)	[labɔʃana]
consertar, reparar (vt)	remontēt	[remɔnte:t]
regular, ajustar (vt)	regulēt	[rɛgule:t]

verificar (vt)	pārbaudīt	[pa:rbaudi:t]
verificação (f)	pārbaudīšana (s)	[pa:rbaudi:ʃana]
indicação (f), registo (m)	rādījums (v)	[ra:di:jums]

seguro	drošs	[drɔʃs]
complicado	sarežģīts	[sareʒdʲi:ts]

enferrujar (vi)	rūsēt	[ru:se:t]
enferrujado	sarūsējis	[saru:se:jis]
ferrugem (f)	rūsa (s)	[ru:sa]

Transportes

169. Avião

avião (m)	lidmašīna (s)	[lidmaʃl:na]
bilhete (m) de avião	aviobiļete (s)	[aviɔbiļɛte]
companhia (f) aérea	aviokompānija (s)	[aviɔkɔmpa:nija]
aeroporto (m)	lidosta (s)	[lidɔsta]
supersónico	virsskaņas	[virskaɲas]
comandante (m) do avião	kuģa komandieris (v)	[kudʲa kɔmandiɛris]
tripulação (f)	apkalpe (s)	[apkalpe]
piloto (m)	pilots (v)	[pilɔts]
hospedeira (f) de bordo	stjuarte (s)	[stjuarte]
copiloto (m)	stūrmanis (v)	[stu:rmanis]
asas (f pl)	spārni (v dsk)	[spa:rni]
cauda (f)	aste (s)	[aste]
cabine (f) de pilotagem	kabīne (s)	[kabi:ne]
motor (m)	dzinējs (v)	[dzine:js]
trem (m) de aterragem	šasija (s)	[ʃasija]
turbina (f)	turbīna (s)	[turbi:na]
hólioo (f)	propelleris (v)	[prɔpelleris]
caixa-preta (f)	melnā kaste (s)	[melna: kaste]
coluna (f) de controlo	stūres rats (v)	[stu:res rats]
combustível (m)	degviela (s)	[degviɛla]
instruções (f pl) de segurança	instrukcija (s)	[instruktsija]
máscara (f) de oxigénio	skābekļa maska (s)	[ska:bekļa maska]
uniforme (m)	uniforma (s)	[unifɔrma]
colete (m) salva-vidas	glābšanas veste (s)	[gla:bʃanas veste]
paraquedas (m)	izpletnis (v)	[izpletnis]
descolagem (f)	pacelšanās (s dsk)	[patselʃana:s]
descolar (vi)	pacelties	[patseltiɛs]
pista (f) de descolagem	skrejceļš (v)	[skrejtselʲʃ]
visibilidade (f)	redzamība (s)	[redzami:ba]
voo (m)	lidojums (v)	[lidɔjums]
altura (f)	augstums (v)	[augstums]
poço (m) de ar	gaisa bedre (s)	[gaisa bedre]
assento (m)	sēdeklis (v)	[sɛ:deklis]
auscultadores (m pl)	austiņas (s dsk)	[austiɲas]
mesa (f) rebatível	galdiņš (v)	[galdiɲʃ]
vigia (f)	iluminators (v)	[iluminatɔrs]
passagem (f)	eja (s)	[eja]

151

170. Comboio

comboio (m)	vilciens (v)	[viltsiɛns]
comboio (m) suburbano	elektrovilciens (v)	[ɛlektrɔviltsiɛns]
comboio (m) rápido	ātrvilciens (v)	[a:trviltsiɛns]
locomotiva (f) diesel	dīzeļlokomotīve (s)	[di:zelʲlɔkɔmɔti:ve]
locomotiva (f) a vapor	lokomotīve (s)	[lɔkɔmɔti:ve]
carruagem (f)	vagons (v)	[vagɔns]
carruagem restaurante (f)	restorānvagons (v)	[restɔra:nvagɔns]
carris (m pl)	sliedes (s dsk)	[sliɛdes]
caminho de ferro (m)	dzelzceļš (v)	[dzelztselʲʃ]
travessa (f)	gulsnis (v)	[gulsnis]
plataforma (f)	platforma (s)	[platfɔrma]
linha (f)	ceļš (v)	[tselʲʃ]
semáforo (m)	semafors (v)	[sɛmafɔrs]
estação (f)	stacija (s)	[statsija]
maquinista (m)	mašīnists (v)	[maʃi:nists]
bagageiro (m)	nesējs (v)	[nɛse:js]
hospedeiro, -a (da carruagem)	pavadonis (v)	[pavadɔnis]
passageiro (m)	pasažieris (v)	[pasaʒiɛris]
revisor (m)	kontrolieris (v)	[kɔntrɔliɛris]
corredor (m)	koridors (v)	[kɔridɔrs]
freio (m) de emergência	stop-krāns (v)	[stɔp-kra:ns]
compartimento (m)	kupeja (s)	[kupeja]
cama (f)	plaukts (v)	[plaukts]
cama (f) de cima	augšējais plaukts (v)	[augʃe:jais plaukts]
cama (f) de baixo	apakšējais plaukts (v)	[apakʃe:jais plaukts]
roupa (f) de cama	gultas veļa (s)	[gultas vɛlʲa]
bilhete (m)	biļete (s)	[bilʲɛte]
horário (m)	saraksts (v)	[saraksts]
painel (m) de informação	tablo (v)	[tablɔ]
partir (vt)	atiet	[atiɛt]
partida (f)	atiešana (s)	[atiɛʃana]
chegar (vi)	ierasties	[iɛrastiɛs]
chegada (f)	pienākšana (s)	[piɛna:kʃana]
chegar de comboio	atbraukt ar vilcienu	[atbraukt ar viltsiɛnu]
apanhar o comboio	iekāpt vilcienā	[iɛka:pt viltsiɛna:]
sair do comboio	izkāpt no vilciena	[izka:pt nɔ viltsiɛna]
acidente (m) ferroviário	katastrofa (s)	[katastrɔfa]
descarrilar (vi)	noskriet no sliedēm	[nɔskriɛt nɔ sliɛde:m]
locomotiva (f) a vapor	lokomotīve (s)	[lɔkɔmɔti:ve]
fogueiro (m)	kurinātājs (v)	[kurina:ta:js]
fornalha (f)	kurtuve (s)	[kurtuve]
carvão (m)	ogles (s dsk)	[ɔgles]

171. Barco

| navio (m) | kuģis (v) | [kudʲis] |
| embarcação (f) | kuģis (v) | [kudʲis] |

vapor (m)	tvaikonis (v)	[tvaikɔnis]
navio (m)	motorkuģis (v)	[mɔtɔrkudʲis]
transatlântico (m)	laineris (v)	[laineris]
cruzador (m)	kreiseris (v)	[krɛiseris]

iate (m)	jahta (s)	[jaxta]
rebocador (m)	velkonis (v)	[velkɔnis]
barcaça (f)	barža (s)	[barʒa]
ferry (m)	prāmis (v)	[pra:mis]

| veleiro (m) | burinieks (v) | [buriniɛks] |
| bergantim (m) | brigantīna (s) | [briganti:na] |

| quebra-gelo (m) | ledlauzis (v) | [ledlauzis] |
| submarino (m) | zemūdene (s) | [zɛmu:dɛne] |

bote, barco (m)	laiva (s)	[laiva]
bote, dingue (m)	laiva (s)	[laiva]
bote (m) salva-vidas	glābšanas laiva (s)	[gla:bʃanas laiva]
lancha (f)	kuteris (v)	[kuteris]

capitão (m)	kapteinis (v)	[kaptɛinis]
marinheiro (m)	matrozis (v)	[matrɔzis]
marujo (m)	jūrnieks (v)	[ju:rniɛks]
tripulação (f)	apkalpe (s)	[apkalpe]

contramestre (m)	bocmanis (v)	[bɔtsmanis]
grumete (m)	junga (v)	[juŋga]
cozinheiro (m) de bordo	kuģa pavārs (v)	[kudʲa pava:rs]
médico (m) de bordo	kuģa ārsts (v)	[kudʲa a:rsts]

convés (m)	klājs (v)	[kla:js]
mastro (m)	masts (v)	[masts]
vela (f)	bura (s)	[bura]

porão (m)	tilpne (s)	[tilpne]
proa (f)	priekšgals (v)	[priɛkʃgals]
popa (f)	pakaļgals (v)	[pakalʲgals]
remo (m)	airis (v)	[airis]
hélice (f)	dzenskrūve (s)	[dzenskru:ve]

camarote (m)	kajīte (s)	[kaji:te]
sala (f) dos oficiais	kopkajīte (s)	[kɔpkaji:te]
sala (f) das máquinas	mašīnu nodaļa (s)	[maʃi:nu nɔdalʲa]
ponte (m) de comando	komandtiltiņš (v)	[kɔmandtiltiŋʃ]
sala (f) de comunicações	radio telpa (s)	[radiɔ telpa]
onda (f) de rádio	vilnis (v)	[vilnis]
diário (m) de bordo	kuģa žurnāls (v)	[kudʲa ʒurna:ls]
luneta (f)	tālskatis (v)	[ta:lskatis]
sino (m)	zvans (v)	[zvans]

bandeira (f)	karogs (v)	[karɔgs]
cabo (m)	tauva (s)	[tauva]
nó (m)	mezgls (v)	[mezgls]

| corrimão (m) | rokturis (v) | [rɔkturis] |
| prancha (f) de embarque | traps (v) | [traps] |

âncora (f)	enkurs (v)	[enkurs]
recolher a âncora	pacelt enkuru	[patselt enkuru]
lançar a âncora	izmest enkuru	[izmest enkuru]
amarra (f)	enkurķēde (s)	[enkurtʲɛ:de]

porto (m)	osta (s)	[ɔsta]
cais, amarradouro (m)	piestātne (s)	[piɛsta:tne]
atracar (vi)	pietauvot	[piɛtauvɔt]
desatracar (vi)	atiet no krasta	[atiɛt nɔ krasta]

viagem (f)	ceļojums (v)	[tselʲɔjums]
cruzeiro (m)	kruīzs (v)	[krui:zs]
rumo (m), rota (f)	kurss (v)	[kurs]
itinerário (m)	maršruts (v)	[marʃruts]

canal (m) navegável	kuǵu ceļš (v)	[kudʲu tselʲʃ]
banco (m) de areia	sēklis (v)	[se:klis]
encalhar (vt)	uzsēsties uz sēkļa	[uzse:sties uz se:klʲa]

tempestade (f)	vētra (s)	[ve:tra]
sinal (m)	signāls (v)	[signa:ls]
afundar-se (vr)	grimt	[grimt]
Homem ao mar!	Cilvēks aiz borta!	[tsilve:ks aiz bɔrta!]
SOS	SOS	[sɔs]
boia (f) salva-vidas	glābšanas riņķis (v)	[gla:bʃanas riɲtʲis]

172. Aeroporto

aeroporto (m)	lidosta (s)	[lidɔsta]
avião (m)	lidmašīna (s)	[lidmaʃi:na]
companhia (f) aérea	aviokompānija (s)	[aviɔkɔmpa:nija]
controlador (m)	dispečers (v)	[dispetʃɛrs]
de tráfego aéreo		

partida (f)	izlidojums (v)	[izlidɔjums]
chegada (f)	atlidošana (s)	[atlidɔʃana]
chegar (~ de avião)	atlidot	[atlidɔt]

| hora (f) de partida | izlidojuma laiks (v) | [izlidɔjuma laiks] |
| hora (f) de chegada | atlidošanās laiks (v) | [atlidɔʃana:s laiks] |

estar atrasado	kavēties	[kave:tiɛs]
atraso (m) de voo	izlidojuma	[izlidɔjuma
	aizkavēšanās (s dsk)	aizkave:ʃana:s]

| painel (m) de informação | informācijas tablo (v) | [informa:tsijas tablɔ] |
| informação (f) | informācija (s) | [informa:tsija] |

| anunciar (vt) | paziņot | [paziŋɔt] |
| voo (m) | reiss (v) | [rɛis] |

| alfândega (f) | muita (s) | [muita] |
| funcionário (m) da alfândega | muitas ierēdnis (v) | [muitas iɛre:dnis] |

declaração (f) alfandegária	muitas deklerācija (s)	[muitas deklɛra:tsija]
preencher (vt)	aizpildīt	[aizpildi:t]
preencher a declaração	aizpildīt deklarāciju	[aizpildi:t deklara:tsiju]
controlo (m) de passaportes	pasu kontrole (s)	[pasu kɔntrɔle]

bagagem (f)	bagāža (s)	[baga:ʒa]
bagagem (f) de mão	rokas bagāža (s)	[rɔkas baga:ʒa]
carrinho (m)	bagāžas ratiņi (v dsk)	[baga:ʒas ratiɲi]

aterragem (f)	nolaišanās (s dsk)	[nɔlaiʃana:s]
pista (f) de aterragem	nosēšanās josla (s)	[nɔse:ʃana:s jɔsla]
aterrar (vi)	nosēsties	[nɔse:stiɛs]
escada (f) de avião	traps (v)	[traps]

check-in (m)	reģistrācija (s)	[redʲistra:tsija]
balcão (m) do check-in	reģistrācijas galdiņš (v)	[redʲistra:tsijas galdiɲʃ]
fazer o check-in	piereģistrēties	[piɛredʲistre:tiɛs]
cartão (m) de embarque	iekāpšanas talons (v)	[iɛka:pʃanas talɔns]
porta (f) de embarque	izeja (s)	[izeja]

trânsito (m)	tranzīts (v)	[tranzi:ts]
esperar (vi, vt)	gaidīt	[gaidi:t]
sala (f) de espera	uzgaidāmā telpa (s)	[uzgaida:ma: telpa]
despedir-se de ...	aizvadīt	[aizvadi:t]
despedir-se (vr)	atvadīties	[atvadi:tiɛs]

173. Bicicleta. Motocicleta

bicicleta (f)	divritenis (v)	[divritenis]
scotter, lambreta (f)	motorollers (v)	[mɔtɔrɔllɛrs]
mota (f)	motocikls (v)	[mɔtɔtsikls]

ir de bicicleta	braukt ar divriteni	[braukt ar divriteni]
guiador (m)	stūre (s)	[stu:re]
pedal (m)	pedālis (v)	[pɛda:lis]
travões (m pl)	bremzes (s dsk)	[bremzes]
selim (m)	sēdeklis (v)	[sɛ:deklis]

| bomba (f) de ar | sūknis (v) | [su:knis] |
| porta-bagagens (m) | bagāžnieks (v) | [baga:ʒniɛks] |

| lanterna (f) | lukturis (v) | [lukturis] |
| capacete (m) | ķivere (s) | [tʲivɛre] |

roda (f)	ritenis (v)	[rɪtenis]
guarda-lamas (m)	spārns (v)	[spa:rns]
aro (m)	riteņa stīpa (s)	[ritɛɲa sti:pa]
raio (m)	spieķis (v)	[spiɛtʲis]

155

Carros

174. Tipos de carros

carro, automóvel (m)	**automobilis** (v)	[autɔmɔbilis]
carro (m) desportivo	**sporta automobilis** (v)	[spɔrta autɔmɔbilis]
limusine (f)	**limuzīns** (v)	[limuzi:ns]
todo o terreno (m)	**apvidus automašīna** (s)	[apvidus autɔmaʃi:na]
descapotável (m)	**kabriolets** (v)	[kabriɔlets]
minibus (m)	**mikroautobuss** (v)	[mikrɔautɔbus]
ambulância (f)	**ātrā palīdzība** (s)	[a:tra: pali:dzi:ba]
limpa-neve (m)	**sniega novākšanas mašīna** (s)	[sniɛga nɔva:kʃanas maʃi:na]
camião (m)	**kravas automašīna** (s)	[kravas autɔmaʃi:na]
camião-cisterna (m)	**autocisterna** (s)	[autɔtsisterna]
carrinha (f)	**furgons** (v)	[furgɔns]
camião-trator (m)	**vilcējs** (v)	[viltse:js]
atrelado (m)	**piekabe** (s)	[piɛkabe]
confortável	**komfortabls**	[kɔmfɔrtabls]
usado	**lietots**	[liɛtɔts]

175. Carros. Carroçaria

capô (m)	**pārsegs** (v)	[pa:rsegs]
guarda-lamas (m)	**spārns** (v)	[spa:rns]
tejadilho (m)	**jumts** (v)	[jumts]
para-brisa (m)	**priekšējais stikls** (v)	[priɛkʃe:jais stikls]
espelho (m) retrovisor	**atpakaļskata spogulis** (v)	[atpakalˡskata spɔgulis]
lavador (m)	**mazgātājs** (v)	[mazga:ta:js]
limpa-para-brisas (m)	**stikla tīrītāji** (v dsk)	[stikla ti:ri:ta:ji]
vidro (m) lateral	**sānu stikls** (v)	[sa:nu stikls]
elevador (m) do vidro	**stikla celājs** (v)	[stikla tsɛla:js]
antena (f)	**antena** (s)	[antɛna]
teto solar (m)	**lūka** (s)	[lu:ka]
para-choques (m pl)	**buferis** (v)	[buferis]
bagageira (f)	**bagāžnieks** (v)	[baga:ʒniɛks]
bagageira (f) de tejadilho	**jumta bagāžas plaukts** (v)	[jumta baga:ʒas plaukts]
porta (f)	**durvis** (s dsk)	[durvis]
maçaneta (f)	**rokturis** (v)	[rɔkturis]
fechadura (f)	**slēdzis** (v)	[sle:dzis]
matrícula (f)	**numurs** (v)	[numurs]

silenciador (m)	slāpētājs (v)	[sla:pɛ:ta:js]
tanque (m) de gasolina	benzīna tvertne (s)	[benzi:na tvertne]
tubo (m) de escape	izplūdes caurule (s)	[izplu:des tsaurule]

acelerador (m)	gāze (s)	[ga:ze]
pedal (m)	pedālis (v)	[pɛda:lis]
pedal (m) do acelerador	gāzes pedālis (v)	[ga:zes pɛda:lis]

travão (m)	bremze (s)	[bremze]
pedal (m) do travão	bremžu pedālis (v)	[bremʒu pɛda:lis]
travar (vt)	bremzēt	[bremze:t]
travão (m) de mão	stāvbremze (s)	[sta:vbremze]

embraiagem (f)	sajūgs (v)	[saju:gs]
pedal (m) da embraiagem	sajūga pedālis (v)	[saju:ga pɛda:lis]
disco (m) de embraiagem	sajūga disks (v)	[saju:ga disks]
amortecedor (m)	amortizators (v)	[amɔrtizatɔrs]

roda (f)	ritenis (v)	[ritenis]
pneu (m) sobresselente	rezerves ritenis (v)	[rɛzerves ritenis]
pneu (m)	riepa (s)	[riɛpa]
tampão (m) de roda	kalpaks (v)	[kalpaks]

rodas (f pl) motrizes	vadošie riteni (v dsk)	[vadɔʃiɛ riteni]
de tração dianteira	priekšējās piedziņas	[priɛkʃe:ja:s piɛdziŋas]
de tração traseira	pakaļējās piedziņas	[pakaļe:ja:s piɛdziŋas]
de tração às 4 rodas	pilnpiedziņas	[pilnpiɛdziŋas]

caixa (f) de mudanças	ātruma kārba (s)	[a:truma ka:rba]
automático	automātisks	[autɔma:tisks]
mecânico	mehānisks	[mexa:nisks]
alavanca (f) das mudanças	pārnesumsvira (s)	[pa:rnɛsumsvira]

| farol (m) | lukturis (v) | [lukturis] |
| faróis, luzes | lukturi (v dsk) | [lukturi] |

médios (m pl)	tuvā gaisma (s)	[tuva: gaisma]
máximos (m pl)	tālā gaisma (s)	[ta:la: gaisma]
luzes (f pl) de stop	bremžu gaismas (s dsk)	[bremʒu gaismas]

mínimos (m pl)	gabarītugunis (s dsk)	[gabari:tugunis]
luzes (f pl) de emergência	avārijas ugunis (s dsk)	[ava:rijas ugunis]
faróis (m pl) antinevoeiro	miglas lukturi (v dsk)	[miglas lukturi]
pisca-pisca (m)	pagrieziena lukturis (v)	[pagriɛziɛna lukturis]
luz (f) de marcha atrás	atpakaļgaitas gaismas (s dsk)	[atpakaļgaitas gaismas]

176. Carros. Habitáculo

interior (m) do carro	salons (v)	[salɔns]
de couro, de pele	ādas	[a:das]
de veludo	velūra	[vɛlu:ra]
estofos (m pl)	apdare (s)	[apdare]
indicador (m)	ierīce (s)	[iɛri:tse]
painel (m) de instrumentos	panelis (v)	[panelis]

| velocímetro (m) | spidometrs (v) | [spidɔmetrs] |
| ponteiro (m) | bulta (s) | [bulta] |

conta-quilómetros (m)	skaitītājs (v)	[skaiti:ta:js]
sensor (m)	devējs (v)	[dɛve:js]
nível (m)	līmenis (v)	[li:menis]
luz (f) avisadora	lampiņa (s)	[lampiŋa]

volante (m)	stūres rats (v)	[stu:res rats]
buzina (f)	skaņu signāls (v)	[skaɲu signa:ls]
botão (m)	poga (s)	[pɔga]
interruptor (m)	pārslēdzējs (v)	[pa:rsle:dze:js]

assento (m)	sēdeklis (v)	[sɛ:deklis]
costas (f pl) do assento	atzveltne (s)	[atzveltne]
cabeceira (f)	galvturis (v)	[galvturis]
cinto (m) de segurança	drošības josta (s)	[drɔʃi:bas jɔsta]
apertar o cinto	piesprādzēt jostu	[piɛspra:dze:t jɔstu]
regulação (f)	regulēšana (s)	[rɛgule:ʃana]

| airbag (m) | gaisa spilvens (v) | [gaisa spilvens] |
| ar (m) condicionado | kondicionētājs (v) | [kɔnditsiɔnɛ:ta:js] |

rádio (m)	radio (v)	[radiɔ]
leitor (m) de CD	CD atskaņotājs (v)	[tsd atskaɲota:js]
ligar (vt)	ieslēgt	[iɛsle:gt]
antena (f)	antena (s)	[antɛna]
porta-luvas (m)	cimdu nodalījums (v)	[tsimdu nɔdali:jums]
cinzeiro (m)	pelnu trauks (v)	[pelnu trauks]

177. Carros. Motor

motor (m)	motors (v)	[mɔtɔrs]
diesel	dīzeļ-	[di:zelʲ-]
a gasolina	benzīna	[benzi:na]

cilindrada (f)	dzinēja apjoms (v)	[dzine:ja apjɔms]
potência (f)	jauda (s)	[jauda]
cavalo-vapor (m)	zirgspēks (v)	[zirgspe:ks]
pistão (m)	virzulis (v)	[virzulis]
cilindro (m)	cilindrs (v)	[tsilindrs]
válvula (f)	vārsts (v)	[va:rsts]

injetor (m)	inžektors (v)	[inʒektɔrs]
gerador (m)	ģenerators (v)	[dʲɛnɛratɔrs]
carburador (m)	karburators (v)	[karburatɔrs]
óleo (m) para motor	motoreļļa (s)	[mɔtɔrellʲa]

radiador (m)	radiators (v)	[radiatɔrs]
refrigerante (m)	dzesēšanas šķidrums (v)	[dzɛse:ʃanas ʃlʲidrums]
ventilador (m)	ventilators (v)	[ventilatɔrs]

| bateria (f) | akumulators (v) | [akumulatɔrs] |
| dispositivo (m) de arranque | starteris (v) | [starteris] |

ignição (f)	aizdedze (s)	[aizdedze]
vela (f) de ignição	aizdedzes svece (s)	[aizdedzes svetse]
borne (m)	pieslēgs (v)	[piɛsle:gs]
borne (m) positivo	pluss (v)	[plus]
borne (m) negativo	mīnuss (v)	[mi:nus]
fusível (m)	drošinātājs (v)	[droʃina:ta:js]
filtro (m) de ar	gaisa filtrs (v)	[gaisa filtrs]
filtro (m) de óleo	eļļas filtrs (v)	[ellʲas filtrs]
filtro (m) de combustível	degvielas filtrs (v)	[degviɛlas filtrs]

178. Carros. Batidas. Reparação

acidente (m) de carro	avārija (s)	[ava:rija]
acidente (m) rodoviário	ceļa negadījums (v)	[tsɛlʲa nɛgadi:jums]
ir contra ...	ietriekties	[iɛtriɛktiɛs]
sofrer um acidente	sasisties	[sasistiɛs]
danos (m pl)	bojājums (v)	[boja:jums]
intato	vesels	[vɛsɛls]
avaria (no motor, etc.)	bojājums (v)	[boja:jums]
avariar (vi)	salūzt	[salu:zt]
cabo (m) de reboque	trose (s)	[trɔse]
furo (m)	caurums (v)	[tsaurums]
estar furado	izlaist gaisu	[izlaist gaisu]
encher (vt)	piesūknēt	[piɛsu:kne:t]
pressão (f)	spiediens (v)	[spiɛdiɛns]
verificar (vt)	pārbaudīt	[pa:rbaudi:t]
reparação (f)	remonts (v)	[remɔnts]
oficina (f)	remontdarbnīca (s)	[remɔntdarbni:tsa]
de reparação de carros		
peça (f) sobresselente	rezerves daļa (s)	[rɛzerves dalʲa]
peça (f)	detaļa (s)	[dɛtalʲa]
parafuso (m)	skrūve (s)	[skru:ve]
parafuso (m)	skrūve (s)	[skru:ve]
porca (f)	uzgrieznis (v)	[uzgriɛznis]
anilha (f)	paplāksne (s)	[papla:ksne]
rolamento (m)	gultnis (v)	[gultnis]
tubo (m)	caurulīte (s)	[tsauruli:te]
junta (f)	paplāksne (s)	[papla:ksne]
fio, cabo (m)	vads (v)	[vads]
macaco (m)	domkrats (v)	[dɔmkrats]
chave (f) de boca	uzgriežu atslēga (s)	[uzgriɛʒu atslɛ:ga]
martelo (m)	āmurs (v)	[a:murs]
bomba (f)	sūknis (v)	[su:knis]
chave (f) de fendas	skrūvgriezis (v)	[skru:vgriɛzis]
extintor (m)	ugunsdzēšamais aparāts (v)	[ugunsdze:ʃamais apara:ts]

triângulo (m) de emergência	avārijas trīsstūris (v)	[ava:rijas tri:stu:ris]
parar (vi) (motor)	slāpt	[sla:pt]
paragem (f)	apturēšana (s)	[apture:ʃana]
estar quebrado	būt salauztam	[bu:t salauztam]

superaquecer-se (vr)	pārkarst	[pa:rkarst]
entupir-se (vr)	aizsērēt	[aizsɛ:re:t]
congelar-se (vr)	sasalt	[sasalt]
rebentar (vi)	pārplīst	[pa:rpli:st]

pressão (f)	spiediens (v)	[spiɛdiɛns]
nível (m)	līmenis (v)	[li:menis]
frouxo	vājš	[va:jʃ]

mossa (f)	iespiedums (v)	[iɛspiɛdums]
ruído (m)	klaudzēšana (s)	[klaudze:ʃana]
fissura (f)	plaisa (s)	[plaisa]
arranhão (m)	ieskrambājums (v)	[iɛskramba:jums]

179. Carros. Estrada

estrada (f)	ceļš (v)	[tselʲʃ]
autoestrada (f)	automaģistrāle (s)	[autɔmadʲistra:le]
rodovia (f)	šoseja (s)	[ʃɔseja]
direção (f)	virziens (v)	[virziɛns]
distância (f)	attālums (v)	[atta:lums]

ponte (f)	tilts (v)	[tilts]
parque (m) de estacionamento	auto novietne (s)	[autɔ nɔviɛtne]
praça (f)	laukums (v)	[laukums]
nó (m) rodoviário	autoceļu šķērsojuma mezgls (v)	[autɔtsɛlʲu ʃˈɛ:rsɔjuma mezgls]
túnel (m)	tunelis (v)	[tunelis]

posto (m) de gasolina	degvielas uzpildes stacija (s)	[degviɛlas uzpildes statsija]
parque (m) de estacionamento	autostāvvieta (s)	[autɔsta:vviɛta]
bomba (f) de gasolina	benzīntanks (v)	[benzi:ntanks]
oficina (f) de reparação de carros	remontdarbnīca (s)	[remɔntdarbni:tsa]
abastecer (vt)	uzpildīt	[uzpildi:t]
combustível (m)	degviela (s)	[degviɛla]
bidão (m) de gasolina	kanna (s)	[kanna]

asfalto (m)	asfalts (v)	[asfalts]
marcação (f) de estradas	brauktuves apzīmējumi (v dsk)	[brauktuves apzi:me:jumi]
lancil (m)	apmale (s)	[apmale]
proteção (f) guard-rail	nožogojums (v)	[nɔʒɔgɔjums]
valeta (f)	ceļa grāvis (v)	[tsɛlʲa gra:vis]
berma (f) da estrada	ceļmala (s)	[tselʲmala]
poste (m) de luz	stabs (v)	[stabs]
conduzir, guiar (vt)	vadīt	[vadi:t]
virar (ex. ~ à direita)	pagriezties	[pagriɛztiɛs]

dar retorno	apgriezties	[apgriɛztiɛs]
marcha-atrás (f)	atpakaļgaita (s)	[atpakalʲgaita]

buzinar (vi)	signalizēt	[signalize:t]
buzina (f)	skaņas signāls (v)	[skaɲas signa:ls]
atolar-se (vr)	iestrēgt	[iɛstre:gt]
patinar (na lama)	buksēt	[bukse:t]
desligar (vt)	apturēt	[apture:t]

velocidade (f)	ātrums (v)	[a:trums]
exceder a velocidade	pārsniegt ātrumu	[pa:rsniɛgt a:trumu]
multar (vt)	uzlikt sodu	[uzlikt sɔdu]
semáforo (m)	luksofors (v)	[luksɔfɔrs]
carta (f) de condução	vadītāja apliecība (s)	[vadi:ta:ja apliɛtsi:ba]

passagem (f) de nível	pārbrauktuve (s)	[pa:rbrauktuve]
cruzamento (m)	krustojums (v)	[krustɔjums]
passadeira (f)	gājēju pāreja (s)	[ga:je:ju pa:reja]
curva (f)	pagrieziens (v)	[pagriɛziɛns]
zona (f) pedonal	gājēju zona (s)	[ga:je:ju zɔna]

180. Sinais de trânsito

código (m) da estrada	ceļu satiksmes noteikumi (v dsk)	[tsɛlʲu satiksmes nɔtɛikumi]
sinal (m) de trânsito	ceļa zīme (s)	[tsɛlʲa zi:me]
ultrapassagem (f)	apdzīšana (s)	[apdzi:ʃana]
curva (f)	pagrieziens (v)	[pagriɛziɛns]
inversão (f) de marcha	apgriešanās (s)	[apgriɛʃana:s]
rotunda (f)	Braukt pa loku	[braukt pa lɔku]

sentido proibido	Iebraukt aizliegts	[iɛbraukt aizliɛgts]
trânsito proibido	Braukt aizliegts	[braukt aizliɛgts]
proibição de ultrapassar	Apdzīt aizliegts	[apdzi:t aizliɛgts]
estacionamento proibido	Stāvēt aizliegts	[sta:ve:t aizliɛgts]
paragem proibida	Apstāties aizliegts	[apsta:ties aizliɛgts]

curva (f) perigosa	Bīstams pagrieziens	[bi:stams pagriɛziɛns]
descida (f) perigosa	Stāvs lejupceļš	[sta:vs lejuptselʲʃ]
trânsito de sentido único	Vienvirziena ceļš	[viɛnvirziɛna tselʲʃ]
passadeira (f)	Gājēju pāreja	[ga:je:ju pa:reja]
pavimento (m) escorregadio	Slidens ceļš	[slidens tselʲʃ]
cedência de passagem	Dodiet ceļu	[dɔdiɛt tsɛlʲu]

PESSOAS. EVENTOS

Eventos

181. Férias. Evento

festa (f)	**svētki** (v dsk)	[sve:tki]
festa (f) nacional	**tautas svētki** (v dsk)	[tautas sve:tki]
feriado (m)	**svētku diena** (s)	[sve:tku diɛna]
festejar (vt)	**svinēt**	[svine:t]
evento (festa, etc.)	**notikums** (v)	[nɔtikums]
evento (banquete, etc.)	**pasākums** (v)	[pasa:kums]
banquete (m)	**bankets** (v)	[bankets]
receção (f)	**pieņemšana** (s)	[piɛɲemʃana]
festim (m)	**mielasts** (v)	[miɛlasts]
aniversário (m)	**gadadiena** (s)	[gadadiɛna]
jubileu (m)	**jubileja** (s)	[jubileja]
celebrar (vt)	**atzīmēt**	[atzi:me:t]
Ano (m) Novo	**Jaungads** (v)	[jauŋgads]
Feliz Ano Novo!	**Laimīgu Jauno gadu!**	[laimi:gu jaunɔ gadu!]
Natal (m)	**Ziemassvētki** (v dsk)	[ziɛmasve:tki]
Feliz Natal!	**Priecīgus Ziemassvētkus!**	[priɛtsi:gus ziɛmasve:tkus!]
árvore (f) de Natal	**Ziemassvētku eglīte** (s)	[ziɛmasve:tku egli:te]
fogo (m) de artifício	**salūts** (v)	[salu:ts]
boda (f)	**kāzas** (s dsk)	[ka:zas]
noivo (m)	**līgavainis** (v)	[li:gavainis]
noiva (f)	**līgava** (s)	[li:gava]
convidar (vt)	**ielūgt**	[iɛlu:gt]
convite (m)	**ielūgums** (v)	[iɛlu:gums]
convidado (m)	**viesis** (v)	[viɛsis]
visitar (vt)	**iet ciemos**	[iɛt tsiɛmɔs]
receber os hóspedes	**sagaidīt viesus**	[sagaidi:t viɛsus]
presente (m)	**dāvana** (s)	[da:vana]
oferecer (vt)	**dāvināt**	[da:vina:t]
receber presentes	**saņemt dāvanu**	[saɲemt da:vanu]
ramo (m) de flores	**ziedu pušķis** (v)	[ziɛdu puʃtʲis]
felicitações (f pl)	**apsveikums** (v)	[apsvɛikums]
felicitar (dar os parabéns)	**apsveikt**	[apsvɛikt]
cartão (m) de parabéns	**apsveikuma atklātne** (s)	[apsvɛikuma atkla:tne]
enviar um postal	**nosūtīt atklātni**	[nɔsu:ti:t atkla:tni]

receber um postal	saņemt atklātni	[saɲemt atkla:tni]
brinde (m)	tosts (v)	[tɔsts]
oferecer (vt)	uzcienāt	[uztsiɛna:t]
champanhe (m)	šampanietis (v)	[ʃampaniɛtis]

divertir-se (vr)	līksmot	[li:ksmɔt]
diversão (f)	jautrība (s)	[jautri:ba]
alegria (f)	prieks (v)	[priɛks]

dança (f)	deja (s)	[deja]
dançar (vi)	dejot	[dejɔt]

valsa (f)	valsis (v)	[valsis]
tango (m)	tango (v)	[taŋgɔ]

182. Funerais. Enterro

cemitério (m)	kapsēta (s)	[kapsɛ:ta]
sepultura (f), túmulo (m)	kaps (v)	[kaps]
cruz (f)	krusts (v)	[krusts]
lápide (f)	kapakmens (v)	[kapakmens]
cerca (f)	žogs (v)	[ʒɔgs]
capela (f)	kapela (s)	[kapɛla]

morte (f)	nāve (s)	[na:ve]
morrer (vi)	nomirt	[nɔmirt]
defunto (m)	nelaiķis (v)	[nɛlaitʲis]
luto (m)	sēras (s dsk)	[sɛ:ras]

enterrar, sepultar (vt)	apglabāt	[apglaba:t]
agência (f) funerária	apbedīšanas birojs (v)	[apbedi:ʃanas birɔjs]
funeral (m)	bēres (s dsk)	[bɛ:res]

coroa (f) de flores	vainags (v)	[vainags]
caixão (m)	zārks (v)	[za:rks]
carro (m) funerário	katafalks (v)	[katafalks]
mortalha (f)	līķauts (v)	[li:tʲauts]

procissão (f) funerária	bēru procesija (s)	[bɛ:ru prɔtsesija]
urna (f) funerária	urna (s)	[urna]
crematório (m)	krematorija (s)	[krɛmatɔrija]

obituário (m), necrologia (f)	nekrologs (v)	[nekrɔlɔgs]
chorar (vi)	raudāt	[rauda:t]
soluçar (vi)	skaļi raudāt	[skalʲi rauda:t]

183. Guerra. Soldados

pelotão (m)	vads (v)	[vads]
companhia (f)	rota (s)	[rɔta]
regimento (m)	pulks (v)	[pulks]
exército (m)	armija (s)	[armija]

divisão (f)	divīzija (s)	[divi:zija]
destacamento (m)	vienība (s)	[viɛni:ba]
hoste (f)	karaspēks (v)	[karaspe:ks]

soldado (m)	karavīrs (v)	[karavi:rs]
oficial (m)	virsnieks (v)	[virsniɛks]

soldado (m) raso	ierindnieks (v)	[iɛrindniɛks]
sargento (m)	seržants (v)	[serʒants]
tenente (m)	leitnants (v)	[lɛitnants]
capitão (m)	kapteinis (v)	[kaptɛinis]
major (m)	majors (v)	[majɔrs]
coronel (m)	pulkvedis (v)	[pulkvedis]
general (m)	ģenerālis (v)	[dʲɛnɛra:lis]

marujo (m)	jūrnieks (v)	[ju:rniɛks]
capitão (m)	kapteinis (v)	[kaptɛinis]
contramestre (m)	bocmanis (v)	[bɔtsmanis]
artilheiro (m)	artilērists (v)	[artile:rists]
soldado (m) paraquedista	desantnieks (v)	[dɛsantniɛks]
piloto (m)	lidotājs (v)	[lidɔta:js]
navegador (m)	stūrmanis (v)	[stu:rmanis]
mecânico (m)	mehāniķis (v)	[mexa:nitʲlis]

sapador (m)	sapieris (v)	[sapiɛris]
paraquedista (m)	izpletņa lēcējs (v)	[izpletɲa le:tse:js]
explorador (m)	izlūks (v)	[izlu:ks]
franco-atirador (m)	snaiperis (v)	[snaiperis]

patrulha (f)	patruļa (s)	[patrulʲa]
patrulhar (vt)	patrulēt	[patrule:t]
sentinela (f)	sargs (v)	[sargs]
guerreiro (m)	karavīrs (v)	[karavi:rs]
patriota (m)	patriots (v)	[patriɔts]
herói (m)	varonis (v)	[varɔnis]
heroína (f)	varone (s)	[varɔne]

traidor (m)	nodevējs (v)	[nɔdɛve:js]
trair (vt)	nodot	[nɔdɔt]
desertor (m)	dezertieris (v)	[dɛzertiɛris]
desertar (vt)	dezertēt	[dɛzerte:t]

mercenário (m)	algotnis (v)	[algɔtnis]
recruta (m)	jauniesauktais (v)	[jauniɛsauktais]
voluntário (m)	brīvprātīgais (v)	[bri:vpra:ti:gais]

morto (m)	bojā gājušais (v)	[bɔja: ga:juʃais]
ferido (m)	ievainotais (v)	[iɛvainɔtais]
prisioneiro (m) de guerra	gūsteknis (v)	[gu:steknis]

184. Guerra. Ações militares. Parte 1

guerra (f)	karš (v)	[karʃ]
guerrear (vt)	karot	[karɔt]

guerra (f) civil	pilsoņu karš (v)	[pilsoɲu karʃ]
perfidamente	nodevīgi	[nodevi:gi]
declaração (f) de guerra	kara pieteikšana (s)	[kara piɛtɛikʃana]
declarar (vt) guerra	pieteikt karu	[piɛtɛikt karu]
agressão (f)	agresija (s)	[agresija]
atacar (vt)	uzbrukt	[uzbrukt]

invadir (vt)	iebrukt	[iɛbrukt]
invasor (m)	iebrucējs (v)	[iɛbrutse:js]
conquistador (m)	iekarotājs (v)	[iɛkarota:js]

defesa (f)	aizsardzība (s)	[aizsardzi:ba]
defender (vt)	aizsargāt	[aizsarga:t]
defender-se (vr)	aizsargāties	[aizsarga:tiɛs]

inimigo (m)	ienaidnieks (v)	[iɛnaidniɛks]
adversário (m)	pretinieks (v)	[pretiniɛks]
inimigo	ienaidnieku	[iɛnaidniɛku]

| estratégia (f) | stratēģija (s) | [strate:dⁱija] |
| tática (f) | taktika (s) | [taktika] |

ordem (f)	pavēle (s)	[pavɛ:le]
comando (m)	komanda (s)	[komanda]
ordenar (vt)	pavēlēt	[pavɛ:le:t]
missão (f)	kara uzdevums (v)	[kara uzdɛvums]
secreto	slepens	[slɛpens]

| batalha (f) | kauja (s) | [kauja] |
| combate (m) | cīņa (s) | [tsi:ɲa] |

ataque (m)	uzbrukums (v)	[uzbrukums]
assalto (m)	trieciens (v)	[triɛtsiɛns]
assaltar (vt)	doties triecienā	[doties triɛtsiɛna:]
assédio, sítio (m)	aplenkums (v)	[aplenkums]

| ofensiva (f) | uzbrukums (v) | [uzbrukums] |
| passar à ofensiva | uzbrukt | [uzbrukt] |

| retirada (f) | atkāpšanās (s dsk) | [atka:pʃana:s] |
| retirar-se (vr) | atkāpties | [atka:ptiɛs] |

| cerco (m) | aplenkums (v) | [aplenkums] |
| cercar (vt) | aplenkt | [aplenkt] |

bombardeio (m)	bombardēšana (s)	[bombarde:ʃana]
lançar uma bomba	nomest bumbu	[nomest bumbu]
bombardear (vt)	bombardēt	[bombarde:t]
explosão (f)	sprādziens (v)	[spra:dziɛns]

tiro (m)	šāviens (v)	[ʃa:viɛns]
disparar um tiro	izšaut	[izʃaut]
tiroteio (m)	šaušana (s)	[ʃauʃana]

| apontar para ... | tēmēt uz ... | [tɛ:me:t uz ...] |
| apontar (vt) | tēmēt | [tɛ:me:t] |

acertar (vt)	trāpīt	[tra:pi:t]
afundar (um navio)	nogremdēt	[nɔgremde:t]
brecha (f)	caurums (v)	[tsaurums]
afundar-se (vr)	grimt dibenā	[grimt dibɛna:]

frente (m)	fronte (s)	[frɔnte]
evacuação (f)	evakuācija (s)	[ɛvakua:tsija]
evacuar (vt)	evakuēt	[ɛvakue:t]

trincheira (f)	tranšeja (s)	[tranʃeja]
arame (m) farpado	dzeloņstieple (s)	[dzelɔŋstiɛple]
obstáculo (m) anticarro	nožogojums (v)	[nɔʒɔgɔjums]
torre (f) de vigia	tornis (v)	[tɔrnis]

hospital (m)	slimnīca (s)	[slimni:tsa]
ferir (vt)	ievainot	[iɛvainɔt]
ferida (f)	ievainojums (v)	[iɛvainɔjums]
ferido (m)	ievainotais (v)	[iɛvainɔtais]
ficar ferido	gūt ievainojumu	[gu:t iɛvainɔjumu]
grave (ferida ~)	smags ievainojums	[smags iɛvainɔjums]

185. Guerra. Ações militares. Parte 2

cativeiro (m)	gūsts (v)	[gu:sts]
capturar (vt)	saņemt gūstā	[saŋemt gu:sta:]
estar em cativeiro	būt gūstā	[bu:t gu:sta:]
ser aprisionado	nokļūt gūstā	[nɔkļu:t gu:sta:]

campo (m) de concentração	koncentrācijas nometne (s)	[kɔntsentra:tsijas nɔmetne]
prisioneiro (m) de guerra	gūsteknis (v)	[gu:steknis]
escapar (vi)	izbēgt	[izbe:gt]

trair (vt)	nodot	[nɔdɔt]
traidor (m)	nodevējs (v)	[nɔdɛve:js]
traição (f)	nodevība (s)	[nɔdevi:ba]

| fuzilar, executar (vt) | nošaut | [nɔʃaut] |
| fuzilamento (m) | nošaušana (s) | [nɔʃauʃana] |

equipamento (m)	formas tērps (v)	[fɔrmas te:rps]
platina (f)	uzplecis (v)	[uzpletsis]
máscara (f) antigás	gāzmaska (s)	[ga:zmaska]

rádio (m)	rācija (s)	[ra:tsija]
cifra (f), código (m)	šifrs (v)	[ʃifrs]
conspiração (f)	konspirācija (s)	[kɔnspira:tsija]
senha (f)	parole (s)	[parɔle]

mina (f)	mīna (s)	[mi:na]
minar (vt)	nomīnēt	[nɔmi:ne:t]
campo (m) minado	mīnu lauks (v)	[mi:nu lauks]

| alarme (m) aéreo | gaisa trauksme (s) | [gaisa trauksme] |
| alarme (m) | trauksmes signāls (v) | [trauksmes signa:ls] |

sinal (m)	signāls (v)	[signa:ls]
sinalizador (m)	signālraķete (s)	[signa:lratʲɛte]
estado-maior (m)	štābs (v)	[ʃta:bs]
reconhecimento (m)	izlūkdienests (v)	[izlu:gdiɛnests]
situação (f)	stāvoklis (v)	[sta:vɔklis]
relatório (m)	ziņojums (v)	[ziɲɔjums]
emboscada (f)	slēpnis (v)	[sle:pnis]
reforço (m)	papildspēki (v dsk)	[papildspe:ki]
alvo (m)	mērķis (v)	[me:rtʲis]
campo (m) de tiro	poligons (v)	[pɔligɔns]
manobras (f pl)	manevri (v dsk)	[manevri]
pânico (m)	panika (s)	[panika]
devastação (f)	posti (v dsk)	[pɔsti]
ruínas (f pl)	postījumi (v dsk)	[pɔsti:jumi]
destruir (vt)	postīt	[pɔsti:t]
sobreviver (vi)	izdzīvot	[izdzi:vɔt]
desarmar (vt)	atbruņot	[atbruɲɔt]
manusear (vt)	apiešanās ar ieročiem	[apiɛʃana:s ar iɛrɔtʃiɛm]
Firmes!	Mierā!	[miɛra:!]
Descansar!	Brīvi!	[bri:vi!]
façanha (f)	varoņdarbs (v)	[varɔɲdarbs]
juramento (m)	zvērests (v)	[zvɛ:rests]
jurar (vi)	zvērēt	[zvɛ:re:t]
condecoração (f)	balva (s)	[balva]
condecorar (vt)	apbalvot	[apbalvɔt]
medalha (f)	medaļa (s)	[mɛdalʲa]
ordem (f)	ordenis (v)	[ɔrdenis]
vitória (f)	uzvara (s)	[uzvara]
derrota (f)	sakāve (s)	[saka:ve]
armistício (m)	pamiers (v)	[pamiɛrs]
bandeira (f)	karogs (v)	[karɔgs]
glória (f)	slava (s)	[slava]
desfile (m) militar	parāde (s)	[para:de]
marchar (vi)	maršēt	[marʃe:t]

186. Armas

arma (f)	ieroči (v dsk)	[iɛrɔtʃi]
arma (f) de fogo	šaujamieroči (v dsk)	[ʃaujamiɛrɔtʃi]
arma (f) branca	aukstie ieroči (v dsk)	[aukstiɛ iɛrɔtʃi]
arma (f) química	ķīmiskie ieroči (v dsk)	[tʲi:miskiɛ iɛrɔtʃi]
nuclear	kodolu	[kɔdɔlu]
arma (f) nuclear	kodolieroči (v dsk)	[kɔdɔliɛrɔtʃi]
bomba (f)	bumba (s)	[bumba]

bomba (f) atómica	atombumba (s)	[atɔmbumba]
pistola (f)	pistole (s)	[pistɔle]
caçadeira (f)	šautene (s)	[ʃautɛne]
pistola-metralhadora (f)	automāts (v)	[autɔma:ts]
metralhadora (f)	ložmetējs (v)	[lɔʒmɛte:js]

boca (f)	stops (v)	[stɔps]
cano (m)	stobrs (v)	[stɔbrs]
calibre (m)	kalibrs (v)	[kalibrs]

gatilho (m)	gailis (v)	[gailis]
mira (f)	tēmeklis (v)	[tɛ:meklis]
carregador (m)	magazīna (s)	[magazi:na]
coronha (f)	laide (s)	[laide]

granada (f) de mão	granāta (s)	[grana:ta]
explosivo (m)	sprāgstviela (s)	[spra:gstviɛla]

bala (f)	lode (s)	[lɔde]
cartucho (m)	patrona (s)	[patrɔna]
carga (f)	lādiņš (v)	[la:diɳʃ]
munições (f pl)	munīcija (s)	[muni:tsija]

bombardeiro (m)	bombardētājs (v)	[bɔmbardɛ:ta:js]
avião (m) de caça	iznīcinātājs (v)	[izni:tsina:ta:js]
helicóptero (m)	helikopters (v)	[xelikɔptɛrs]

canhão (m) antiaéreo	zenītlielgabals (v)	[zeni:tliɛlgabals]
tanque (m)	tanks (v)	[tanks]
canhão (de um tanque)	lielgabals (v)	[liɛlgabals]

artilharia (f)	artilērija (s)	[artile:rija]
canhão (m)	lielgabals (v)	[liɛlgabals]
fazer a pontaria	tēmēt	[tɛ:me:t]

obus (m)	šāviņš (v)	[ʃa:viɳʃ]
granada (f) de morteiro	mīna (s)	[mi:na]
morteiro (m)	mīnmetējs (v)	[mi:nmɛte:js]
estilhaço (m)	šķemba (s)	[ʃtʲemba]

submarino (m)	zemūdene (s)	[zɛmu:dɛne]
torpedo (m)	torpēda (s)	[tɔrpɛ:da]
míssil (m)	raķete (s)	[ratʲɛte]

carregar (uma arma)	ielādēt	[iɛla:de:t]
atirar, disparar (vi)	šaut	[ʃaut]
apontar para ...	tēmēt uz ...	[tɛ:me:t uz ...]
baioneta (f)	durklis (v)	[durklis]

espada (f)	zobens (v)	[zɔbens]
sabre (m)	līkais zobens (v)	[li:kais zɔbens]
lança (f)	šķēps (v)	[ʃtʲe:ps]
arco (m)	loks (v)	[lɔks]
flecha (f)	bulta (s)	[bulta]
mosquete (m)	muskete (s)	[muskɛte]
besta (f)	arbalets (v)	[arbalets]

187. Povos da antiguidade

primitivo	**pirmatnējs**	[pirmatne:js]
pré-histórico	**aizvēsturisks**	[aizve:sturisks]
antigo	**sens**	[sens]
Idade (f) da Pedra	**akmens laikmets** (v)	[akmens laikmets]
Idade (f) do Bronze	**bronzas laikmets** (v)	[bronzas laikmets]
período (m) glacial	**ledus periods** (v)	[lɛdus periɔds]
tribo (f)	**cilts** (s)	[tsilts]
canibal (m)	**kanibāls** (v)	[kaniba:ls]
caçador (m)	**mednieks** (v)	[medniɛks]
caçar (vi)	**medīt**	[medi:t]
mamute (m)	**mamuts** (v)	[mamuts]
caverna (f)	**ala** (s)	[ala]
fogo (m)	**uguns** (v)	[uguns]
fogueira (f)	**ugunskurs** (v)	[ugunskurs]
pintura (f) rupestre	**klinšu gleznojums** (v)	[klinʃu gleznɔjums]
ferramenta (f)	**darbarīks** (v)	[darbari:ks]
lança (f)	**šķēps** (v)	[ʃťe:ps]
machado (m) de pedra	**akmens cirvis** (v)	[akmens tsirvis]
guerrear (vt)	**karot**	[karɔt]
domesticar (vt)	**pieradināt dzīvniekus**	[piɛradina:t dzi:vniɛkus]
ídolo (m)	**elks** (v)	[elks]
adorar, venerar (vt)	**pielūgt**	[piɛlu:gt]
superstição (f)	**māņticība** (s)	[ma:ɲtitsi:ba]
ritual (m)	**rituāls** (v)	[ritua:ls]
evolução (f)	**evolūcija** (s)	[ɛvɔlu:tsija]
desenvolvimento (m)	**attīstība** (s)	[atti:sti:ba]
desaparecimento (m)	**izzušana** (s)	[izzuʃana]
adaptar-se (vr)	**pielāgoties**	[piɛla:gɔtiɛs]
arqueologia (f)	**arheoloģija** (s)	[arxeɔlɔdʲija]
arqueólogo (m)	**arheologs** (v)	[arxeɔlɔgs]
arqueológico	**arheoloģisks**	[arxeɔlɔdʲisks]
local (m) das escavações	**izrakumu vieta** (s)	[izrakumu viɛta]
escavações (f pl)	**izrakšanas darbi** (v dsk)	[izrakʃanas darbi]
achado (m)	**atradums** (v)	[atradums]
fragmento (m)	**fragments** (v)	[fragments]

188. Idade média

povo (m)	**tauta** (s)	[tauta]
povos (m pl)	**tautas** (s dsk)	[tautas]
tribo (f)	**cilts** (s)	[tsilts]
tribos (f pl)	**ciltis** (s dsk)	[tsiltis]
bárbaros (m pl)	**barbari** (v dsk)	[barbari]

gauleses (m pl)	galli (v dsk)	[galli]
godos (m pl)	goti (v dsk)	[gɔti]
eslavos (m pl)	slāvi (v dsk)	[sla:vi]
víquingues (m pl)	vikingi (v dsk)	[vikiŋgi]

| romanos (m pl) | romieši (v dsk) | [rɔmiɛʃi] |
| romano | Romas | [rɔmas] |

bizantinos (m pl)	bizantieši (v dsk)	[bizantiɛʃi]
Bizâncio	Bizantija (s)	[bizantija]
bizantino	bizantiešu	[bizantiɛʃu]

imperador (m)	imperators (v)	[impɛratɔrs]
líder (m)	vadonis (v)	[vadɔnis]
poderoso	varens	[varens]
rei (m)	karalis (v)	[karalis]
governante (m)	valdnieks (v)	[valdniɛks]

cavaleiro (m)	bruņinieks (v)	[bruɲiniɛks]
senhor feudal (m)	feodālis (v)	[feɔda:lis]
feudal	feodāļu	[feɔda:ʎu]
vassalo (m)	vasalis (v)	[vasalis]

duque (m)	hercogs (v)	[xertsɔgs]
conde (m)	grāfs (v)	[gra:fs]
barão (m)	barons (v)	[barɔns]
bispo (m)	bīskaps (v)	[bi:skaps]

armadura (f)	bruņas (s dsk)	[bruɲas]
escudo (m)	vairogs (v)	[vairɔgs]
espada (f)	šķēps (v)	[ʃcʲe:ps]
viseira (f)	sejsegs (v)	[sejsegs]
cota (f) de malha	bruņu krekls (v)	[bruɲu krekls]

| cruzada (f) | krusta gājiens (v) | [krusta ga:jiɛns] |
| cruzado (m) | krustnesis (v) | [krustnesis] |

território (m)	teritorija (s)	[teritɔrija]
atacar (vt)	uzbrukt	[uzbrukt]
conquistar (vt)	iekarot	[iɛkarɔt]
ocupar, invadir (vt)	sagrābt	[sagra:bt]

assédio, sítio (m)	aplenkums (v)	[aplenkums]
sitiado	aplenkts	[aplenkts]
assediar, sitiar (vt)	aplenkt	[aplenkt]

inquisição (f)	inkvizīcija (s)	[inkvizi:tsija]
inquisidor (m)	inkvizitors (v)	[inkvizitɔrs]
tortura (f)	spīdzināšana (s)	[spi:dzina:ʃana]
cruel	nežēlīgs	[neʒe:li:gs]
herege (m)	ķecerība (s)	[tʲetseri:ba]
heresia (f)	ķeceris (v)	[tʲetseris]

navegação (f) marítima	jūrniecība (s)	[ju:rniɛtsi:ba]
pirata (m)	pirāts (v)	[pira:ts]
pirataria (f)	pirātisms (v)	[pira:tisms]

abordagem (f)	abordāža (s)	[abɔrda:ʒa]
presa (f), butim (m)	laupījums (v)	[laupi:jums]
tesouros (m pl)	dārgumi (v dsk)	[da:rgumi]

descobrimento (m)	atklāšana (s)	[atkla:ʃana]
descobrir (novas terras)	atklāt	[atkla:t]
expedição (f)	ekspedīcija (s)	[ekspedi:tsija]

mosqueteiro (m)	musketieris (v)	[musketiɛris]
cardeal (m)	kardināls (v)	[kardina:ls]
heráldica (f)	heraldika (s)	[xɛraldika]
heráldico	heraldisks	[xɛraldisks]

189. Líder. Chefe. Autoridades

rei (m)	karalis (v)	[karalis]
rainha (f)	karaliene (s)	[karaliɛne]
real	karalisks	[karalisks]
reino (m)	karaliste (s)	[karaliste]

príncipe (m)	princis (v)	[printsis]
princesa (f)	princese (s)	[printsɛse]

presidente (m)	prezidents (v)	[prezidents]
vice-presidente (m)	viceprezidents (v)	[vitseprezidents]
senador (m)	senators (v)	[sɛnatɔrs]

monarca (m)	monarhs (v)	[mɔnarxs]
governante (m)	valdnieks (v)	[valdniɛks]
ditador (m)	diktators (v)	[diktatɔrs]
tirano (m)	tirāns (v)	[tira:ns]
magnata (m)	magnāts (v)	[magna:ts]

diretor (m)	direktors (v)	[direktɔrs]
chefe (m)	šefs (v)	[ʃefs]
dirigente (m)	pārvaldnieks (v)	[pa:rvaldniɛks]
patrão (m)	boss (v)	[bɔs]
dono (m)	saimnieks (v)	[saimniɛks]

líder, chefe (m)	vadītājs, līderis (v)	[vadi:ta:js], [li:deris]
chefe (~ de delegação)	galva (s)	[galva]
autoridades (f pl)	vara (s)	[vara]
superiores (m pl)	priekšniecība (s)	[priɛkʃniɛtsi:ba]

governador (m)	gubernators (v)	[gubɛrnatɔrs]
cônsul (m)	konsuls (v)	[kɔnsuls]
diplomata (m)	diplomāts (v)	[diplɔma:ts]
Presidente (m) da Câmara	mērs (v)	[mɛ:rs]
xerife (m)	šerifs (v)	[ʃerifs]

imperador (m)	imperators (v)	[impɛratɔrs]
czar (m)	cars (v)	[tsars]
faraó (m)	faraons (v)	[faraɔns]
cã (m)	hans (v)	[xans]

190. Estrada. Caminho. Direções

estrada (f)	ceļš (v)	[tselʲʃ]
caminho (m)	ceļš (v)	[tselʲʃ]
rodovia (f)	šoseja (s)	[ʃɔseja]
autoestrada (f)	automaģistrāle (s)	[automadʲistra:le]
estrada (f) nacional	valsts ceļš (v)	[valsts tselʲʃ]
estrada (f) principal	galvenais ceļš (v)	[galvɛnais tselʲʃ]
caminho (m) de terra batida	lauku ceļš (v)	[lauku tselʲʃ]
trilha (f)	taka (s)	[taka]
vereda (f)	taciņa (s)	[tatsiɲa]
Onde?	Kur?	[kur?]
Para onde?	Uz kurieni?	[uz kuriɛni?]
De onde?	No kurienes?	[nɔ kuriɛnes?]
direção (f)	virziens (v)	[virziɛns]
indicar (orientar)	norādīt	[nɔra:di:t]
para esquerda	pa kreisi	[pa krɛisi]
para direita	pa labi	[pa labi]
em frente	taisni	[taisni]
para trás	atpakaļ	[atpakalʲ]
curva (f)	pagrieziens (v)	[pagriɛziɛns]
virar (ex. ~ à direita)	pagriezties	[pagriɛztiɛs]
dar retorno	apgriezties	[apgriɛztiɛs]
estar visível	būt redzamam	[bu:t redzamam]
aparecer (vi)	parādīties	[para:di:tiɛs]
paragem (pausa)	pietura (s)	[piɛtura]
descansar (vi)	atpūsties	[atpu:stiɛs]
descanso (m)	atpūta (s)	[atpu:ta]
perder-se (vr)	apmaldīties	[apmaldi:tiɛs]
conduzir (caminho)	ved uz ...	[ved uz ...]
chegar a ...	nokļūt līdz ...	[nɔklʲu:t li:dz ...]
trecho (m)	ceļa posms (v)	[tsɛlʲa posms]
asfalto (m)	asfalts (v)	[asfalts]
lancil (m)	apmale (s)	[apmale]
valeta (f)	grāvis (v)	[gra:vis]
tampa (f) de esgoto	lūka (s)	[lu:ka]
berma (f) da estrada	ceļmala (s)	[tselʲmala]
buraco (m)	bedre (s)	[bedre]
ir (a pé)	iet	[iɛt]
ultrapassar (vt)	apdzīt	[apdzi:t]
passo (m)	solis (v)	[sɔlis]
a pé	kājām	[ka:ja:m]

bloquear (vt)	nosprostot ceļu	[nɔsprɔstɔt tsɛļʲu]
cancela (f)	barjera (s)	[barjera]
beco (m) sem saída	strupceļš (v)	[struptseľʲʃ]

191. Viloação da lei. Criminosos. Parte 1

bandido (m)	bandīts (v)	[bandiːts]
crime (m)	noziegums (v)	[nɔziɛgums]
criminoso (m)	noziedznieks (v)	[nɔziɛdzniɛks]
ladrão (m)	zaglis (v)	[zaglis]
roubar (vt)	zagt	[zagt]
furto (m)	zagšana (s)	[zagʃana]
furto (m)	zādzība (s)	[zaːdziːba]
raptar (ex. ~ uma criança)	nolaupīt	[nɔlaupiːt]
rapto (m)	nolaupīšana (s)	[nɔlaupiːʃana]
raptor (m)	laupītājs (v)	[laupiːtaːjs]
resgate (m)	izpirkums (v)	[izpirkums]
pedir resgate	prasīt izpirkumu	[prasiːt izpirkumu]
roubar (vt)	aplaupīt	[aplaupiːt]
assalto, roubo (m)	aplaupīšana (s)	[aplaupiːʃana]
assaltante (m)	laupītājs (v)	[laupiːtaːjs]
extorquir (vt)	izspiest	[izspiɛst]
extorsionário (m)	izspiedējs (v)	[izspiɛdeːjs]
extorsão (f)	izspiešana (s)	[izspiɛʃana]
matar, assassinar (vt)	noslepkavot	[nɔslepkavɔt]
homicídio (m)	slepkavība (s)	[slepkaviːba]
homicida, assassino (m)	slepkava (v)	[slepkava]
tiro (m)	šāviens (v)	[ʃaːviɛns]
dar um tiro	izšaut	[izʃaut]
matar a tiro	nošaut	[nɔʃaut]
atirar, disparar (vi)	šaut	[ʃaut]
tiroteio (m)	šaušana (s)	[ʃauʃana]
incidente (m)	notikums (v)	[nɔtikums]
briga (~ de rua)	kautiņš (v)	[kautiɲʃ]
Socorro!	Palīgā!	[paliːgaː!]
vítima (f)	upuris (v)	[upuris]
danificar (vt)	sabojāt	[sabɔjaːt]
dano (m)	kaitējums (v)	[kaite:jums]
cadáver (m)	līķis (v)	[liːtʲis]
grave	smags noziegums	[smags nɔziɛgums]
atacar (vt)	uzbrukt	[uzbrukt]
bater (espancar)	sist	[sist]
espancar (vt)	piekaut	[piɛkaut]
tirar, roubar (dinheiro)	atņemt	[atɲemt]

173

esfaquear (vt)	nodurt	[nɔdurt]
mutilar (vt)	sakropļot	[sakrɔpļɔt]
ferir (vt)	ievainot	[iɛvainɔt]

chantagem (f)	šantāža (s)	[ʃanta:ʒa]
chantagear (vt)	šantažēt	[ʃantaʒe:t]
chantagista (m)	šantāžists (v)	[ʃanta:ʒists]

extorsão (em troca de proteção)	rekets (v)	[rɛkets]
extorsionário (m)	reketieris (v)	[rɛketiɛris]
gângster (m)	gangsteris (v)	[gaŋgsteris]
máfia (f)	mafija (s)	[mafija]

carteirista (m)	kabatzaglis (v)	[kabatzaglis]
assaltante, ladrão (m)	kramplauzis (v)	[kramplauzis]
contrabando (m)	kontrabanda (s)	[kɔntrabanda]
contrabandista (m)	kontrabandists (v)	[kɔntrabandists]

falsificação (f)	viltojums (v)	[viltɔjums]
falsificar (vt)	viltot	[viltɔt]
falsificado	viltots	[viltɔts]

192. Viloação da lei. Criminosos. Parte 2

violação (f)	izvarošana (s)	[izvarɔʃana]
violar (vt)	izvarot	[izvarɔt]
violador (m)	izvarotājs (v)	[izvarɔta:js]
maníaco (m)	maniaks (v)	[maniaks]

prostituta (f)	prostitūta (s)	[prɔstitu:ta]
prostituição (f)	prostitūcija (s)	[prɔstitu:tsija]
chulo (m)	suteners (v)	[sutɛnɛrs]

| toxicodependente (m) | narkomāns (v) | [narkɔma:ns] |
| traficante (m) | narkotiku tirgotājs (v) | [narkɔtiku tirgɔta:js] |

explodir (vt)	uzspridzināt	[uzspridzina:t]
explosão (f)	sprādziens (v)	[spra:dziɛns]
incendiar (vt)	aizdedzināt	[aizdedzina:t]
incendiário (m)	dedzinātājs (v)	[dedzina:ta:js]

terrorismo (m)	terorisms (v)	[terɔrisms]
terrorista (m)	terorists (v)	[terɔrists]
refém (m)	ķīlnieks (v)	[tʲi:lniɛks]

enganar (vt)	piekrāpt	[piɛkra:pt]
engano (m)	krāpšana (s)	[kra:pʃana]
vigarista (m)	krāpnieks (v)	[kra:pniɛks]

subornar (vt)	piekukuļot	[piɛkukuļɔt]
suborno (atividade)	piekukuļošana (s)	[piɛkukuļɔʃana]
suborno (dinheiro)	kukulis (v)	[kukulis]
veneno (m)	inde (s)	[inde]

| envenenar (vt) | noindēt | [nɔinde:t] |
| envenenar-se (vr) | noindēties | [nɔinde:tiɛs] |

| suicídio (m) | pašnāvība (s) | [paʃna:vi:ba] |
| suicida (m) | pašnāvnieks (v) | [paʃna:vniɛks] |

ameaçar (vt)	draudēt	[draude:t]
ameaça (f)	drauds (v)	[drauds]
atentar contra a vida de ...	mēģinājums	[me:dʲina:jums]
atentado (m)	slepkavības mēģinājums (v)	[slepkavi:bas me:dʲina:jums]

| roubar (o carro) | aizdzīt | [aizdzi:t] |
| desviar (o avião) | aizdzīt | [aizdzi:t] |

| vingança (f) | atriebība (s) | [atriɛbi:ba] |
| vingar (vt) | atriebties | [atriɛbtiɛs] |

torturar (vt)	spīdzināt	[spi:dzina:t]
tortura (f)	spīdzināšana (s)	[spi:dzina:ʃana]
atormentar (vt)	mocīt	[mɔtsi:t]

pirata (m)	pirāts (v)	[pira:ts]
desordeiro (m)	huligāns (v)	[xuliga:ns]
armado	apbruņots	[apbruɲɔts]
violência (f)	varmācība (s)	[varma:tsi:ba]
ilegal	nelikumīgs	[nelikumi:gs]

| espionagem (f) | spiegošana (s) | [spiɛgɔʃana] |
| espionar (vi) | spiegot | [spiɛgɔt] |

193. Polícia. Lei. Parte 1

| justiça (f) | tiesas spriešana (s) | [tiɛsas spriɛʃana] |
| tribunal (m) | tiesa (s) | [tiɛsa] |

juiz (m)	tiesnesis (v)	[tiɛsnesis]
jurados (m pl)	zvērinātie (v dsk)	[zve:rina:tiɛ]
tribunal (m) do júri	zvērināto tiesa (s)	[zve:rina:tɔ tiɛsa]
julgar (vt)	spriest	[spriɛst]

advogado (m)	advokāts (v)	[advɔka:ts]
réu (m)	tiesājamais (v)	[tiɛsa:jamais]
banco (m) dos réus	apsūdzēto sols (v)	[apsu:dze:tɔ sɔls]

| acusação (f) | apsūdzība (s) | [apsu:dzi:ba] |
| acusado (m) | apsūdzētais (v) | [apsu:dzɛ:tais] |

| sentença (f) | spriedums (v) | [spriɛdums] |
| sentenciar (vt) | piespriest | [piɛspriɛst] |

culpado (m)	vaininieks (v)	[vaininiɛks]
punir (vt)	sodīt	[sɔdi:t]
punição (f)	sods (v)	[sɔds]
multa (f)	soda nauda (s)	[sɔda nauda]

prisão (f) perpétua	mūža ieslodzījums (v)	[muːʒa iɛslodziːjums]
pena (f) de morte	nāves sods (v)	[naːves sɔds]
cadeira (f) elétrica	elektriskais krēsls (v)	[ɛlektriskais kreːsls]
forca (f)	karātavas (s dsk)	[karaːtavas]

| executar (vt) | sodīt ar nāvi | [sɔdiːt ar naːvi] |
| execução (f) | nāves soda izpilde (s) | [naːves sɔda izpilde] |

| prisão (f) | cietums (v) | [tsiɛtums] |
| cela (f) de prisão | kamera (s) | [kamɛra] |

escolta (f)	konvojs (v)	[kɔnvɔjs]
guarda (m) prisional	uzraugs (v)	[uzraugs]
preso (m)	ieslodzītais (v)	[iɛslɔdziːtais]

| algemas (f pl) | roku dzelži (v dsk) | [rɔku dzelʒi] |
| algemar (vt) | ieslēgt roku dzelžos | [iɛsleːgt rɔku dzelʒɔs] |

fuga, evasão (f)	izbēgšana no cietuma (s)	[izbeːgʃana nɔ tsiɛtuma]
fugir (vi)	bēgt no cietuma	[beːgt nɔ tsiɛtuma]
desaparecer (vi)	pazust	[pazust]
soltar, libertar (vt)	atbrīvot	[atbriːvɔt]
amnistia (f)	amnestija (s)	[amnestija]

polícia (instituição)	policija (s)	[pɔlitsija]
polícia (m)	policists (v)	[pɔlitsists]
esquadra (f) de polícia	policijas iecirknis (v)	[pɔlitsijas iɛtsirknis]
cassetete (m)	gumijas nūja (s)	[gumijas nuːja]
megafone (m)	rupors (v)	[rupɔrs]

carro (m) de patrulha	patruļa mašīna (s)	[patrulʲa maʃiːna]
sirene (f)	sirēna (s)	[sirɛːna]
ligar a sirene	ieslēgt sirēnu	[iɛsleːgt sirɛːnu]
toque (m) da sirene	sirēnas gaudošana (s)	[sirɛːnas gaudɔʃana]

cena (f) do crime	notikuma vieta (s)	[nɔtikuma viɛta]
testemunha (f)	liecinieks (v)	[liɛtsiniɛks]
liberdade (f)	brīvība (s)	[briːviːba]
cúmplice (m)	līdzzinātājs (v)	[liːdzzinaːtaːjs]
escapar (vi)	paslēpties	[pasleːptiɛs]
traço (não deixar ~s)	pēda (s)	[pɛːda]

194. Polícia. Lei. Parte 2

procura (f)	meklēšana (s)	[mekleːʃana]
procurar (vt)	meklēt ...	[mekleːt ...]
suspeita (f)	aizdomas (s dsk)	[aizdɔmas]
suspeito	aizdomīgs	[aizdɔmiːgs]
parar (vt)	apturēt	[apturɛːt]
deter (vt)	aizturēt	[aizturɛːt]

caso (criminal)	lieta (s)	[liɛta]
investigação (f)	izmeklēšana (s)	[izmekleːʃana]
detetive (m)	detektīvs (v)	[dɛtektiːvs]

investigador (m)	izmeklētājs (v)	[izmeklɛ:ta:js]
versão (f)	versija (s)	[vɛrsija]
motivo (m)	motīvs (v)	[moti:vs]
interrogatório (m)	pratināšana (s)	[pratina:ʃana]
interrogar (vt)	pratināt	[pratina:t]
questionar (vt)	aptaujāt	[aptauja:t]
verificação (f)	pārbaude (s)	[pa:rbaude]
batida (f) policial	tvarstīšana (s)	[tvarsti:ʃana]
busca (f)	kratīšana (s)	[krati:ʃana]
perseguição (f)	pakaļdzīšanās (s)	[pakalʲdzi:ʃana:s]
perseguir (vt)	vajāt	[vaja:t]
seguir (vt)	atsekot	[atsekɔt]
prisão (f)	arests (v)	[arests]
prender (vt)	arestēt	[areste:t]
pegar, capturar (vt)	noķert	[notʲert]
captura (f)	satveršana (s)	[satverʃana]
documento (m)	dokuments (v)	[dɔkuments]
prova (f)	pierādījums (v)	[piɛra:di:jums]
provar (vt)	pierādīt	[piɛra:di:t]
pegada (f)	pēda (s)	[pɛ:da]
impressões (f pl) digitais	pirkstu nospiedumi (v dsk)	[pirkstu nɔspiɛdumi]
prova (f)	pierādījums (v)	[piɛra:di:jums]
álibi (m)	alibi (v)	[alibi]
inocente	nevainīgais	[nɛvainʲi:gais]
injustiça (f)	netaisnība (s)	[nɛtaisni:ba]
injusto	netaisnīgs	[nɛtaisni:gs]
criminal	kriminālais	[krimina:lais]
confiscar (vt)	konfiscēt	[kɔnfistse:t]
droga (f)	narkotiska viela (s)	[narkɔtiska viɛla]
arma (f)	ierocis (v)	[iɛrɔtsis]
desarmar (vt)	atbruņot	[atbruɲot]
ordenar (vt)	pavēlēt	[pavɛ:le:t]
desaparecer (vi)	pazust	[pazust]
lei (f)	likums (v)	[likums]
legal	likumīgs	[likumi:gs]
ilegal	nelikumīgs	[nelikumi:gs]
responsabilidade (f)	atbildība (s)	[atbildi:ba]
responsável	atbildīgais	[atbildi:gais]

NATUREZA

A Terra. Parte 1

195. Espaço sideral

cosmos (m)	kosmoss (v)	[kɔsmɔs]
cósmico	kosmiskais	[kɔsmiskais]
espaço (m) cósmico	kosmiskā telpa (s)	[kɔsmiska: telpa]
mundo (m)	visums (v)	[visums]
universo (m)	pasaule (s)	[pasaule]
galáxia (f)	galaktika (s)	[galaktika]
estrela (f)	zvaigzne (s)	[zvaigzne]
constelação (f)	zvaigznājs (v)	[zvaigzna:js]
planeta (m)	planēta (s)	[planɛ:ta]
satélite (m)	pavadonis (v)	[pavadɔnis]
meteorito (m)	meteorīts (v)	[mɛteɔri:ts]
cometa (m)	komēta (s)	[kɔmɛ:ta]
asteroide (m)	asteroīds (v)	[asterɔi:ds]
órbita (f)	orbīta (s)	[ɔrbi:ta]
girar (vi)	griezties ap	[griɛzties ap]
atmosfera (f)	atmosfēra (s)	[atmɔsfɛ:ra]
Sol (m)	Saule (s)	[saule]
Sistema (m) Solar	Saules sistēma (s)	[saules sistɛ:ma]
eclipse (m) solar	Saules aptumsums (v)	[saules aptumsums]
Terra (f)	Zeme (s)	[zɛme]
Lua (f)	Mēness (v)	[mɛ:nes]
Marte (m)	Marss (v)	[mars]
Vénus (f)	Venēra (s)	[vɛnɛ:ra]
Júpiter (m)	Jupiters (v)	[jupitɛrs]
Saturno (m)	Saturns (v)	[saturns]
Mercúrio (m)	Merkus (v)	[merkus]
Urano (m)	Urāns (v)	[ura:ns]
Neptuno (m)	Neptūns (v)	[neptu:ns]
Plutão (m)	Plutons (v)	[plutɔns]
Via Láctea (f)	Piena ceļš (v)	[piɛna tselʲʃ]
Ursa Maior (f)	Lielais Lācis (v)	[liɛlais la:tsis]
Estrela Polar (f)	Polārzvaigzne (s)	[pola:rzvaigzne]
marciano (m)	marsietis (v)	[marsiɛtis]
extraterrestre (m)	citplanētietis (v)	[tsitplane:tiɛtis]

alienígena (m)	atnācējs (v)	[atna:tse:js]
disco (m) voador	lidojošais šķīvis (v)	[lidojoʃais ʃᵗⁱi:vis]
nave (f) espacial	kosmiskais kuģis (v)	[kɔsmiskais kudⁱis]
estação (f) orbital	orbitālā stacija (s)	[ɔrbita:la: statsija]
lançamento (m)	starts (v)	[starts]
motor (m)	dzinējs (v)	[dzine:js]
bocal (m)	sprausla (s)	[sprausla]
combustível (m)	degviela (s)	[degviɛla]
cabine (f)	kabīne (s)	[kabi:ne]
antena (f)	antena (s)	[antɛna]
vigia (f)	iluminators (v)	[iluminatɔrs]
bateria (f) solar	saules baterija (s)	[saules baterija]
traje (m) espacial	skafandrs (v)	[skafandrs]
imponderabilidade (f)	bezsvara stāvoklis (v)	[bezsvara sta:vɔklis]
oxigénio (m)	skābeklis (v)	[ska:beklis]
acoplagem (f)	savienošanās (s)	[saviɛnoʃana:s]
fazer uma acoplagem	savienoties	[saviɛnotiɛs]
observatório (m)	observatorija (s)	[ɔbservatɔrija]
telescópio (m)	teleskops (v)	[tɛleskɔps]
observar (vt)	novērot	[nɔve:rɔt]
explorar (vt)	pētīt	[pe:ti:t]

196. A Terra

Terra (f)	Zeme (s)	[zɛme]
globo terrestre (Terra)	zemeslode (s)	[zɛmeslɔde]
planeta (m)	planēta (s)	[planɛ:ta]
atmosfera (f)	atmosfēra (s)	[atmɔsfɛ:ra]
geografia (f)	ģeogrāfija (s)	[dⁱeogra:fija]
natureza (f)	daba (s)	[daba]
globo (mapa esférico)	globuss (v)	[glɔbus]
mapa (m)	karte (s)	[karte]
atlas (m)	atlants (v)	[atlants]
Europa (f)	Eiropa (s)	[ɛirɔpa]
Ásia (f)	Āzija (s)	[a:zija]
África (f)	Āfrika (s)	[a:frika]
Austrália (f)	Austrālija (s)	[austra:lija]
América (f)	Amerika (s)	[amerika]
América (f) do Norte	Ziemeļamerika (s)	[ziɛmɛlⁱamerika]
América (f) do Sul	Dienvidamerika (s)	[diɛnvidamerika]
Antártida (f)	Antarktīda (s)	[antarkti:da]
Ártico (m)	Arktika (s)	[arktika]

197. Pontos cardeais

norte (m)	ziemeļi (v dsk)	[ziɛmelʲi]
para norte	uz ziemeļiem	[uz ziɛmelʲiɛm]
no norte	ziemeļos	[ziɛmelʲɔs]
do norte	ziemeļu	[ziɛmɛlʲu]
sul (m)	dienvidi (v dsk)	[diɛnvidi]
para sul	uz dienvidiem	[uz diɛnvidiɛm]
no sul	dienvidos	[diɛnvidɔs]
do sul	dienvidu	[diɛnvidu]
oeste, ocidente (m)	rietumi (v dsk)	[riɛtumi]
para oeste	uz rietumiem	[uz riɛtumiɛm]
no oeste	rietumos	[riɛtumɔs]
ocidental	rietumu	[riɛtumu]
leste, oriente (m)	austrumi (v dsk)	[austrumi]
para leste	uz austrumiem	[uz austrumiɛm]
no leste	austrumos	[austrumɔs]
oriental	austrumu	[austrumu]

198. Mar. Oceano

mar (m)	jūra (s)	[juːra]
oceano (m)	okeāns (v)	[ɔkeaːns]
golfo (m)	jūras līcis (v)	[juːras liːtsis]
estreito (m)	jūras šaurums (v)	[juːras ʃaurums]
terra (f) firme	sauszeme (s)	[sauszɛme]
continente (m)	kontinents (v)	[kontinents]
ilha (f)	sala (s)	[sala]
península (f)	pussala (s)	[pusala]
arquipélago (m)	arhipelāgs (v)	[arxipɛlaːgs]
baía (f)	līcis (v)	[liːtsis]
porto (m)	osta (s)	[ɔsta]
lagoa (f)	laguna (s)	[laguːna]
cabo (m)	zemesrags (v)	[zɛmesrags]
atol (m)	atols (v)	[atɔls]
recife (m)	rifs (v)	[rifs]
coral (m)	korallis (v)	[kɔrallis]
recife (m) de coral	koraļļu rifs (v)	[kɔrallʲu rifs]
profundo	dziļš	[dzilʲʃ]
profundidade (f)	dziļums (v)	[dzilʲums]
abismo (m)	dzelme (s)	[dzelme]
fossa (f) oceânica	ieplaka (s)	[iɛplaka]
corrente (f)	straume (s)	[straume]
banhar (vt)	apskalot	[apskalɔt]
litoral (m)	krasts (v)	[krasts]

costa (f)	piekraste (s)	[piɛkraste]
maré (f) alta	paisums (v)	[paisums]
refluxo (m), maré (f) baixa	bēgums (v)	[bɛːgums]
restinga (f)	sēklis (v)	[seːklis]
fundo (m)	gultne (s)	[gultne]

onda (f)	vilnis (v)	[vilnis]
crista (f) da onda	viļņa mugura (s)	[viļɲa mugura]
espuma (f)	putas (s)	[putas]

tempestade (f)	vētra (s)	[veːtra]
furacão (m)	viesulis (v)	[viɛsulis]
tsunami (m)	cunami (v)	[tsunami]
calmaria (f)	bezvējš (v)	[bezveːjʃ]
calmo	mierīgs	[miɛriːgs]

polo (m)	pols (v)	[pɔls]
polar	polārais	[pɔlaːrais]

latitude (f)	platums (v)	[platums]
longitude (f)	garums (v)	[garums]
paralela (f)	paralēle (s)	[paralɛːle]
equador (m)	ekvators (v)	[ekvatɔrs]

céu (m)	debess (s)	[dɛbes]
horizonte (m)	horizonts (v)	[xɔrizɔnts]
ar (m)	gaiss (v)	[gais]

farol (m)	bāka (s)	[baˑka]
mergulhar (vi)	nirt	[nirt]
afundar-se (vr)	nogrimt	[nɔgrimt]
tesouros (m pl)	dārgumi (v dsk)	[daːrgumi]

199. Nomes de Mares e Oceanos

Oceano (m) Atlântico	Atlantijas okeāns (v)	[atlantijas ɔkeaːns]
Oceano (m) Índico	Indijas okeāns (v)	[indijas ɔkeaːns]
Oceano (m) Pacífico	Klusais okeāns (v)	[klusais ɔkeaːns]
Oceano (m) Ártico	Ziemeļu Ledus okeāns (v)	[ziɛmɛļu lɛdus ɔkeaːns]

Mar (m) Negro	Melnā jūra (s)	[melnaː juːra]
Mar (m) Vermelho	Sarkanā jūra (s)	[sarkana: juːra]
Mar (m) Amarelo	Dzeltenā jūra (s)	[dzeltɛna: juːra]
Mar (m) Branco	Baltā jūra (s)	[balta: juːra]

Mar (m) Cáspio	Kaspijas jūra (s)	[kaspijas juːra]
Mar (m) Morto	Nāves jūra (s)	[naːves juːra]
Mar (m) Mediterrâneo	Vidusjūra (s)	[vidusjuːra]

Mar (m) Egeu	Egejas jūra (s)	[ɛgejas juːra]
Mar (m) Adriático	Adrijas jūra (s)	[adrijas juːra]

Mar (m) Arábico	Arābijas jūra (s)	[araːbijas juːra]
Mar (m) do Japão	Japāņu jūra (s)	[japaːɲu juːra]

| Mar (m) de Bering | Beringa jūra (s) | [beriŋga juːra] |
| Mar (m) da China Meridional | Dienvidķīnas jūra (s) | [diɛnvidtʲiːnas juːra] |

Mar (m) de Coral	Koraļļu jūra (s)	[kɔrallʲu juːra]
Mar (m) de Tasman	Tasmāna jūra (s)	[tasmaːna juːra]
Mar (m) do Caribe	Karību jūra (s)	[kariːbu juːra]

| Mar (m) de Barents | Barenca jūra (s) | [barentsa juːra] |
| Mar (m) de Kara | Karas jūra (s) | [karas juːra] |

Mar (m) do Norte	Ziemeļjūra (s)	[ziɛmelʲjuːra]
Mar (m) Báltico	Baltijas jūra (s)	[baltijas juːra]
Mar (m) da Noruega	Norvēģu jūra (s)	[nɔrvɛːdʲu juːra]

200. Montanhas

montanha (f)	kalns (v)	[kalns]
cordilheira (f)	kalnu virkne (s)	[kalnu virkne]
serra (f)	kalnu grēda (s)	[kalnu grɛːda]

cume (m)	virsotne (s)	[virsɔtne]
pico (m)	smaile (s)	[smaile]
sopé (m)	pakāje (s)	[pakaːje]
declive (m)	nogāze (s)	[nɔgaːze]

vulcão (m)	vulkāns (v)	[vulkaːns]
vulcão (m) ativo	darvojošais vulkāns (v)	[darvɔjɔʃais vulkaːns]
vulcão (m) extinto	nodzisušais vulkāns (v)	[nɔdzisuʃais vulkaːns]

erupção (f)	izvirdums (v)	[izvirdums]
cratera (f)	krāteris (v)	[kraːteris]
magma (m)	magma (s)	[magma]
lava (f)	lava (s)	[lava]
fundido (lava ~a)	karstais	[karstais]

desfiladeiro (m)	kanjons (v)	[kanjɔns]
garganta (f)	aiza (s)	[aiza]
fenda (f)	plaisa (s)	[plaisa]
precipício (m)	bezdibenis (v)	[bezdibenis]

passo, colo (m)	pāreja (s)	[paːreja]
planalto (m)	plato (v)	[platɔ]
falésia (f)	klints (s)	[klints]
colina (f)	pakalns (v)	[pakalns]

glaciar (m)	ledājs (v)	[lɛdaːjs]
queda (f) d'água	ūdenskritums (v)	[uːdenskritums]
géiser (m)	geizers (v)	[gɛizɛrs]
lago (m)	ezers (v)	[ɛzɛrs]

planície (f)	līdzenums (v)	[liːdzenums]
paisagem (f)	ainava (s)	[ainava]
eco (m)	atbalss (s)	[atbals]
alpinista (m)	alpīnists (v)	[alpiːnists]

escalador (m)	klinšu kāpējs (v)	[klinʃu ka:pe:js]
conquistar (vt)	iekarot	[iɛkarɔt]
subida, escalada (f)	uzkāpšana (s)	[uzka:pʃana]

201. Nomes de montanhas

Alpes (m pl)	Alpi (v dsk)	[alpi]
monte Branco (m)	Monblāns (v)	[mɔnbla:ns]
Pirineus (m pl)	Pireneji (v dsk)	[pirɛneji]

Cárpatos (m pl)	Karpati (v dsk)	[karpati]
montes (m pl) Urais	Urālu kalni (v dsk)	[ura:lu kalni]
Cáucaso (m)	Kaukāzs (v)	[kauka:zs]
Elbrus (m)	Elbruss (v)	[elbrus]

Altai (m)	Altaja kalni (v)	[altaja kalni]
Tian Shan (m)	Tjanšana kalni (v)	[tjanʃana kalni]
Pamir (m)	Pamirs (v)	[pamirs]
Himalaias (m pl)	Himalaji (v dsk)	[ximalaji]
monte (m) Everest	Everests (v)	[ɛvɛrests]

| Cordilheira (f) dos Andes | Andu kalni (v dsk) | [andu kalni] |
| Kilimanjaro (m) | Kilimandžaro (v) | [kilimandʒarɔ] |

202. Rios

rio (m)	upe (s)	[upe]
fonte, nascente (f)	ūdens avots (v)	[u:dens avɔts]
leito (m) do rio	gultne (s)	[gultne]
bacia (f)	upes baseins (v)	[upes basɛins]
desaguar no ...	ieplūst ...	[iɛplu:st ...]

| afluente (m) | pieteka (s) | [piɛtɛka] |
| margem (do rio) | krasts (v) | [krasts] |

corrente (f)	straume (s)	[straume]
rio abaixo	plūsmas lejtecē	[plu:smas lejtetse:]
rio acima	plūsmas augštecē	[plu:smas augʃtetse:]

inundação (f)	plūdi (v dsk)	[plu:di]
cheia (f)	pali (v dsk)	[pali]
transbordar (vi)	pārplūst	[pa:rplu:st]
inundar (vt)	appludināt	[appludina:t]

| banco (m) de areia | sēklis (v) | [se:klis] |
| rápidos (m pl) | krāce (s) | [kra:tse] |

barragem (f)	dambis (v)	[dambis]
canal (m)	kanāls (v)	[kana:ls]
reservatório (m) de água	ūdenskrātuve (s)	[u:denskra:tuve]
eclusa (f)	slūžas (s)	[slu:ʒas]
corpo (m) de água	ūdenstilpe (s)	[u:denstilpe]

pântano (m)	purvs (v)	[purvs]
tremedal (m)	staignājs (v)	[staigna:js]
remoinho (m)	virpulis (v)	[virpulis]

arroio, regato (m)	strauts (v)	[strauts]
potável	dzeramais	[dzɛramais]
doce (água)	sājš	[sa:jʃ]

gelo (m)	ledus (v)	[lɛdus]
congelar-se (vr)	aizsalt	[aizsalt]

203. Nomes de rios

rio Sena (m)	Sēna (s)	[sɛ:na]
rio Loire (m)	Luāra (s)	[lua:ra]

rio Tamisa (m)	Temza (s)	[temza]
rio Reno (m)	Reina (s)	[rɛina]
rio Danúbio (m)	Donava (s)	[dɔnava]

rio Volga (m)	Volga (s)	[vɔlga]
rio Don (m)	Dona (s)	[dɔna]
rio Lena (m)	Ļena (s)	[lʲɛna]

rio Amarelo (m)	Huanhe (s)	[xuanxe]
rio Yangtzé (m)	Jandzi (s)	[jandzi]
rio Mekong (m)	Mekonga (s)	[mekɔŋga]
rio Ganges (m)	Ganga (s)	[gaŋga]

rio Nilo (m)	Nīla (s)	[ni:la]
rio Congo (m)	Kongo (s)	[kɔŋgɔ]
rio Cubango (m)	Okavango (s)	[ɔkavaŋgɔ]
rio Zambeze (m)	Zambezi (s)	[zambezi]
rio Limpopo (m)	Limpopo (s)	[limpɔpɔ]
rio Mississípi (m)	Misisipi (s)	[misisipi]

204. Floresta

floresta (f), bosque (m)	mežs (v)	[meʒs]
florestal	meža	[meʒa]

mata (f) cerrada	meža biezoknis (v)	[meʒa biɛzɔknis]
arvoredo (m)	birze (s)	[birze]
clareira (f)	nora (s)	[nɔra]

matagal (m)	krūmājs (v)	[kru:ma:js]
mato (m)	krūmi (v dsk)	[kru:mi]

vereda (f)	taciņa (s)	[tatsiɲa]
ravina (f)	grava (s)	[grava]
árvore (f)	koks (v)	[kɔks]
folha (f)	lapa (s)	[lapa]

folhagem (f)	lapas (s dsk)	[lapas]
queda (f) das folhas	lapkritis (v)	[lapkritis]
cair (vi)	lapas krīt	[lapas kri:t]
topo (m)	virsotne (s)	[virsɔtne]

ramo (m)	zariņš (v)	[zariɲʃ]
galho (m)	zars (v)	[zars]
botão, rebento (m)	pumpurs (v)	[pumpurs]
agulha (f)	skuja (s)	[skuja]
pinha (f)	čiekurs (v)	[tʃiɛkurs]

buraco (m) de árvore	dobums (v)	[dɔbums]
ninho (m)	ligzda (s)	[ligzda]
toca (f)	ala (s)	[ala]

tronco (m)	stumbrs (v)	[stumbrs]
raiz (f)	sakne (s)	[sakne]
casca (f) de árvore	miza (s)	[miza]
musgo (m)	sūna (s)	[su:na]

arrancar pela raiz	atcelmot	[attselmɔt]
cortar (vt)	cirst	[tsirst]
desflorestar (vt)	izcirst	[iztsirst]
toco, cepo (m)	celms (v)	[tselms]

fogueira (f)	ugunskurs (v)	[ugunskurs]
incêndio (m) florestal	ugunsgrēks (v)	[ugunsgre:ks]
apagar (vt)	dzēst	[dze:st]

guarda-florestal (m)	mežinieks (v)	[meʒiniɛks]
proteção (f)	augu aizsargāšana (s)	[augu aizsarga:ʃana]
proteger (a natureza)	dabas aizsardzība	[dabas aizsardzi:ba]
caçador (m) furtivo	malumednieks (v)	[malumedniɛks]
armadilha (f)	lamatas (s dsk)	[lamatas]

colher (cogumelos)	sēņot	[se:ɲɔt]
colher (bagas)	ogot	[ɔgɔt]
perder-se (vr)	apmaldīties	[apmaldi:tiɛs]

205. Recursos naturais

recursos (m pl) naturais	dabas resursi (v dsk)	[dabas rɛsursi]
minerais (m pl)	derīgie izrakteņi (v dsk)	[deri:giɛ izrakteɲi]
depósitos (m pl)	iegulumi (v dsk)	[iɛgulumi]
jazida (f)	atradne (s)	[atradne]

extrair (vt)	iegūt rūdu	[iɛgu:t ru:du]
extração (f)	ieguve (s)	[iɛguve]
minério (m)	rūda (s)	[ru:da]
mina (f)	raktuve (s)	[raktuve]
poço (m) de mina	šahta (s)	[ʃaxta]
mineiro (m)	ogļracis (v)	[oglʲratsis]
gás (m)	gāze (s)	[ga:ze]
gasoduto (m)	gāzes vads (v)	[ga:zes vads]

petróleo (m)	nafta (s)	[nafta]
oleoduto (m)	naftas vads (v)	[naftas vads]
poço (m) de petróleo	naftas tornis (v)	[naftas tɔrnis]
torre (f) petrolífera	urbjtornis (v)	[urbjtɔrnis]
petroleiro (m)	tankkuģis (v)	[tankkudʲis]

areia (f)	smiltis (s dsk)	[smiltis]
calcário (m)	kaļķakmens (v)	[kalʲtʲakmens]
cascalho (m)	grants (s)	[grants]
turfa (f)	kūdra (s)	[ku:dra]
argila (f)	māls (v)	[ma:ls]
carvão (m)	ogles (s dsk)	[ɔgles]

ferro (m)	dzelzs (s)	[dzelzs]
ouro (m)	zelts (v)	[zelts]
prata (f)	sudrabs (v)	[sudrabs]
níquel (m)	niķelis (v)	[nitʲelis]
cobre (m)	varš (v)	[varʃ]

zinco (m)	cinks (v)	[tsinks]
manganês (m)	mangāns (v)	[maŋga:ns]
mercúrio (m)	dzīvsudrabs (v)	[dzi:vsudrabs]
chumbo (m)	svins (v)	[svins]

mineral (m)	minerāls (v)	[minɛra:ls]
cristal (m)	kristāls (v)	[krista:ls]
mármore (m)	marmors (v)	[marmɔrs]
urânio (m)	urāns (v)	[ura:ns]

A Terra. Parte 2

206. Tempo

tempo (m)	laiks (v)	[laiks]
previsão (f) do tempo	laika prognoze (s)	[laika prognoze]
temperatura (f)	temperatūra (s)	[temperatu:ra]
termómetro (m)	termometrs (v)	[termometrs]
barómetro (m)	barometrs (v)	[barometrs]
húmido	mitrs	[mitrs]
humidade (f)	mitrums (v)	[mitrums]
calor (m)	tveice (s)	[tvɛitse]
cálido	karsts	[karsts]
está muito calor	karsts laiks	[karsts laiks]
está calor	silts laiks	[silts laiks]
quente	silts	[silts]
está frio	auksts laiks	[auksts laiks]
frio	auksts	[auksts]
sol (m)	saule (s)	[saule]
brilhar (vi)	spīd saule	[spi:d saule]
de sol, ensolarado	saulains	[saulains]
nascer (vi)	uzlēkt	[uzle:kt]
pôr-se (vr)	rietēt	[riɛte:t]
nuvem (f)	mākonis (v)	[ma:kɔnis]
nublado	mākoņains	[ma:koɲains]
nuvem (f) preta	melns mākonis (v)	[melns ma:kɔnis]
escuro, cinzento	apmācies	[apma:tsiɛs]
chuva (f)	lietus (v)	[liɛtus]
está a chover	līst lietus	[li:st liɛtus]
chuvoso	lietains	[liɛtains]
chuviscar (vi)	smidzina	[smidzina]
chuva (f) torrencial	stiprs lietus (v)	[stiprs liɛtus]
chuvada (f)	lietusgāze (s)	[liɛtusga:ze]
forte (chuva)	stiprs	[stiprs]
poça (f)	peļķe (s)	[pelʲtʲe]
molhar-se (vr)	samirkt	[samirkt]
nevoeiro (m)	migla (s)	[migla]
de nevoeiro	miglains	[miglains]
neve (f)	sniegs (v)	[sniɛgs]
está a nevar	krīt sniegs	[kri:t sniɛgs]

207. Tempo extremo. Catástrofes naturais

trovoada (f)	pērkona negaiss (v)	[pe:rkɔna nɛgais]
relâmpago (m)	zibens (v)	[zibens]
relampejar (vi)	zibēt	[zibe:t]
trovão (m)	pērkons (v)	[pe:rkɔns]
trovejar (vi)	dārdēt	[da:rde:t]
está a trovejar	dārd pērkons	[da:rd pe:rkɔns]
granizo (m)	krusa (s)	[krusa]
está a cair granizo	krīt krusa	[kri:t krusa]
inundar (vt)	appludināt	[appludina:t]
inundação (f)	ūdens plūdi (v dsk)	[u:dens plu:di]
terremoto (m)	zemestrīce (s)	[zɛmestri:tse]
abalo, tremor (m)	trieciens (v)	[triɛtsiɛns]
epicentro (m)	epicentrs (v)	[epitsentrs]
erupção (f)	izvirdums (v)	[izvirdums]
lava (f)	lava (s)	[lava]
turbilhão (m)	virpuļvētra (s)	[virpulʲve:tra]
tornado (m)	tornado (v)	[tɔrnadɔ]
tufão (m)	taifūns (v)	[taifu:ns]
furacão (m)	viesulis (v)	[viɛsulis]
tempestade (f)	vētra (s)	[ve:tra]
tsunami (m)	cunami (v)	[tsunami]
ciclone (m)	ciklons (v)	[tsiklɔns]
mau tempo (m)	slikts laiks (v)	[slikts laiks]
incêndio (m)	ugunsgrēks (v)	[ugunsgre:ks]
catástrofe (f)	katastrofa (s)	[katastrɔfa]
meteorito (m)	meteorīts (v)	[mɛteɔri:ts]
avalanche (f)	lavīna (s)	[lavi:na]
deslizamento (m) de neve	sniega gāze (s)	[sniɛga ga:ze]
nevasca (f)	sniegputenis (v)	[sniɛgputenis]
tempestade (f) de neve	sniega vētra (s)	[sniɛga ve:tra]

208. Ruídos. Sons

silêncio (m)	klusums (v)	[klusums]
som (m)	skaņa (s)	[skaɲa]
ruído, barulho (m)	troksnis (v)	[trɔksnis]
fazer barulho	trokšņot	[trɔkʃɲot]
ruidoso, barulhento	trokšņains	[trɔkʃɲains]
alto (adv)	skaļi	[skalʲi]
alto (adj)	skaļš	[skalʲʃ]
constante (ruído, etc.)	pastāvīgs	[pasta:vi:gs]

grito (m)	kliedziens (v)	[kliɛdziɛns]
gritar (vi)	kliegt	[kliɛgt]
sussurro (m)	čuksts (v)	[tʃuksts]
sussurrar (vt)	čukstēt	[tʃukste:t]

| latido (m) | riešana (s) | [riɛʃana] |
| latir (vi) | riet | [riɛt] |

gemido (m)	vaids (v)	[vaids]
gemer (vi)	vaidēt	[vaide:t]
tosse (f)	klepus (v)	[klɛpus]
tossir (vi)	klepot	[klepɔt]

assobio (m)	svilpošana (s)	[svilpɔʃana]
assobiar (vi)	svilpot	[svilpɔt]
batida (f)	klaudziens (v)	[klaudziɛns]
bater (vi)	klauvēt	[klauve:t]

| estalar (vi) | tarkšķēšana | [tarkʃtʲe:ʃana] |
| estalido (m) | brakšķēšana (s) | [brakʃtʲe:ʃana] |

sirene (f)	sirēna (s)	[sirɛ:na]
apito (m)	taurēšana (s)	[taure:ʃana]
apitar (vi)	taurēt	[taure:t]
buzina (f)	signāls (v)	[signa:ls]
buzinar (vi)	signalizēt	[signalize:t]

209. Inverno

inverno (m)	ziema (s)	[ziɛma]
de inverno	ziemas	[ziɛmas]
no inverno	ziemā	[ziɛma:]

neve (f)	sniegs (v)	[sniɛgs]
está a nevar	krīt sniegs	[kri:t sniɛgs]
queda (f) de neve	snigšana (s)	[snigʃana]
amontoado (m) de neve	kupena (s)	[kupɛna]

floco (m) de neve	sniegpārsla (s)	[sniɛgpa:rsla]
bola (f) de neve	sniedziņš (v)	[sniɛdziɲʃ]
boneco (m) de neve	sniegavīrs (v)	[sniɛgavi:rs]
sincelo (m)	lāsteka (s)	[la:stɛka]

dezembro (m)	decembris (v)	[detsembris]
janeiro (m)	janvāris (v)	[janva:ris]
fevereiro (m)	februāris (v)	[februa:ris]

| gelo (m) | sals (v) | [sals] |
| gelado, glacial | salts | [salts] |

abaixo de zero	zem nulles	[zem nulles]
geada (f)	salna (s)	[salna]
geada (f) branca	sarma (s)	[sarma]
frio (m)	aukstums (v)	[aukstums]

está frio	**auksts laiks**	[auksts laiks]
casaco (m) de peles	**kažoks** (v)	[kaʒɔks]
mitenes (f pl)	**dūraiņi** (v dsk)	[duːraiɲi]
adoecer (vi)	**saslimt**	[saslimt]
constipação (f)	**saaukstēšanās** (s)	[saaukste:ʃana:s]
constipar-se (vr)	**saaukstēties**	[saaukste:tiɛs]
gelo (m)	**ledus** (v)	[lɛdus]
gelo (m) na estrada	**apledojums** (v)	[apledɔjums]
congelar-se (vr)	**aizsalt**	[aizsalt]
bloco (m) de gelo	**ledus gabals** (v)	[lɛdus gabals]
esqui (m)	**slēpes** (s dsk)	[slɛ:pes]
esquiador (m)	**slēpotājs** (v)	[sle:pɔta:js]
esquiar (vi)	**slēpot**	[sle:pɔt]
patinar (vi)	**slidot**	[slidɔt]

Fauna

210. Mamíferos. Predadores

predador (m)	plēsoņa (s)	[ple:sɔɲa]
tigre (m)	tīģeris (v)	[ti:dʲeris]
leão (m)	lauva (s)	[lauva]
lobo (m)	vilks (v)	[vilks]
raposa (f)	lapsa (s)	[lapsa]
jaguar (m)	jaguārs (v)	[jagua:rs]
leopardo (m)	leopards (v)	[leɔpards]
chita (f)	gepards (v)	[gɛpards]
pantera (f)	pantera (s)	[pantɛra]
puma (m)	puma (s)	[puma]
leopardo-das-neves (m)	sniega leopards (v)	[sniɛga leɔpards]
lince (m)	lūsis (v)	[lu:sis]
coiote (m)	koijots (v)	[kɔijɔts]
chacal (m)	šakālis (v)	[ʃaka:lis]
hiena (f)	hiēna (s)	[xiɛ:na]

211. Animais selvagens

animal (m)	dzīvnieks (v)	[dzi:vniɛks]
besta (f)	zvērs (v)	[zvɛ:rs]
esquilo (m)	vāvere (s)	[va:vɛre]
ouriço (m)	ezis (v)	[ɛzis]
lebre (f)	zaķis (v)	[zatʲis]
coelho (m)	trusis (v)	[trusis]
texugo (m)	āpsis (v)	[a:psis]
guaxinim (m)	jenots (v)	[jenɔts]
hamster (m)	kāmis (v)	[ka:mis]
marmota (f)	murkšķis (v)	[murkʃtʲis]
toupeira (f)	kurmis (v)	[kurmis]
rato (m)	pele (s)	[pɛle]
ratazana (f)	žurka (s)	[ʒurka]
morcego (m)	sikspārnis (v)	[sikspa:rnis]
arminho (m)	sermulis (v)	[sermulis]
zibelina (f)	sabulis (v)	[sabulis]
marta (f)	cauna (s)	[tsauna]
doninha (f)	zebiekste (s)	[zebiɛkste]
vison (m)	ūdele (s)	[u:dɛle]

castor (m)	bebrs (v)	[bebrs]
lontra (f)	ūdrs (v)	[u:drs]
cavalo (m)	zirgs (v)	[zirgs]
alce (m)	alnis (v)	[alnis]
veado (m)	briedis (v)	[briεdis]
camelo (m)	kamielis (v)	[kamiεlis]
bisão (m)	bizons (v)	[bizɔns]
auroque (m)	sumbrs (v)	[sumbrs]
búfalo (m)	bifelis (v)	[bifelis]
zebra (f)	zebra (s)	[zebra]
antílope (m)	antilope (s)	[antilɔpe]
corça (f)	stirna (s)	[stirna]
gamo (m)	dambriedis (v)	[dambriεdis]
camurça (f)	kalnu kaza (s)	[kalnu kaza]
javali (m)	mežacūka (s)	[meʒatsu:ka]
baleia (f)	valis (v)	[valis]
foca (f)	ronis (v)	[rɔnis]
morsa (f)	valzirgs (v)	[valzirgs]
urso-marinho (m)	kotiks (v)	[kɔtiks]
golfinho (m)	delfīns (v)	[delfi:ns]
urso (m)	lācis (v)	[la:tsis]
urso (m) branco	baltais lācis (v)	[baltais la:tsis]
panda (m)	panda (s)	[panda]
macaco (em geral)	pērtiķis (v)	[pe:rtitʲis]
chimpanzé (m)	šimpanze (s)	[ʃimpanze]
orangotango (m)	orangutāns (v)	[ɔranguta:ns]
gorila (m)	gorilla (s)	[gorilla]
macaco (m)	makaks (v)	[makaks]
gibão (m)	gibons (v)	[gibɔns]
elefante (m)	zilonis (v)	[zilɔnis]
rinoceronte (m)	degunradzis (v)	[degunradzis]
girafa (f)	žirafe (s)	[ʒirafe]
hipopótamo (m)	nīlzirgs (v)	[ni:lzirgs]
canguru (m)	ķengurs (v)	[tʲengurs]
coala (m)	koala (s)	[kɔala]
mangusto (m)	mangusts (v)	[maŋgusts]
chinchila (m)	šinšilla (s)	[ʃinʃilla]
doninha-fedorenta (f)	skunkss (v)	[skunks]
porco-espinho (m)	dzeloņcūka (s)	[dzelɔɲtsu:ka]

212. Animais domésticos

gata (f)	kaķis (v)	[katʲis]
gato (m) macho	runcis (v)	[runtsis]
cão (m)	suns (v)	[suns]

cavalo (m)	**zirgs** (v)	[zirgs]
garanhão (m)	**ērzelis** (v)	[e:rzelis]
égua (f)	**ķēve** (s)	[tʲɛ:ve]
vaca (f)	**govs** (s)	[gɔvs]
touro (m)	**bullis** (v)	[bullis]
boi (m)	**vērsis** (v)	[vɛ:rsis]
ovelha (f)	**aita** (s)	[aita]
carneiro (m)	**auns** (v)	[auns]
cabra (f)	**kaza** (s)	[kaza]
bode (m)	**āzis** (v)	[a:zis]
burro (m)	**ēzelis** (v)	[ɛ:zelis]
mula (f)	**mūlis** (v)	[mu:lis]
porco (m)	**cūka** (s)	[tsu:ka]
leitão (m)	**sivēns** (v)	[sive:ns]
coelho (m)	**trusis** (v)	[trusis]
galinha (f)	**vista** (s)	[vista]
galo (m)	**gailis** (v)	[gailis]
pata (f)	**pīle** (s)	[pi:le]
pato (macho)	**pīļtēviņš** (v)	[pi:lʲte:viɲʃ]
ganso (m)	**zoss** (s)	[zɔs]
peru (m)	**tītars** (v)	[ti:tars]
perua (f)	**tītaru mātīte** (s)	[ti:taru ma:ti:te]
animais (m pl) domésticos	**mājdzīvnieki** (v dsk)	[ma:jdzi:vniɛki]
domesticado	**pieradināts**	[piɛradina:ts]
domesticar (vt)	**pieradināt**	[piɛradina:t]
criar (vt)	**audzēt**	[audze:t]
quinta (f)	**saimniecība** (s)	[saimniɛtsi:ba]
aves (f pl) domésticas	**mājputni** (v dsk)	[ma:jputni]
gado (m)	**liellopi** (v dsk)	[liɛllopi]
rebanho (m), manada (f)	**ganāmpulks** (v)	[gana:mpulks]
estábulo (m)	**zirgu stallis** (v)	[zirgu stallis]
pocilga (f)	**cūkkūts** (s)	[tsu:kku:ts]
estábulo (m)	**kūts** (s)	[ku:ts]
coelheira (f)	**trušu būda** (s)	[truʃu bu:da]
galinheiro (m)	**vistu kūts** (s)	[vistu ku:ts]

213. Cães. Raças de cães

cão (m)	**suns** (v)	[suns]
cão pastor (m)	**aitu suns** (v)	[aitu suns]
pastor-alemão (m)	**vācu aitu suns** (v)	[va:tsu aitu suns]
caniche (m)	**pūdelis** (v)	[pu:delis]
teckel (m)	**taksis** (v)	[taksis]
buldogue (m)	**buldogs** (v)	[buldɔgs]

boxer (m)	bokseris (v)	[bokseris]
mastim (m)	mastifs (v)	[mastifs]
rottweiler (m)	rotveilers (v)	[rotvɛilɛrs]
dobermann (m)	dobermanis (v)	[dɔbermanis]

basset (m)	basets (v)	[basets]
pastor inglês (m)	bobteils (v)	[bobtɛils]
dálmata (m)	dalmācietis (v)	[dalma:tsiɛtis]
cocker spaniel (m)	kokerspaniels (v)	[kɔkɛrspaniɛls]

| terra-nova (m) | ņūfaundlends (v) | [ɲu:faundlends] |
| são-bernardo (m) | sanbernārs (v) | [sanberna:rs] |

husky (m)	haskijs (v)	[xaskijs]
Chow-chow (m)	čau-čau (v)	[tʃau-tʃau]
spitz alemão (m)	špics (v)	[ʃpits]
carlindogue (m)	mopsis (v)	[mɔpsis]

214. Sons produzidos pelos animais

latido (m)	riešana (s)	[riɛʃana]
latir (vi)	riet	[riɛt]
miar (vi)	ņaudēšana	[ɲaude:ʃana]
ronronar (vi)	ņaudēt	[ɲaude:t]

mugir (vaca)	maurot	[maurɔt]
bramir (touro)	aurot	[aurɔt]
rosnar (vi)	rūkt	[ru:kt]

uivo (m)	kauciens (v)	[kautsiɛns]
uivar (vi)	kaukt	[kaukt]
ganir (vi)	smilkstēt	[smilkste:t]

balir (vi)	mēt	[me:t]
grunhir (porco)	rukšķēt	[rukʃt'e:t]
guinchar (vi)	kviekt	[kviɛkt]

coaxar (sapo)	kurkstēt	[kurkste:t]
zumbir (inseto)	dūkt	[du:kt]
estridular, ziziar (vi)	sisināt	[sisina:t]

215. Animais jovens

cria (f), filhote (m)	mazulis (v)	[mazulis]
gatinho (m)	kaķēns (v)	[kat'e:ns]
ratinho (m)	pelēns (v)	[pɛle:ns]
cãozinho (m)	kucēns (v)	[kutse:ns]

filhote (m) de lebre	zaķēns (v)	[zat'e:ns]
coelhinho (m)	trusēns (v)	[truse:ns]
lobinho (m)	vilcēns (v)	[viltse:ns]
raposinho (m)	lapsēns (v)	[lapse:ns]

ursinho (m)	lācēns (v)	[la:tse:ns]
leãozinho (m)	lauvēns (v)	[lauve:ns]
filhote (m) de tigre	tīģerēns (v)	[ti:dʲɛre:ns]
filhote (m) de elefante	zilonēns (v)	[zilɔne:ns]

leitão (m)	sivēns (v)	[sive:ns]
bezerro (m)	teļš (v)	[telʲʃ]
cabrito (m)	kazlēns (v)	[kazle:ns]
cordeiro (m)	jērs (v)	[je:rs]
cria (f) de veado	stirnēns (v)	[stirne:ns]
cria (f) de camelo	kamielēns (v)	[kamiɛle:ns]

filhote (m) de serpente	čūskulēns (v)	[tʃu:skule:ns]
cria (f) de rã	vardulēns (v)	[vardule:ns]

cria (f) de ave	putnēns (v)	[putne:ns]
pinto (m)	cālis (v)	[tsa:lis]
patinho (m)	pīlēns (v)	[pi:le:ns]

216. Pássaros

pássaro (m), ave (f)	putns (v)	[putns]
pombo (m)	balodis (v)	[balɔdis]
pardal (m)	zvirbulis (v)	[zvirbulis]
chapim-real (m)	zīlīte (s)	[zi:li:te]
pega-rabuda (f)	žagata (s)	[ʒagata]

corvo (m)	krauklis (v)	[krauklis]
gralha (f) cinzenta	vārna (s)	[va:rna]
gralha-de-nuca-cinzenta (f)	kovārnis (v)	[kɔva:rnis]
gralha-calva (f)	krauķis (v)	[krautʲis]

pato (m)	pīle (s)	[pi:le]
ganso (m)	zoss (s)	[zɔs]
faisão (m)	fazāns (v)	[faza:ns]

águia (f)	ērglis (v)	[e:rglis]
açor (m)	vanags (v)	[vanags]
falcão (m)	piekūns (v)	[piɛku:ns]
abutre (m)	grifs (v)	[grifs]
condor (m)	kondors (v)	[kɔndɔrs]

cisne (m)	gulbis (v)	[gulbis]
grou (m)	dzērve (s)	[dze:rve]
cegonha (f)	stārķis (v)	[sta:rtʲis]

papagaio (m)	papagailis (v)	[papagailis]
beija-flor (m)	kolibri (v)	[kɔlibri]
pavão (m)	pāvs (v)	[pa:vs]

avestruz (m)	strauss (v)	[straus]
garça (f)	gārnis (v)	[ga:rnis]
flamingo (m)	flamings (v)	[flamiŋgs]
pelicano (m)	pelikāns (v)	[pelika:ns]

| rouxinol (m) | lakstīgala (s) | [laksti:gala] |
| andorinha (f) | bezdelīga (s) | [bezdeli:ga] |

tordo-zornal (m)	strazds (v)	[strazds]
tordo-músico (m)	dziedātājstrazds (v)	[dziɛda:ta:jstrazds]
melro-preto (m)	melnais strazds (v)	[melnais strazds]

andorinhão (m)	svīre (s)	[svi:re]
cotovia (f)	cīrulis (v)	[tsi:rulis]
codorna (f)	paipala (s)	[paipala]

pica-pau (m)	dzenis (v)	[dzenis]
cuco (m)	dzeguze (s)	[dzɛguze]
coruja (f)	pūce (s)	[pu:tse]
corujão, bufo (m)	ūpis (v)	[u:pis]
tetraz-grande (m)	mednis (v)	[mednis]
tetraz-lira (m)	rubenis (v)	[rubenis]
perdiz-cinzenta (f)	irbe (s)	[irbe]

estorninho (m)	mājas strazds (v)	[ma:jas strazds]
canário (m)	kanārijputniņš (v)	[kana:rijputniɳʃ]
galinha-do-mato (f)	meža irbe (s)	[meʒa irbe]
tentilhão (m)	žubīte (s)	[ʒubi:te]
dom-fafe (m)	svilpis (v)	[svilpis]

gaivota (f)	kaija (s)	[kaija]
albatroz (m)	albatross (v)	[albatrɔs]
pinguim (m)	pingvīns (v)	[piɳgvi:ns]

217. Pássaros. Canto e sons

cantar (vi)	dziedāt	[dziɛda:t]
gritar (vi)	klaigāt	[klaiga:t]
cantar (o galo)	dziedāt	[dziɛda:t]
cocorocó (m)	kikerigī	[kikerigi:]

cacarejar (vi)	kladzināt	[kladzina:t]
crocitar (vi)	ķērkt	[tʲe:rkt]
grasnar (vi)	pēkšķēt	[pe:kʃtʲe:t]
piar (vi)	čiepstēt	[tʃiɛpste:t]
chilrear, gorjear (vi)	čivināt	[tʃʲivina:t]

218. Peixes. Animais marinhos

brema (f)	plaudis (v)	[plaudis]
carpa (f)	karpa (s)	[karpa]
perca (f)	asaris (v)	[asaris]
siluro (m)	sams (v)	[sams]
lúcio (m)	līdaka (s)	[li:daka]

| salmão (m) | lasis (v) | [lasis] |
| esturjão (m) | store (s) | [stɔre] |

arenque (m)	siļķe (s)	[silʲtʲe]
salmão (m)	lasis (v)	[lasis]
cavala, sarda (f)	skumbrija (s)	[skumbrija]
solha (f)	bute (s)	[bute]

lúcio perca (m)	zandarts (v)	[zandarts]
bacalhau (m)	menca (s)	[mentsa]
atum (m)	tuncis (v)	[tuntsis]
truta (f)	forele (s)	[forɛle]

enguia (f)	zutis (v)	[zutis]
raia elétrica (f)	elektriskā raja (s)	[ɛlektriska: raja]
moreia (f)	murēna (s)	[murɛ:na]
piranha (f)	piraija (s)	[piraija]

tubarão (m)	haizivs (s)	[xaizivs]
golfinho (m)	delfīns (v)	[delfi:ns]
baleia (f)	valis (v)	[valis]

caranguejo (m)	krabis (v)	[krabis]
medusa, alforreca (f)	medūza (s)	[mɛdu:za]
polvo (m)	astoņkājis (v)	[astoŋka:jis]

estrela-do-mar (f)	jūras zvaigzne (s)	[ju:ras zvaigzne]
ouriço-do-mar (m)	jūras ezis (v)	[ju:ras ezis]
cavalo-marinho (m)	jūras zirdziņš (v)	[ju:ras zirdziŋʃ]

ostra (f)	austere (s)	[austɛre]
oamorão (m)	garnele (s)	[ɡarnɛle]
lavagante (m)	omārs (v)	[ɔma:rs]
lagosta (f)	langusts (v)	[laŋgusts]

219. Amfíbios. Répteis

| serpente, cobra (f) | čūska (s) | [tʃu:ska] |
| venenoso | indīga | [indi:ga] |

víbora (f)	odze (s)	[ɔdze]
cobra-capelo, naja (f)	kobra (s)	[kɔbra]
pitão (m)	pitons (v)	[pitɔns]
jiboia (f)	žņaudzējčūska (s)	[ʒɲaudze:jtʃu:ska]

cobra-de-água (f)	zalktis (v)	[zalktis]
cascavel (f)	klaburčūska (s)	[klaburtʃu:ska]
anaconda (f)	anakonda (s)	[anakɔnda]

lagarto (m)	ķirzaka (s)	[tʲirzaka]
iguana (f)	iguāna (s)	[igua:na]
varano (m)	varāns (v)	[vara:ns]
salamandra (f)	salamandra (s)	[salamandra]
camaleão (m)	hameleons (v)	[xamɛleɔns]
escorpião (m)	skorpions (v)	[skɔrpiɔns]
tartaruga (f)	bruņurupucis (v)	[bruɲuruputsis]
rã (f)	varde (s)	[varde]

sapo (m)	krupis (v)	[krupis]
crocodilo (m)	krokodils (v)	[krɔkɔdils]

220. Insetos

inseto (m)	kukainis (v)	[kukainis]
borboleta (f)	taurenis (v)	[taurenis]
formiga (f)	skudra (s)	[skudra]
mosca (f)	muša (s)	[muʃa]
mosquito (m)	ods (v)	[ɔds]
escaravelho (m)	vabole (s)	[vabɔle]

vespa (f)	lapsene (s)	[lapsɛne]
abelha (f)	bite (s)	[bite]
mamangava (f)	kamene (s)	[kamɛne]
moscardo (m)	dundurs (v)	[dundurs]

aranha (f)	zirneklis (v)	[zirneklis]
teia (f) de aranha	zirnekļtīkls (v)	[zirneklʲtiːkls]

libélula (f)	spāre (s)	[spaːre]
gafanhoto-do-campo (m)	sienāzis (v)	[siɛnaːzis]
traça (f)	tauriņš (v)	[tauriɲʃ]

barata (f)	prusaks (v)	[prusaks]
carraça (f)	ērce (s)	[eːrtse]
pulga (f)	blusa (s)	[blusa]
borrachudo (m)	knislis (v)	[knislis]

gafanhoto (m)	sisenis (v)	[sisenis]
caracol (m)	gliemezis (v)	[gliɛmezis]
grilo (m)	circenis (v)	[tsirtsenis]
pirilampo (m)	jāņtārpiņš (v)	[jaːɲtaːrpiɲʃ]
joaninha (f)	mārīte (s)	[maːriːte]
besouro (m)	maijvabole (s)	[maijvabɔle]

sanguessuga (f)	dēle (s)	[dɛːle]
lagarta (f)	kāpurs (v)	[kaːpurs]
minhoca (f)	tārps (v)	[taːrps]
larva (f)	kāpurs (v)	[kaːpurs]

221. Animais. Partes do corpo

bico (m)	knābis (v)	[knaːbis]
asas (f pl)	spārni (v dsk)	[spaːrni]
pata (f)	putna kāja (s)	[putna kaːja]
plumagem (f)	apspalvojums (v)	[apspalvɔjums]
pena, pluma (f)	putna spalva (s)	[putna spalva]
crista (f)	cekuliņš (v)	[tsɛkuliɲʃ]

brânquias, guelras (f pl)	žaunas (s dsk)	[ʒaunas]
ovas (f pl)	ikri (v dsk)	[ikri]

larva (f)	kāpurs (v)	[ka:purs]
barbatana (f)	spura (s)	[spura]
escama (f)	zvīņas (s dsk)	[zvi:ɲas]

canino (m)	ilknis (v)	[ilknis]
pata (f)	ķepa (s)	[tʲɛpa]
focinho (m)	purns (v)	[purns]
boca (f)	rīkle (s)	[ri:kle]
cauda (f), rabo (m)	aste (s)	[aste]
bigodes (m pl)	ūsas (s dsk)	[u:sas]

| casco (m) | nags (v) | [nags] |
| corno (m) | rags (v) | [rags] |

carapaça (f)	bruņas (s dsk)	[bruɲas]
concha (f)	gliemežvāks (v)	[gliɛmeʒva:ks]
casca (f) de ovo	čaula (s)	[tʃaula]

| pelo (m) | vilna (s) | [vilna] |
| pele (f), couro (m) | āda (s) | [a:da] |

222. Ações dos animais

| voar (vi) | lidot | [lidɔt] |
| dar voltas | mest līkumus | [mest li:kumus] |

| voar (para longe) | aizlidot | [aizlidɔt] |
| bater as asas | vēcināt spārnus | [ve:tsina:t spa:rnus] |

| bicar (vi) | knābāt | [kna:ba:t] |
| incubar (vt) | perēt | [pɛre:t] |

| sair do ovo | izšķilties | [izʃtʲiltiɛs] |
| fazer o ninho | vīt ligzdu | [vi:t ligzdu] |

rastejar (vi)	rāpot	[ra:pɔt]
picar (vt)	iedzelt	[iɛdzelt]
morder (vt)	kosties	[kɔstiɛs]

cheirar (vt)	ostīt	[ɔsti:t]
latir (vi)	riet	[riɛt]
silvar (vi)	šņākt	[ʃɲa:kt]

| assustar (vt) | biedēt | [biɛde:t] |
| atacar (vt) | uzbrukt | [uzbrukt] |

roer (vt)	grauzt	[grauzt]
arranhar (vt)	skrāpēt	[skra:pe:t]
esconder-se (vi)	slēpties	[sle:ptiɛs]

brincar (vi)	spēlēt	[spɛ:le:t]
caçar (vi)	medīt	[medi:t]
hibernar (vi)	gulēt	[gule:t]
extinguir-se (vr)	izmirt	[izmirt]

223. Animais. Habitats

hábitat	dabiskā vide (s)	[dabiska: vide]
migração (f)	migrācija (s)	[migra:tsija]
montanha (f)	kalns (v)	[kalns]
recife (m)	rifs (v)	[rifs]
falésia (f)	klints (s)	[klints]
floresta (f)	mežs (v)	[meʒs]
selva (f)	džungļi (v dsk)	[dʒuŋglʲi]
savana (f)	savanna (s)	[savanna]
tundra (f)	tundra (s)	[tundra]
estepe (f)	stepe (s)	[stɛpe]
deserto (m)	tuksnesis (v)	[tuksnesis]
oásis (m)	oāze (s)	[ɔa:ze]
mar (m)	jūra (s)	[ju:ra]
lago (m)	ezers (v)	[ɛzɛrs]
oceano (m)	okeāns (v)	[ɔkea:ns]
pântano (m)	purvs (v)	[purvs]
de água doce	saldūdens	[saldu:dens]
lagoa (f)	dīķis (v)	[di:tʲis]
rio (m)	upe (s)	[upe]
toca (f) do urso	midzenis (v)	[midzenis]
ninho (m)	ligzda (s)	[ligzda]
buraco (m) de árvore	dobums (v)	[dɔbums]
toca (f)	ala (s)	[ala]
formigueiro (m)	skudru pūznis (v)	[skudru pu:znis]

224. Cuidados com os animais

jardim (m) zoológico	zoodārzs (v)	[zɔɔda:rzs]
reserva (f) natural	rezervāts (v)	[rɛzerva:ts]
viveiro (m)	audzētava (s)	[audzɛ:tava]
jaula (f) de ar livre	sprosts (v)	[sprɔsts]
jaula, gaiola (f)	būris (v)	[bu:ris]
casinha (f) de cão	būda (s)	[bu:da]
pombal (m)	baložu mājiņa (s)	[balɔʒu ma:jiŋa]
aquário (m)	akvārijs (v)	[akva:rijs]
delfinário (m)	delfinārijs (v)	[delfina:rijs]
criar (vt)	audzēt dzīvniekus	[audzeːt dziːvnɪɛkus]
ninhada (f)	pēcnācējs (v)	[peːtsnaːtseːjs]
domesticar (vt)	pieradināt	[piɛradinaːt]
adestrar (vt)	dresēt	[drɛseːt]
ração (f)	barība (s)	[bari:ba]
alimentar (vt)	barot	[barɔt]

loja (f) de animais	zooveikals (v)	[zɔɔvɛikals]
açaime (m)	uzpurnis (v)	[uzpurnis]
coleira (f)	kakla siksna (s)	[kakla siksna]
nome (m)	dzīvnieka vārds (v)	[dziːvniɛka vaːrds]
pedigree (m)	raduraksti (v dsk)	[raduraksti]

225. Animais. Diversos

alcateia (f)	bars (v)	[bars]
bando (pássaros)	putnu bars (v)	[putnu bars]
cardume (peixes)	zivju bars (v)	[zivju bars]
manada (cavalos)	zirgu bars (v)	[zirgu bars]
macho (m)	tēviņš (v)	[teːviɲʃ]
fêmea (f)	mātīte (s)	[maːtiːte]
faminto	izsalcis	[izsaltsis]
selvagem	savvaļas	[savvalʲas]
perigoso	bīstams	[biːstams]

226. Cavalos

cavalo (m)	zirgs (v)	[zirgs]
raça (f)	šķirne (s)	[ʃtʲirne]
potro (m)	kumeļš (v)	[kumelʲʃ]
égua (f)	ķēve (s)	[tʲɛːve]
mustangue (m)	mustangs (v)	[mustaŋgs]
pónei (m)	ponijs (v)	[ponijs]
cavalo (m) de tiro	vezumnieks (v)	[vɛzumniɛks]
crina (f)	krēpes (s dsk)	[krɛːpes]
cauda (f)	aste (s)	[aste]
casco (m)	nags (v)	[nags]
ferradura (f)	pakavs (v)	[pakavs]
ferrar (vt)	apkalt	[apkalt]
ferreiro (m)	kalējs (v)	[kaleːjs]
sela (f)	segli (v dsk)	[segli]
estribo (m)	seglu kāpslis (v)	[seglu kaːpslis]
brida (f)	iemaukti (v dsk)	[iɛmaukti]
rédeas (f pl)	groži (v dsk)	[grɔʒi]
chicote (m)	pletne (s)	[pletne]
cavaleiro (m)	jātnieks (v)	[jaːtniɛks]
colocar sela	apseglot	[apseglɔt]
montar no cavalo	sēsties seglos	[seːsties seglɔs]
galope (m)	aulekši (v dsk)	[aulekʃi]
galopar (vi)	auļot	[aulʲɔt]

trote (m)	rikši (v dsk)	[rikʃi]
a trote	rikšiem	[rikʃiem]
ir a trote	jāt rikšiem	[ja:t rikʃiem]
cavalo (m) de corrida	sacīkšu zirgs (v)	[satsi:kʃu zirgs]
corridas (f pl)	zirgu skriešanās	[zirgu skriɛʃana:s
	sacīkstes (s dsk)	satsi:kstes]
estábulo (m)	zirgu stallis (v)	[zirgu stallis]
alimentar (vt)	barot	[barɔt]
feno (m)	siens (v)	[siɛns]
dar água	dzirdināt	[dzirdina:t]
limpar (vt)	kopt	[kɔpt]
carroça (f)	zirga pajūgs (v)	[zirga paju:gs]
pastar (vi)	ganīties	[gani:tiɛs]
relinchar (vi)	zviegt	[zviɛgt]
dar um coice	iespert	[iɛspert]

Flora

227. Árvores

árvore (f)	koks (v)	[kɔks]
decídua	lapu koks	[lapu kɔks]
conífera	skujkoks	[skujkɔks]
perene	mūžzaļš	[muːʒzalʲʃ]
macieira (f)	ābele (s)	[aːbɛle]
pereira (f)	bumbiere (s)	[bumbiɛre]
cerejeira (f)	saldais ķirsis (v)	[saldais tʲirsis]
ginjeira (f)	skābais ķirsis (v)	[skaːbais tʲirsis]
ameixeira (f)	plūme (s)	[pluːme]
bétula (f)	bērzs (v)	[beːrzs]
carvalho (m)	ozols (v)	[ɔzɔls]
tília (f)	liepa (s)	[liɛpa]
choupo-tremedor (m)	apse (s)	[apse]
bordo (m)	kļava (s)	[klʲava]
espruce-europeu (m)	egle (s)	[egle]
pinheiro (m)	priede (s)	[priɛde]
alerce, lárlço (m)	lapegle (s)	[lapegle]
abeto (m)	dižegle (s)	[diʒegle]
cedro (m)	ciedrs (v)	[tsiɛdrs]
choupo, álamo (m)	papele (s)	[papɛle]
tramazeira (f)	pīlādzis (v)	[piːlaːdzis]
salgueiro (m)	vītols (v)	[viːtɔls]
amieiro (m)	alksnis (v)	[alksnis]
faia (f)	dižskābardis (v)	[diʒskaːbardis]
ulmeiro (m)	vīksna (s)	[viːksna]
freixo (m)	osis (v)	[ɔsis]
castanheiro (m)	kastaņa (s)	[kastaɲa]
magnólia (f)	magnolija (s)	[magnɔlija]
palmeira (f)	palma (s)	[palma]
cipreste (m)	ciprese (s)	[tsiprɛse]
mangue (m)	mango koks (v)	[maŋgɔ kɔks]
embondeiro, baobá (m)	baobabs (v)	[baɔbabs]
eucalipto (m)	eikalipts (v)	[ɛikalipts]
sequoia (f)	sekvoja (s)	[sekvɔja]

228. Arbustos

arbusto (m)	Krūms (v)	[kruːms]
arbusto (m), moita (f)	krūmājs (v)	[kruːmaːjs]

videira (f)	vīnogas (v)	[vi:nɔgas]
vinhedo (m)	vīnogulājs (v)	[vi:nɔgula:js]

framboeseira (f)	avenājs (v)	[avɛna:js]
groselheira-preta (f)	upeņu krūms (v)	[upɛɲu kru:ms]
groselheira-vermelha (f)	sarkano jāņogu krūms (v)	[sarkanɔ ja:ɲɔgu kru:ms]
groselheira (f) espinhosa	ērkšķogu krūms (v)	[e:rkʃtɔgu kru:ms]

acácia (f)	akācija (s)	[aka:tsija]
bérberis (f)	bārbele (s)	[ba:rbɛle]
jasmim (m)	jasmīns (v)	[jasmi:ns]

junípero (m)	kadiķis (v)	[kaditᶥis]
roseira (f)	rožu krūms (v)	[rɔʒu kru:ms]
roseira (f) brava	mežroze (s)	[meʒrɔze]

229. Cogumelos

cogumelo (m)	sēne (s)	[sɛ:ne]
cogumelo (m) comestível	ēdama sēne (s)	[ɛ:dama sɛ:ne]
cogumelo (m) venenoso	indīga sēne (s)	[indi:ga sɛ:ne]
chapéu (m)	sēnes galviņa (s)	[sɛ:nes galviɲa]
pé, caule (m)	sēnes kājiņa (s)	[sɛ:nes ka:jiɲa]

boleto (m)	baravika (s)	[baravika]
boleto (m) alaranjado	apšu beka (s)	[apʃu bɛka]
míscaro (m) das bétulas	bērzu beka (s)	[be:rzu bɛka]
cantarela (f)	gailene (s)	[gailɛne]
rússula (f)	bērzlape (s)	[be:rzlape]

morchella (f)	lāčpurnis (v)	[la:tʃpurnis]
agário-das-moscas (m)	mušmire (s)	[muʃmire]
cicuta (f) verde	suņu sēne (s)	[suɲu sɛ:ne]

230. Frutos. Bagas

fruta (f)	auglis (v)	[auglis]
frutas (f pl)	augļi (v dsk)	[auglᶥi]
maçã (f)	ābols (v)	[a:bols]
pera (f)	bumbieris (v)	[bumbiɛris]
ameixa (f)	plūme (s)	[plu:me]

morango (m)	zemene (s)	[zɛmɛne]
ginja (f)	skābais ķirsis (v)	[ska:bais tᶥirsis]
cereja (f)	saldais ķirsis (v)	[saldais tᶥirsis]
uva (f)	vīnoga (s)	[vi:nɔga]

framboesa (f)	avene (s)	[avɛne]
groselha (f) preta	upene (s)	[upɛne]
groselha (f) vermelha	sarkanā jāņoga (s)	[sarkana: ja:ɲɔga]
groselha (f) espinhosa	ērkšķoga (s)	[e:rkʃtɔga]
oxicoco (m)	dzērvene (s)	[dze:rvɛne]

laranja (f)	apelsīns (v)	[apɛlsi:ns]
tangerina (f)	mandarīns (v)	[mandari:ns]
ananás (m)	ananāss (v)	[anana:s]
banana (f)	banāns (v)	[bana:ns]
tâmara (f)	datele (s)	[datɛle]

limão (m)	citrons (v)	[tsitrɔns]
damasco (m)	aprikoze (s)	[aprikɔze]
pêssego (m)	persiks (v)	[pɛrsiks]
kiwi (m)	kivi (v)	[kivi]
toranja (f)	greipfrūts (v)	[grɛipfru:ts]

baga (f)	oga (s)	[ɔga]
bagas (f pl)	ogas (s dsk)	[ɔgas]
arando (m) vermelho	brūklene (s)	[bru:klɛne]
morango-silvestre (m)	meža zemene (s)	[meʒa zɛmɛne]
mirtilo (m)	mellene (s)	[mellɛne]

231. Flores. Plantas

| flor (f) | zieds (v) | [ziɛds] |
| ramo (m) de flores | ziedu pušķis (v) | [ziɛdu puʃtis] |

rosa (f)	roze (s)	[rɔze]
tulipa (f)	tulpe (s)	[tulpe]
cravo (m)	neļķe (s)	[nelʲtʲe]
gladíolo (m)	gladiola (s)	[gladlʲla]

centáurea (f)	rudzupuķīte (s)	[rudzuputʲi:te]
campânula (f)	pulkstenīte (s)	[pulksteni:te]
dente-de-leão (m)	pienenīte (s)	[piɛneni:te]
camomila (f)	kumelīte (s)	[kumeli:te]

aloé (m)	alveja (s)	[alveja]
cato (m)	kaktuss (v)	[kaktus]
fícus (m)	gumijkoks (v)	[gumijkɔks]

lírio (m)	lilija (s)	[lilija]
gerânio (m)	ģerānija (s)	[dʲɛra:nija]
jacinto (m)	hiacinte (s)	[xiatsinte]

mimosa (f)	mimoza (s)	[mimɔza]
narciso (m)	narcise (s)	[nartsise]
capuchinha (f)	krese (s)	[krɛse]

orquídea (f)	orhideja (s)	[ɔrxideja]
peónia (f)	pujene (s)	[pujene]
violeta (f)	vijolīte (s)	[vijɔli:te]

amor-perfeito (m)	atraitnītes (s dsk)	[atraitni:tes]
não-me-esqueças (m)	neaizmirstule (s)	[neaizmirstule]
margarida (f)	margrietiņa (s)	[margriɛtiɲa]
papoula (f)	magone (s)	[magɔne]
cânhamo (m)	kaņepe (s)	[kaɲɛpe]

hortelã (f)	mētra (s)	[me:tra]
lírio-do-vale (m)	maijpuķīte (s)	[maijputʲi:te]
campânula-branca (f)	sniegpulkstenīte (s)	[sniɛgpulksteni:te]

urtiga (f)	nātre (s)	[na:tre]
azeda (f)	skābene (s)	[ska:bɛne]
nenúfar (m)	ūdensroze (s)	[u:densrɔze]
feto (m), samambaia (f)	paparde (s)	[paparde]
líquen (m)	ķērpis (v)	[tʲe:rpis]

estufa (f)	oranžērija (s)	[ɔranʒe:rija]
relvado (m)	zālājs (v)	[za:la:js]
canteiro (m) de flores	puķu dobe (s)	[putʲu dɔbe]

planta (f)	augs (v)	[augs]
erva (f)	zāle (s)	[za:le]
folha (f) de erva	zālīte (s)	[za:li:te]

folha (f)	lapa (s)	[lapa]
pétala (f)	lapiņa (s)	[lapiɲa]
talo (m)	stiebrs (v)	[stiɛbrs]
tubérculo (m)	bumbulis (v)	[bumbulis]

| broto, rebento (m) | dīglis (v) | [di:glis] |
| espinho (m) | ērkšķis (v) | [e:rkʃtʲis] |

florescer (vi)	ziedēt	[ziɛde:t]
murchar (vi)	novīt	[nɔvi:t]
cheiro (m)	smarža (s)	[smarʒa]
cortar (flores)	nogriezt	[nɔgriɛzt]
colher (uma flor)	noplūkt	[nɔplu:kt]

232. Cereais, grãos

grão (m)	graudi (v dsk)	[graudi]
cereais (plantas)	graudaugi (v dsk)	[graudaugi]
espiga (f)	vārpa (s)	[va:rpa]

trigo (m)	kvieši (v dsk)	[kviɛʃi]
centeio (m)	rudzi (v dsk)	[rudzi]
aveia (f)	auzas (s dsk)	[auzas]

| milho-miúdo (m) | prosa (s) | [prɔsa] |
| cevada (f) | mieži (v dsk) | [miɛʒi] |

milho (m)	kukurūza (s)	[kukuru:za]
arroz (m)	rīsi (v dsk)	[ri:si]
trigo-sarraceno (m)	griķi (v dsk)	[gritʲi]

ervilha (f)	zirnis (v)	[zirnis]
feijão (m)	pupiņas (s dsk)	[pupiɲas]
soja (f)	soja (s)	[soja]
lentilha (f)	lēcas (s dsk)	[le:tsas]
fava (f)	pupas (s dsk)	[pupas]

233. Vegetais. Verduras

legumes (m pl)	dārzeņi (v dsk)	[da:rzeɲi]
verduras (f pl)	zaļumi (v dsk)	[zalʲumi]
tomate (m)	tomāts (v)	[tɔma:ts]
pepino (m)	gurķis (v)	[gurtʲis]
cenoura (f)	burkāns (v)	[burka:ns]
batata (f)	kartupelis (v)	[kartupelis]
cebola (f)	sīpols (v)	[si:pɔls]
alho (m)	ķiploks (v)	[tʲiplɔks]
couve (f)	kāposti (v dsk)	[ka:pɔsti]
couve-flor (f)	puķkāposti (v dsk)	[putʲka:pɔsti]
couve-de-bruxelas (f)	Briseles kāposti (v dsk)	[brisɛles ka:pɔsti]
brócolos (m pl)	brokolis (v)	[brɔkɔlis]
beterraba (f)	biete (s)	[biɛte]
beringela (f)	baklažāns (v)	[baklaʒa:ns]
curgete (f)	kabacis (v)	[kabatsis]
abóbora (f)	ķirbis (v)	[tʲirbis]
nabo (m)	rācenis (v)	[ra:tsenis]
salsa (f)	pētersīlis (v)	[pɛ:tɛrsi:lis]
funcho, endro (m)	dilles (s dsk)	[dilles]
alface (f)	dārza salāti (v dsk)	[da:rza sala:ti]
aipo (m)	selerija (s)	[sɛlerija]
espargo (m)	sparģelis (v)	[spardʲolis]
espinafre (m)	spināti (v dsk)	[spina:ti]
ervilha (f)	zirnis (v)	[zirnis]
fava (f)	pupas (s dsk)	[pupas]
milho (m)	kukurūza (s)	[kukuru:za]
feijão (m)	pupiņas (s dsk)	[pupiɲas]
pimentão (m)	graudu pipars (v)	[graudu pipars]
rabanete (m)	redīss (v)	[redi:s]
alcachofra (f)	artišoks (v)	[artiʃɔks]

GEOGRAFIA REGIONAL

Países. Nacionalidades

234. Europa Ocidental

Europa (f)	Eiropa (s)	[εirɔpa]
União (f) Europeia	Eiropas Savienība (s)	[εirɔpas saviεni:ba]
europeu (m)	eiropietis (v)	[εirɔpiεtis]
europeu	eiropiešu	[εirɔpiεʃu]
Áustria (f)	Austrija (s)	[austrija]
austríaco (m)	austrietis (v)	[austriεtis]
austríaca (f)	austriete (s)	[austriεte]
austríaco	austriešu	[austriεʃu]
Grã-Bretanha (f)	Lielbritānija (s)	[liεlbrita:nija]
Inglaterra (f)	Anglija (s)	[aŋglija]
inglês (m)	anglis (v)	[aŋglis]
inglesa (f)	angliete (s)	[aŋgliεte]
inglês	angļu	[aŋglʲu]
Bélgica (f)	Beļģija (s)	[belʲdʲija]
belga (m)	beļģietis (v)	[belʲdʲiεtis]
belga (f)	beļģiete (s)	[belʲdʲiεte]
belga	beļģu	[belʲdʲu]
Alemanha (f)	Vācija (s)	[va:tsija]
alemão (m)	vācietis (v)	[va:tsiεtis]
alemã (f)	vāciete (s)	[va:tsiεte]
alemão	vācu	[va:tsu]
Países (m pl) Baixos	Nīderlande (s)	[ni:derlande]
Holanda (f)	Holande (s)	[xɔlande]
holandês (m)	holandietis (v)	[xɔlandiεtis]
holandesa (f)	holandiete (s)	[xɔlandiεte]
holandês	Holandes	[xɔlandes]
Grécia (f)	Grieķija (s)	[griεtʲija]
grego (m)	grieķis (v)	[griεtʲis]
grega (f)	grieķiete (s)	[griεtʲiεte]
grego	grieķu	[griεtʲu]
Dinamarca (f)	Dānija (s)	[da:nija]
dinamarquês (m)	dānis (v)	[da:nis]
dinamarquesa (f)	dāniete (s)	[da:niεte]
dinamarquês	dāņu	[da:ɲu]
Irlanda (f)	Īrija (s)	[i:rija]
irlandês (m)	īrs (v)	[i:rs]

irlandesa (f)	īriete (s)	[i:riɛte]
irlandês	īru	[i:ru]
Islândia (f)	Īslande (s)	[i:slande]
islandês (m)	islandietis (v)	[islandiɛtis]
islandesa (f)	islandiete (s)	[islandiɛte]
islandês	Islandes	[islandes]
Espanha (f)	Spānija (s)	[spa:nija]
espanhol (m)	spānis (v)	[spa:nis]
espanhola (f)	spāniete (s)	[spa:niɛte]
espanhol	spāņu	[spa:ɲu]
Itália (f)	Itālija (s)	[ita:lija]
italiano (m)	itālietis (v)	[ita:liɛtis]
italiana (f)	itāliete (s)	[ita:liɛte]
italiano	itāļu	[ita:lʲu]
Chipre (m)	Kipra (s)	[kipra]
cipriota (m)	kiprietis (v)	[kipriɛtis]
cipriota (f)	kipriete (s)	[kipriɛte]
cipriota	Kipras	[kipras]
Malta (f)	Malta (s)	[malta]
maltês (m)	maltietis (v)	[maltiɛtis]
maltesa (f)	maltiete (s)	[maltiɛte]
maltês	maltas	[maltas]
Noruega (f)	Norvēģija (s)	[nɔrve:dʲija]
norueguês (m)	norvēģis (v)	[nɔrve:dʲis]
norueguesa (f)	norvēģiete (s)	[nɔrve:dʲiɛte]
norueguês	norvēģu	[nɔrvɛ:dʲu]
Portugal (m)	Portugāle (s)	[pɔrtuga:le]
português (m)	portugālis (v)	[pɔrtuga:lis]
portuguesa (f)	portugāliete (s)	[pɔrtuga:liɛte]
português	portugāļu	[pɔrtuga:lʲu]
Finlândia (f)	Somija (s)	[sɔmija]
finlandês (m)	soms (v)	[sɔms]
finlandesa (f)	somiete (s)	[sɔmiɛte]
finlandês	somu	[sɔmu]
França (f)	Francija (s)	[frantsija]
francês (m)	francūzis (v)	[frantsu:zis]
francesa (f)	francūziete (s)	[frantsu:ziɛte]
francês	franč-u	[frantʃu]
Suécia (f)	Zviedrija (s)	[zviɛdrija]
sueco (m)	zviedrs (v)	[zviɛdrs]
sueca (f)	zviedriete (s)	[zviɛdriɛte]
sueco	zviedru	[zviɛdru]
Suíça (f)	Šveice (s)	[ʃvɛitse]
suíço (m)	šveicietis (v)	[ʃvɛitsiɛtis]
suíça (f)	šveiciete (s)	[ʃvɛitsiɛte]

suíço	Šveices	[ʃvɛitses]
Escócia (f)	Skotija (s)	[skɔtija]
escocês (m)	skots (v)	[skɔts]
escocesa (f)	skotiete (s)	[skɔtiɛte]
escocês	skotu	[skɔtu]

Vaticano (m)	Vatikāns (v)	[vatika:ns]
Liechtenstein (m)	Lihtenšteina (s)	[lixtenʃtɛina]
Luxemburgo (m)	Luksemburga (s)	[luksemburga]
Mónaco (m)	Monako (s)	[mɔnakɔ]

235. Europa Central e de Leste

Albânia (f)	Albānija (s)	[alba:nija]
albanês (m)	albānis (v)	[alba:nis]
albanesa (f)	albāniete (s)	[alba:niɛte]
albanês	albāņu	[alba:ɲu]

Bulgária (f)	Bulgārija (s)	[bulga:rija]
búlgaro (m)	bulgārs (v)	[bulga:rs]
búlgara (f)	bulgāriete (s)	[bulga:riɛte]
búlgaro	bulgāru	[bulga:ru]

Hungria (f)	Ungārija (s)	[uŋga:rija]
húngaro (m)	ungārs (v)	[uŋga:rs]
húngara (f)	ungāriete (s)	[uŋga:riɛte]
húngaro	ungāru	[uŋga:ru]

Letónia (f)	Latvija (s)	[latvija]
letão (m)	latvietis (v)	[latviɛtis]
letã (f)	latviete (s)	[latviɛte]
letão	latviešu	[latviɛʃu]

Lituânia (f)	Lietuva (s)	[liɛtuva]
lituano (m)	lietuvietis (v)	[liɛtuviɛtis]
lituana (f)	lietuviete (s)	[liɛtuviɛte]
lituano	lietuviešu	[liɛtuviɛʃu]

Polónia (f)	Polija (s)	[pɔlija]
polaco (m)	polis (v)	[pɔlis]
polaca (f)	poliete (s)	[pɔliɛte]
polaco	poļu	[pɔlʲu]

Roménia (f)	Rumānija (s)	[ruma:nija]
romeno (m)	rumānis (v)	[ruma:nis]
romena (f)	rumāniete (s)	[ruma:niɛte]
romeno	rumāņu	[ruma:ɲu]

Sérvia (f)	Serbija (s)	[serbija]
sérvio (m)	serbs (v)	[serbs]
sérvia (f)	serbiete (s)	[serbiɛte]
sérvio	serbu	[serbu]
Eslováquia (f)	Slovākija (s)	[slɔva:kija]
eslovaco (m)	slovāks (v)	[slɔva:ks]

eslovaca (f)	slováķiete (s)	[slova:kiɛte]
eslovaco	slováķu	[slova:ku]

Croácia (f)	Horvātija (s)	[xɔrva:tija]
croata (m)	horvāts (v)	[xɔrva:ts]
croata (f)	horvātiete (s)	[xɔrva:tiɛte]
croata	horvātu	[xɔrva:tu]

República (f) Checa	Čehija (s)	[tʃexija]
checo (m)	čehs (v)	[tʃexs]
checa (f)	čehiete (s)	[tʃexiɛte]
checo	čehu	[tʃexu]

Estónia (f)	Igaunija (s)	[igaunija]
estónio (m)	igaunis (v)	[igaunis]
estónia (f)	igauniete (s)	[igauniɛte]
estónio	igauņu	[igauɲu]

Bósnia e Herzegovina (f)	Bosnija un Hercegovina (s)	[bɔsnija un xertsegɔvina]
Macedónia (f)	Maķedonija (s)	[matʲedɔnija]
Eslovénia (f)	Slovēnija (s)	[slɔve:nija]
Montenegro (m)	Melnkalne (s)	[melnkalne]

236. Países da ex-URSS

Azerbaijão (m)	Azerbaidžāna (s)	[azerbaidʒa:na]
azeri (m)	azerbaidžānis (v)	[azerbaidʒa:niɔ]
azeri (f)	azerbaidžāniete (s)	[azerbaidʒa:niɛte]
azeri, azerbaijano	azerbaidžāņu	[azerbaidʒa:ɲu]

Arménia (f)	Armēnija (s)	[arme:nija]
arménio (m)	armēnis (v)	[arme:nis]
arménia (f)	armēniete (s)	[arme:niɛte]
arménio	armēņu	[armɛ:ɲu]

Bielorrússia (f)	Baltkrievija (s)	[baltkriɛvija]
bielorrusso (m)	baltkrievs (v)	[baltkriɛvs]
bielorrussa (f)	baltkrieviete (s)	[baltkriɛviɛte]
bielorrusso	baltkrievu	[baltkriɛvu]

Geórgia (f)	Gruzija (s)	[gruzija]
georgiano (m)	gruzīns (v)	[gruzi:ns]
georgiana (f)	gruzīniete (s)	[gruzi:niɛte]
georgiano	gruzīnu	[gruzi:nu]

Cazaquistão (m)	Kazahstāna (s)	[kazaxsta:na]
cazaque (m)	kazahs (v)	[kazaxs]
cazaque (f)	kazahiete (s)	[kazaxiɛte]
cazaque	kazahu	[kazaxu]

Quirguistão (m)	Kirgizstāna (s)	[kirgizsta:na]
quirguiz (m)	kirgīzs (v)	[kirgi:zs]
quirguiz (f)	kirgīziete (s)	[kirgi:ziɛte]
quirguiz	kirgīzu	[kirgi:zu]

Moldávia (f)	Moldova (s)	[mɔldɔva]
moldavo (m)	moldāvietis (v)	[mɔlda:viɛtis]
moldava (f)	moldāviete (s)	[mɔlda:viɛte]
moldavo	moldāvu	[mɔlda:vu]

Rússia (f)	Krievija (s)	[kriɛvija]
russo (m)	krievu (v)	[kriɛvu]
russa (f)	krieviete (s)	[kriɛviɛte]
russo	krievu	[kriɛvu]

Tajiquistão (m)	Tadžikistāna (s)	[tadʒikista:na]
tajique (m)	tadžiks (v)	[tadʒiks]
tajique (f)	tadžikiete (s)	[tadʒikiɛte]
tajique	tadžiku	[tadʒiku]

Turquemenistão (m)	Turkmenistāna (s)	[turkmenista:na]
turcomeno (m)	turkmēnis (v)	[turkme:nis]
turcomena (f)	turkmēniete (s)	[turkme:niɛte]
turcomeno	turkmēņu	[turkmɛ:ɲu]

Uzbequistão (f)	Uzbekistāna (s)	[uzbekista:na]
uzbeque (m)	uzbeks (v)	[uzbeks]
uzbeque (f)	uzbekiete (s)	[uzbekiɛte]
uzbeque	uzbeku	[uzbɛku]

Ucrânia (f)	Ukraina (s)	[ukraina]
ucraniano (m)	ukrainis (v)	[ukrainis]
ucraniana (f)	ukrainiete (s)	[ukrainiɛte]
ucraniano	ukraiņu	[ukraiɲu]

237. Asia

| Ásia (f) | Āzija (s) | [a:zija] |
| asiático | aziātu | [azia:tu] |

Vietname (m)	Vjetnama (s)	[vjetnama]
vietnamita (m)	vjetnamietis (v)	[vjetnamiɛtis]
vietnamita (f)	vjetnamiete (s)	[vjetnamiɛte]
vietnamita	vjetnamiešu	[vjetnamiɛʃu]

Índia (f)	Indija (s)	[indija]
indiano (m)	indietis (v)	[indiɛtis]
indiana (f)	indiete (s)	[indiɛte]
indiano	Indijas	[indijas]

Israel (m)	Izraēla (s)	[izraɛ:la]
israelita (m)	izraēlietis (v)	[izrae:liɛtis]
israelita (f)	izraēliete (s)	[izrae:liɛte]
israelita	izraēliešu	[izrae:liɛʃu]

judeu (m)	ebrejs (v)	[ebrejs]
judia (f)	ebrejiete (s)	[ebrejiɛte]
judeu	ebreju	[ebreju]
China (f)	Ķīna (s)	[tʲi:na]

chinês (m)	ķīnietis (v)	[tʲiːniɛtis]
chinesa (f)	ķīniete (s)	[tʲiːniɛte]
chinês	ķīniešu	[tʲiːniɛʃu]
coreano (m)	korejietis (v)	[korejiɛtis]
coreana (f)	korejiete (s)	[korejiɛte]
coreano	Korejas	[korejas]
Líbano (m)	Libāna (s)	[libaːna]
libanês (m)	libānietis (v)	[libaːniɛtis]
libanesa (f)	libāniete (s)	[libaːniɛte]
libanês	libāniešu	[libaːniɛʃu]
Mongólia (f)	Mongolija (s)	[moŋɡolija]
mongol (m)	mongolis (v)	[moŋɡolis]
mongol (f)	mongoliete (s)	[moŋɡoliɛte]
mongol	mongoļu	[moŋɡolʲu]
Malásia (f)	Malaizija (s)	[malaizija]
malaio (m)	malaizietis (v)	[malaiziɛtis]
malaia (f)	malaiziete (s)	[malaiziɛte]
malaio	malaiziešu	[malaiziɛʃu]
Paquistão (m)	Pakistāna (s)	[pakistaːna]
paquistanês (m)	pakistānietis (v)	[pakistaːniɛtis]
paquistanesa (f)	pakistāniete (s)	[pakistaːniɛte]
paquistanês	pakistāniešu	[pakistaːniɛʃu]
Arábia (f) Saudita	Saūda Arābija (s)	[sauːda araˑhija]
árabe (m)	arābs (v)	[araːbs]
árabe (f)	arābiete (s)	[araːbiɛte]
árabe	arābu	[araːbu]
Tailândia (f)	Taizeme (s)	[taizɛme]
tailandês (m)	taizemietis (v)	[taizemiɛtis]
tailandesa (f)	taizemiete (s)	[taizemiɛte]
tailandês	taizemiešu	[taizemiɛʃu]
Taiwan (m)	Taivāna (s)	[taivaːna]
taiwanês (m)	taivānietis (v)	[taivaːniɛtis]
taiwanesa (f)	taivāniete (s)	[taivaːniɛte]
taiwanês	taivāniešu	[taivaːniɛʃu]
Turquia (f)	Turcija (s)	[turtsija]
turco (m)	turks (v)	[turks]
turca (f)	turciete (s)	[turtsiɛte]
turco	turku	[turku]
Japão (m)	Japāna (s)	[japaːna]
japonês (m)	japānis (v)	[japaːnis]
japonesa (f)	japāniete (s)	[japaːniɛte]
japonês	japāņu	[japaːɲu]
Afeganistão (m)	Afganistāna (s)	[afganistaːna]
Bangladesh (m)	Bangladeša (s)	[baŋɡladeʃa]
Indonésia (f)	Indonēzija (s)	[indoneːzija]

Jordânia (f)	Jordānija (s)	[jɔrda:nija]
Iraque (m)	Irāka (s)	[ira:ka]
Irão (m)	Irāna (s)	[ira:na]
Camboja (f)	Kambodža (s)	[kambɔdʒa]
Kuwait (m)	Kuveita (s)	[kuvɛita]

Laos (m)	Laosa (s)	[laɔsa]
Myanmar (m), Birmânia (f)	Mjanma (s)	[mjanma]
Nepal (m)	Nepāla (s)	[nɛpa:la]
Emirados Árabes Unidos	Apvienotie Arābu Emirāti (v dsk)	[apviɛnɔtiɛ ara:bu emira:ti]

Síria (f)	Sīrija (s)	[si:rija]
Palestina (f)	Palestīna (s)	[palesti:na]
Coreia do Sul (f)	Dienvidkoreja (s)	[diɛnvidkɔreja]
Coreia do Norte (f)	Ziemeļkoreja (s)	[ziɛmelʲkɔreja]

238. América do Norte

Estados Unidos da América	Amerikas Savienotās Valstis (s dsk)	[amerikas saviɛnɔta:s valstis]
americano (m)	amerikānis (v)	[amerika:nis]
americana (f)	amerikāniete (s)	[amerika:niɛte]
americano	amerikāņu	[amerika:ɲu]

Canadá (m)	Kanāda (s)	[kana:da]
canadiano (m)	kanādietis (v)	[kana:diɛtis]
canadiana (f)	kanādiete (s)	[kana:diɛte]
canadiano	Kanādas	[kana:das]

México (m)	Meksika (s)	[meksika]
mexicano (m)	meksikānis (v)	[meksika:nis]
mexicana (f)	meksikāniete (s)	[meksika:niɛte]
mexicano	meksikāņu	[meksika:ɲu]

239. América Central do Sul

Argentina (f)	Argentīna (s)	[argenti:na]
argentino (m)	argentīnietis (v)	[argenti:niɛtis]
argentina (f)	argentīniete (s)	[argenti:niɛte]
argentino	Argentīnas	[argenti:nas]

Brasil (m)	Brazīlija (s)	[brazi:lija]
brasileiro (m)	brazīlietis (v)	[brazi:liɛtis]
brasileira (f)	brazīliete (s)	[brazi:liɛte]
brasileiro	brazīļu	[brazi:lʲu]

Colômbia (f)	Kolumbija (s)	[kɔlumbija]
colombiano (m)	kolumbietis (v)	[kɔlumbiɛtis]
colombiana (f)	kolumbiete (s)	[kɔlumbiɛte]
colombiano	Kolumbijas	[kɔlumbijas]
Cuba (f)	Kuba (s)	[kuba]

cubano (m)	kubietis (v)	[kubiɛtis]
cubana (f)	kubiete (s)	[kubiɛte]
cubano	kubiešu	[kubiɛʃu]

Chile (m)	Čīle (s)	[tʃi:le]
chileno (m)	čīlietis (v)	[tʃi:liɛtis]
chilena (f)	čīliete (s)	[tʃi:liɛte]
chileno	Čīles	[tʃi:les]

Bolívia (f)	Bolīvija (s)	[boli:vija]
Venezuela (f)	Venecuēla (s)	[vɛnetsuɛ:la]
Paraguai (m)	Paragvaja (s)	[paragvaja]
Peru (m)	Peru (v)	[pɛru]
Suriname (m)	Surinama (s)	[surinama]
Uruguai (m)	Urugvaja (s)	[urugvaja]
Equador (m)	Ekvadora (s)	[ekvadɔra]

Bahamas (f pl)	Bahamu salas (s dsk)	[baxamu salas]
Haiti (m)	Haiti (v)	[xaiti]
República (f) Dominicana	Dominikas Republika (s)	[dɔminikas rɛpublika]
Panamá (m)	Panama (s)	[panama]
Jamaica (f)	Jamaika (s)	[jamaika]

240. Africa

Egito (m)	Ēģipte (s)	[e:dʲipte]
egípcio (m)	eģiptletis (v)	[ɐ·dʲiptiɛtis]
egípcia (f)	ēģiptiete (s)	[e:dʲiptiɛte]
egípcio	Ēģiptes	[e:dʲiptes]

Marrocos	Maroka (s)	[marɔka]
marroquino (m)	marokānis (v)	[marɔka:nis]
marroquina (f)	marokāniete (s)	[marɔka:niɛte]
marroquino	marokāņu	[marɔka:ɲu]

Tunísia (f)	Tunisija (s)	[tunisija]
tunisino (m)	tunisietis (v)	[tunisiɛtis]
tunisina (f)	tunisiete (s)	[tunisiɛte]
tunisino	Tunisijas	[tunisijas]

Gana (f)	Gana (s)	[gana]
Zanzibar (m)	Zanzibāra (s)	[zanziba:ra]
Quénia (f)	Kenija (s)	[kenija]
Líbia (f)	Lībija (s)	[li:bija]
Madagáscar (m)	Madagaskara (s)	[madagaskara]

Namíbia (f)	Namībija (s)	[nami:bija]
Senegal (m)	Senegāla (s)	[senɛga:la]
Tanzânia (f)	Tanzānija (s)	[tanza:nija]
África do Sul (f)	Dienvidāfrikas Republika (s)	[diɛnvida:frikas rɛpublika]

africano (m)	afrikānis (v)	[afrika:nis]
africana (f)	afrikāniete (s)	[afrika:niɛte]
africano	Āfrikas	[a:frikas]

241. Austrália. Oceania

Austrália (f)	Austrālija (s)	[austra:lija]
australiano (m)	austrālietis (v)	[austra:liɛtis]
australiana (f)	austrāliete (s)	[austra:liɛte]
australiano	Austrālijas	[austra:lijas]

Nova Zelândia (f)	Jaunzēlande (s)	[jaunzɛ:lande]
neozelandês (m)	jaunzēlandietis (v)	[jaunzɛ:landiɛtis]
neozelandesa (f)	jaunzēlandiete (s)	[jaunzɛ:landiɛte]
neozelandês	Jaunzēlandes	[jaunzɛ:landes]

| Tasmânia (f) | Tasmānija (s) | [tasma:nija] |
| Polinésia Francesa (f) | Franču Polinēzija (s) | [frantʃu poline:zija] |

242. Cidades

Amesterdão	Amsterdama (s)	[amsterdama]
Ancara	Ankara (s)	[ankara]
Atenas	Atēnas (s dsk)	[atɛ:nas]

Bagdade	Bagdāde (s)	[bagda:de]
Banguecoque	Bangkoka (s)	[baŋgkɔka]
Barcelona	Barselona (s)	[barselɔna]
Beirute	Beiruta (s)	[bɛiruta]
Berlim	Berlīne (s)	[berli:ne]

Bombaim	Bombeja (s)	[bɔmbeja]
Bona	Bonna (s)	[bɔnna]
Bordéus	Bordo (s)	[bɔrdɔ]
Bratislava	Bratislava (s)	[bratislava]
Bruxelas	Brisele (s)	[brisɛle]
Bucareste	Bukareste (s)	[bukareste]
Budapeste	Budapešta (s)	[budapeʃta]

Cairo	Kaira (s)	[kaira]
Calcutá	Kalkuta (s)	[kalkuta]
Chicago	Čikāga (s)	[tʃika:ga]
Cidade do México	Mehiko (s)	[mexikɔ]
Copenhaga	Kopenhāgena (s)	[kɔpenxa:gɛna]

Dar es Salaam	Daresalāma (s)	[darɛsala:ma]
Deli	Deli (s)	[deli]
Dubai	Dubaija (s)	[dubaija]
Dublin, Dublim	Dublina (s)	[dublina]
Düsseldorf	Diseldorfa (s)	[diseldɔrfa]
Estocolmo	Stokholma (s)	[stɔkxɔlma]

Florença	Florence (s)	[flɔrentse]
Frankfurt	Frankfurte (s)	[frankfurte]
Genebra	Ženēva (s)	[ʒɛnɛ:va]
Haia	Hāga (s)	[xa:ga]
Hamburgo	Hamburga (s)	[xamburga]

Hanói	Hanoja (s)	[xanɔja]
Havana	Havana (s)	[xavana]

Helsínquia	Helsinki (v dsk)	[xɛlsinki]
Hiroshima	Hirosima (s)	[xirɔsima]
Hong Kong	Honkonga (s)	[xɔnkɔŋga]
Istambul	Stambula (s)	[stambula]
Jerusalém	Jeruzaleme (s)	[jeruzalɛme]
Kiev	Kijeva (s)	[kijeva]
Kuala Lumpur	Kualalumpura (s)	[kualalumpura]
Lisboa	Lisabona (s)	[lisabɔna]
Londres	Londona (s)	[lɔndɔna]
Los Angeles	Losandželosa (s)	[lɔsandʒelɔsa]
Lion	Liona (s)	[liɔna]

Madrid	Madride (s)	[madride]
Marselha	Marseļa (s)	[marsɛlʲa]
Miami	Maiami (s)	[maiami]
Montreal	Monreāla (s)	[mɔnrea:la]
Moscovo	Maskava (s)	[maskava]
Munique	Minhene (s)	[minxɛne]

Nairóbi	Nairobi (v)	[nairɔbi]
Nápoles	Neapole (s)	[neapɔle]
Nice	Nica (s)	[nitsa]
Nova York	Ņujorka (s)	[ɲujɔrka]

Oslo	Oslo (s)	[ɔslɔ]
Ottawa	Otava (s)	[otava]
Paris	Parīze (s)	[pari:ze]
Pequim	Pekina (s)	[pekina]
Praga	Prāga (s)	[pra:ga]

Rio de Janeiro	Riodeženeiro (s)	[riɔdeʒenɛirɔ]
Roma	Roma (s)	[rɔma]
São Petersburgo	Sanktpēterburga (s)	[sanktpɛ:terburga]
Seul	Seula (s)	[sɛula]
Singapura	Singapūra (s)	[siŋgapu:ra]
Sydney	Sidneja (s)	[sidneja]

Taipé	Taipeja (s)	[taipeja]
Tóquio	Tokija (s)	[tɔkija]
Toronto	Toronto (s)	[tɔrɔntɔ]
Varsóvia	Varšava (s)	[varʃava]
Veneza	Venēcija (s)	[vɛne:tsija]
Viena	Vīne (s)	[vi:ne]

Washington	Vašingtona (s)	[vaʃiŋgtɔna]
Xangai	Šanhaja (s)	[ʃanxaja]

243. Política. Governo. Parte 1

política (f)	politika (s)	[pɔlitika]
político	politiskais	[pɔlitiskais]

político (m)	politiķis (v)	[polititʲis]
estado (m)	valsts (s)	[valsts]
cidadão (m)	pilsonis (v)	[pilsɔnis]
cidadania (f)	pilsonība (s)	[pilsɔni:ba]

| brasão (m) de armas | valsts ģerbonis (v) | [valsts dʲerbɔnis] |
| hino (m) nacional | valsts himna (s) | [valsts ximna] |

governo (m)	valdība (s)	[valdi:ba]
Chefe (m) de Estado	valsts vadītājs (v)	[valsts vadi:ta:js]
parlamento (m)	parlaments (v)	[parlaments]
partido (m)	partija (s)	[partija]

| capitalismo (m) | kapitālisms (v) | [kapita:lisms] |
| capitalista | kapitālistiskais | [kapita:listiskais] |

| socialismo (m) | sociālisms (v) | [sɔtsia:lisms] |
| socialista | sociālistiskais | [sɔtsia:listiskais] |

comunismo (m)	komunisms (v)	[kɔmunisms]
comunista	komunistiskais	[kɔmunistiskais]
comunista (m)	komunists (v)	[kɔmunists]

democracia (f)	demokrātija (s)	[demɔkra:tija]
democrata (m)	demokrāts (v)	[demɔkra:ts]
democrático	demokrātiskais	[demɔkra:tiskais]
Partido (m) Democrático	demokrātiskā partija (s)	[demɔkra:tiska: partija]

| liberal (m) | liberālis (v) | [libɛra:lis] |
| liberal | liberāls | [libɛra:ls] |

| conservador (m) | konservatīvais (v) | [kɔnservati:vais] |
| conservador | konservatīvs | [kɔnservati:vs] |

república (f)	republika (s)	[rɛpublika]
republicano (m)	republikānis (v)	[rɛpublika:nis]
Partido (m) Republicano	republikāniskā partija (s)	[rɛpublika:niska: partija]

eleições (f pl)	vēlēšanas (s dsk)	[vɛ:le:ʃanas]
eleger (vt)	vēlēt	[vɛ:le:t]
eleitor (m)	vēlētājs (v)	[vɛ:lɛ:ta:js]
campanha (f) eleitoral	vēlēšanu kampaņa (s)	[vɛ:le:ʃanu kampaɲa]

votação (f)	balsošana (s)	[balsɔʃana]
votar (vi)	balsot	[balsɔt]
direito (m) de voto	balsstiesības (s dsk)	[balstiɛsi:bas]

candidato (m)	kandidāts (v)	[kandida:ts]
candidatar-se (vi)	kandidēt	[kandide:t]
campanha (f)	kampaņa (s)	[kampaɲa]

| da oposição | opozīcijas | [ɔpɔzi:tsijas] |
| oposição (f) | opozīcija (s) | [ɔpɔzi:tsija] |

| visita (f) | vizīte (s) | [vizi:te] |
| visita (f) oficial | oficiālā vizīte (s) | [ɔfitsia:la: vizi:te] |

internacional	starptautisks	[starptautisks]
negociações (f pl)	sarunas (s dsk)	[sarunas]
negociar (vi)	vest pārrunas	[vest pa:rrunas]

244. Política. Governo. Parte 2

sociedade (f)	sabiedrība (s)	[sabiɛdri:ba]
constituição (f)	konstitūcija (s)	[konstitu:tsija]
poder (ir para o ~)	vara (s)	[vara]
corrupção (f)	korupcija (s)	[koruptsija]

| lei (f) | likums (v) | [likums] |
| legal | likumīgs | [likumi:gs] |

| justiça (f) | taisnība (s) | [taisni:ba] |
| justo | taisnīgs | [taisni:gs] |

comité (m)	komiteja (s)	[komiteja]
projeto-lei (m)	likumprojekts (v)	[likumprojekts]
orçamento (m)	budžets (v)	[budʒets]
política (f)	politika (s)	[politika]
reforma (f)	reforma (s)	[reforma]
radical	radikāls	[radika:ls]

força (f)	spēks (v)	[spe:ks]
poderoso	varens	[varens]
partidário (m)	piekritējs (v)	[piɛkrite:jə]
influência (f)	ietekme (s)	[iɛtekme]

regime (m)	režīms (v)	[reʒi:ms]
conflito (m)	konflikts (v)	[konflikts]
conspiração (f)	sazvērestība (s)	[sazvɛ:resti:ba]
provocação (f)	provokācija (s)	[provoka:tsija]

derrubar (vt)	nogāzt	[noga:zt]
derrube (m), queda (f)	gāšana (s)	[ga:ʃana]
revolução (f)	revolūcija (s)	[revolu:tsija]

| golpe (m) de Estado | apvērsums (v) | [apvɛ:rsums] |
| golpe (m) militar | militārais apvērsums (v) | [milita:rais apvɛ:rsums] |

crise (f)	krīze (s)	[kri:ze]
recessão (f) económica	ekonomikas lejupeja (s)	[ekonomikas lejupeja]
manifestante (m)	demonstrants (v)	[demonstrants]
manifestação (f)	demonstrācija (s)	[demonstra:tsija]
lei (f) marcial	kara stāvoklis (v)	[kara sta:voklis]
base (f) militar	kara bāze (s)	[kara ba:ze]

| estabilidade (f) | stabilitāte (s) | [stabilita:te] |
| estável | stabils | [stabils] |

exploração (f)	ekspluatācija (s)	[ekspluata:tsija]
explorar (vt)	ekspluatēt	[ekspluate:t]
racismo (m)	rasisms (v)	[rasisms]

219

racista (m)	rasists (v)	[rasists]
fascismo (m)	fašisms (v)	[faʃisms]
fascista (m)	fašists (v)	[faʃists]

245. Países. Diversos

estrangeiro (m)	ārzemnieks (v)	[aːrzemnɪɛks]
estrangeiro	ārzemju	[aːrzemju]
no estrangeiro	ārzemēs	[aːrzɛmeːs]

emigrante (m)	emigrants (v)	[emigrants]
emigração (f)	emigrācija (s)	[emigraːtsija]
emigrar (vi)	emigrēt	[emigreːt]

Ocidente (m)	Rietumi (v dsk)	[riɛtumi]
Oriente (m)	Austrumi (v dsk)	[austrumi]
Extremo Oriente (m)	Tālie Austrumi (v dsk)	[taːliɛ austrumi]
civilização (f)	civilizācija (s)	[tsiviliza:tsija]
humanidade (f)	cilvēce (s)	[tsilveːtse]
mundo (m)	pasaule (s)	[pasaule]
paz (f)	miers (v)	[miɛrs]
mundial	pasaules	[pasaules]

pátria (f)	dzimtene (s)	[dzimtɛne]
povo (m)	tauta (s)	[tauta]
população (f)	iedzīvotāji (v dsk)	[iɛdziːvɔtaːji]
gente (f)	cilvēki (v dsk)	[tsilveːki]
nação (f)	nācija (s)	[naːtsija]
geração (f)	paaudze (s)	[paaudze]
território (m)	teritorija (s)	[teritɔrija]
região (f)	reģions (v)	[redʲiɔns]
estado (m)	štats (v)	[ʃtats]

tradição (f)	tradīcija (s)	[tradiːtsija]
costume (m)	paraža (s)	[paraʒa]
ecologia (f)	ekoloģija (s)	[ekɔlɔdʲija]

índio (m)	indiānis (v)	[india:nis]
cigano (m)	čigāns (v)	[tʃiga:ns]
cigana (f)	čigāniete (s)	[tʃiga:niɛte]
cigano	čigānu	[tʃiga:nu]

império (m)	impērija (s)	[impeːrija]
colónia (f)	kolonija (s)	[kɔlɔnija]
escravidão (f)	verdzība (s)	[verdziːba]
invasão (f)	iebrukums (v)	[iɛbrukums]
fome (f)	bads (v)	[bads]

246. Grupos religiosos mais importantes. Confissões

| religião (f) | reliģija (s) | [relidʲija] |
| religioso | reliģiozs | [relidʲiɔzs] |

crença (f)	ticība (s)	[titsi:ba]
crer (vt)	ticēt	[titse:t]
crente (m)	ticīgais (v)	[titsi:gais]

| ateísmo (m) | ateisms (v) | [atɛisms] |
| ateu (m) | ateists (v) | [atɛists] |

cristianismo (m)	kristiānisms (v)	[kristia:nisms]
cristão (m)	kristietis (v)	[kristiɛtis]
cristão	kristīgs	[kristi:gs]

catolicismo (m)	Katolicisms (v)	[katɔlitsisms]
católico (m)	katolis (v)	[katɔlis]
católico	katoļu	[katɔlʲu]

protestantismo (m)	Protestantisms (v)	[prɔtestantisms]
Igreja (f) Protestante	Protestantu baznīca (s)	[prɔtestantu bazni:tsa]
protestante (m)	protestants (v)	[prɔtestants]

ortodoxia (f)	Pareizticība (s)	[parɛiztitsi:ba]
Igreja (f) Ortodoxa	Pareizticīgo baznīca (s)	[parɛiztitsi:gɔ bazni:tsa]
ortodoxo (m)	pareizticīgais	[parɛiztitsi:gais]

presbiterianismo (m)	Prezbiteriānisms (v)	[prezbiteria:nisms]
Igreja (f) Presbiteriana	Prezbiteriāņu baznīca (s)	[prezbiteria:ɲu bazni:tsa]
presbiteriano (m)	prezbiteriānis (v)	[prezbiteria:nis]

| Igreja (f) Luterana | Luteriskā baznīca (s) | [luteriska: bazni:tsa] |
| luterano (m) | luterānis (v) | [lutɛra.nis] |

| Igreja (f) Batista | Baptisms (v) | [baptisms] |
| batista (m) | baptists (v) | [baptists] |

| Igreja (f) Anglicana | Anglikāņu baznīca (s) | [aŋglika:ɲu bazni:tsa] |
| anglicano (m) | anglikānis (v) | [aŋglika:nis] |

| mormonismo (m) | Mormonisms (v) | [mɔrmɔnisms] |
| mórmon (m) | mormonis (v) | [mɔrmɔnis] |

| Judaísmo (m) | Jūdaisms (v) | [ju:daisms] |
| judeu (m) | jūds (v) | [ju:ds] |

| budismo (m) | Budisms (v) | [budisms] |
| budista (m) | budists (v) | [budists] |

| hinduísmo (m) | Hinduisms (v) | [xinduisms] |
| hindu (m) | hinduists (v) | [xinduists] |

Islão (m)	Islāms (v)	[isla:ms]
muçulmano (m)	musulmanis (v)	[musulmanis]
muçulmano	musulmaņu	[musulmaɲu]

Xiismo (m)	Šiisms (v)	[ʃiisms]
xiita (m)	šiīts (v)	[ʃi:ts]
sunismo (m)	Sunnisms (v)	[sunnisms]
sunita (m)	sunnīts (v)	[sunni:ts]

247. Religiões. Padres

padre (m)	priesteris (v)	[priɛsteris]
Papa (m)	Romas pāvests (v)	[rɔmas pa:vests]
monge (m)	mūks (v)	[mu:ks]
freira (f)	mūķene (s)	[mu:tʲɛne]
pastor (m)	mācītājs (v)	[ma:tsi:ta:js]
abade (m)	abats (v)	[abats]
vigário (m)	vikārs (v)	[vika:rs]
bispo (m)	bīskaps (v)	[bi:skaps]
cardeal (m)	kardināls (v)	[kardina:ls]
pregador (m)	sprediķotājs (v)	[spreditʲɔta:js]
sermão (m)	sprediķis (v)	[spreditʲis]
paroquianos (pl)	draudze (s)	[draudze]
crente (m)	ticīgais (v)	[titsi:gais]
ateu (m)	ateists (v)	[atɛists]

248. Fé. Cristianismo. Islão

Adão	Ādams (v)	[a:dams]
Eva	Ieva (s)	[iɛva]
Deus (m)	Dievs (v)	[diɛvs]
Senhor (m)	Dievs Kungs (v)	[diɛvs kuŋgs]
Todo Poderoso (m)	Dievs Visvarens (v)	[diɛvs visvarens]
pecado (m)	grēks (v)	[gre:ks]
pecar (vi)	grēkot	[gre:kɔt]
pecador (m)	grēcinieks (v)	[gre:tsiniɛks]
pecadora (f)	grēciniece (s)	[gre:tsiniɛtse]
inferno (m)	elle (s)	[elle]
paraíso (m)	paradīze (s)	[paradi:ze]
Jesus	Jēzus (v)	[je:zus]
Jesus Cristo	Jēzus Kristus (v)	[je:zus kristus]
Espírito (m) Santo	Svētais Gars (v)	[svɛ:tais gars]
Salvador (m)	Pestītājs (v)	[pesti:ta:js]
Virgem Maria (f)	Dievmāte (s)	[diɛvma:te]
Diabo (m)	Velns (v)	[velns]
diabólico	velnišķīgs	[velniʃtʲi:gs]
Satanás (m)	Sātans (v)	[sa:tans]
satânico	sātanisks	[sa:tanisks]
anjo (m)	eņģelis (v)	[eŋdʲelis]
anjo (m) da guarda	sargeņģelis (v)	[sargeŋdʲelis]
angélico	eņģelisks	[eŋdʲelisks]

apóstolo (m)	apustulis (v)	[apustulis]
arcanjo (m)	ercenǵelis (v)	[ertsendⁱelis]
anticristo (m)	antikrists (v)	[antikrists]

Igreja (f)	Baznīca (s)	[bazni:tsa]
Bíblia (f)	Bībele (s)	[bi:bɛle]
bíblico	Bībeles	[bi:bɛles]

Velho Testamento (m)	Vecā derība (s)	[vetsa: deri:ba]
Novo Testamento (m)	Jaunā derība (s)	[jauna: deri:ba]
Evangelho (m)	Evanǵēlijs (v)	[ɛvaɲdⁱe:lijs]
Sagradas Escrituras (f pl)	Svētie raksti (v dsk)	[sve:tiɛ raksti]
Céu (m)	Debesu Valstība (s)	[dɛbɛsu valsti:ba]

mandamento (m)	bauslis (v)	[bauslis]
profeta (m)	pareǵis (v)	[paredⁱis]
profecia (f)	pareǵojums (v)	[paredⁱojums]

Alá	Allāhs (v)	[alla:xs]
Maomé	Muhameds (v)	[muxameds]
Corão, Alcorão (m)	Korāns (v)	[kɔra:ns]

mesquita (f)	mošeja (s)	[mɔʃeja]
mulá (m)	mulla (v)	[mulla]
oração (f)	lūgšana (s)	[lu:gʃana]
rezar, orar (vi)	lūgties	[lu:gtiɛs]

peregrinação (f)	svētcelojums (v)	[sve:ttselⁱojums]
peregrino (m)	svētcelotājs (v)	[sve:ttselⁱota:js]
Meca (f)	Meka (s)	[mɛka]

igreja (f)	baznīca (s)	[bazni:tsa]
templo (m)	dievnams (v)	[diɛvnams]
catedral (f)	katedrāle (s)	[katedra:le]
gótico	gotisks	[gɔtisks]
sinagoga (f)	sinagoga (s)	[sinagɔga]
mesquita (f)	mošeja (s)	[mɔʃeja]

capela (f)	kapela (s)	[kapɛla]
abadia (f)	abatija (s)	[abatija]
convento (m)	klosteris (v)	[klɔsteris]
mosteiro (m)	klosteris (v)	[klɔsteris]

sino (m)	zvans (v)	[zvans]
campanário (m)	zvanu tornis (v)	[zvanu tɔrnis]
repicar (vi)	zvanīt zvanus	[zvani:t zvanus]

cruz (f)	krusts (v)	[krusts]
cúpula (f)	kupols (v)	[kupɔls]
ícone (m)	svētbilde (s)	[sve:tbilde]

alma (f)	dvēsele (s)	[dvɐ:sɛle]
destino (m)	liktenis (v)	[liktenis]
mal (m)	launums (v)	[lⁱaunums]
bem (m)	labums (v)	[labums]
vampiro (m)	vampīrs (v)	[vampi:rs]

bruxa (f)	ragana (s)	[ragana]
demónio (m)	dēmons (v)	[de:mɔns]
espírito (m)	gars (v)	[gars]
redenção (f)	vainas izpirkšana (s)	[vainas izpirkʃana]
redimir (vt)	izpirkt	[izpirkt]
missa (f)	kalpošana (s)	[kalpɔʃana]
celebrar a missa	kalpot	[kalpɔt]
confissão (f)	grēksūdze (s)	[gre:ksu:dze]
confessar-se (vr)	sūdzēt grēkus	[su:dze:t grɛ:kus]
santo (m)	svētais (v)	[svɛ:tais]
sagrado	svēts	[sve:ts]
água (f) benta	svētais ūdens (v)	[svɛ:tais u:dens]
ritual (m)	rituāls (v)	[ritua:ls]
ritual	rituāls	[ritua:ls]
sacrifício (m)	upurēšana (s)	[upure:ʃana]
superstição (f)	māņticība (s)	[ma:ɲtitsi:ba]
supersticioso	māņticīgs	[ma:ɲtitsi:gs]
vida (f) depois da morte	aizkapa dzīve (s)	[aizkapa dzi:ve]
vida (f) eterna	mūžīga dzīve (s)	[mu:ʒi:ga dzi:ve]

TEMAS DIVERSOS

249. Várias palavras úteis

ajuda (f)	palīdzība (s)	[pali:dzi:ba]
barreira (f)	šķērslis (v)	[ʃťɛ:rslis]
base (f)	bāze (s)	[ba:ze]
categoria (f)	kategorija (s)	[kategɔrija]
causa (f)	iemesls (v)	[iɛmesls]
coincidência (f)	sakritība (s)	[sakriti:ba]
coisa (f)	lieta (s)	[liɛta]
começo (m)	sākums (v)	[sa:kums]
cómodo (ex. poltrona ~a)	ērts	[e:rts]
comparação (f)	salīdzināšana (s)	[sali:dzina:ʃana]
compensação (f)	kompensācija (s)	[kɔmpensa:tsija]
crescimento (m)	augšana (s)	[augʃana]
desenvolvimento (m)	attīstība (s)	[atti:sti:ba]
diferença (f)	atšķirība (s)	[atʃťiri:ba]
efeito (m)	efekts (v)	[efekts]
elemento (m)	elements (v)	[ɛlɛmɔntɛ]
equilíbrio (m)	bilance (s)	[bilantse]
erro (m)	kļūda (s)	[klʲu:da]
esforço (m)	spēks (v)	[spe:ks]
estilo (m)	stils (v)	[stils]
exemplo (m)	paraugs (v)	[paraugs]
facto (m)	fakts (v)	[fakts]
fim (m)	beigas (s dsk)	[bɛigas]
forma (f)	forma (s)	[fɔrma]
frequente	biežs	[biɛʒs]
fundo (ex. ~ verde)	fons (v)	[fɔns]
género (tipo)	veids (v)	[vɛids]
grau (m)	pakāpe (s)	[paka:pe]
ideal (m)	ideāls (v)	[idea:ls]
labirinto (m)	labirints (v)	[labirints]
modo (m)	veids (v)	[vɛids]
momento (m)	brīdis (v)	[bri:dis]
objeto (m)	objekts (v)	[ɔbjekts]
obstáculo (m)	šķērslis (v)	[ʃťɛ:rslis]
original (m)	oriģināls (v)	[ɔridʲina:ls]
padrão	standarta	[standarta]
padrão (m)	standarts (v)	[standarts]
paragem (pausa)	apstāšanās (s)	[apsta:ʃana:s]
parte (f)	daļa (s)	[dalʲa]

partícula (f)	daļiņa (s)	[daliɲa]
pausa (f)	pauze (s)	[pauze]
posição (f)	pozīcija (s)	[pozi:tsija]
princípio (m)	princips (v)	[printsips]

problema (m)	problēma (s)	[problɛ:ma]
processo (m)	process (v)	[protses]
progresso (m)	progress (v)	[progres]
propriedade (f)	īpašība (s)	[i:paʃi:ba]

reação (f)	reakcija (s)	[reaktsija]
risco (m)	risks (v)	[risks]
ritmo (m)	temps (v)	[temps]
segredo (m)	noslēpums (v)	[noslɛ:pums]
série (f)	sērija (s)	[se:rija]

sistema (m)	sistēma (s)	[sistɛ:ma]
situação (f)	situācija (s)	[situa:tsija]
solução (f)	risinājums (v)	[risina:jums]
tabela (f)	tabula (s)	[tabula]
termo (ex. ~ técnico)	termins (v)	[termins]

tipo (m)	tips (v)	[tips]
urgente	steidzams	[stɛidzams]
urgentemente	steidzami	[stɛidzami]
utilidade (f)	labums (v)	[labums]

variante (f)	variants (v)	[variants]
variedade (f)	izvēle (s)	[izvɛ:le]
verdade (f)	patiesība (s)	[patiɛsi:ba]
vez (f)	rinda (s)	[rinda]
zona (f)	zona (s)	[zona]

250. Modificadores. Adjetivos. Parte 1

aberto	atklāts	[atkla:ts]
afiado	ass	[as]
agradável	patīkams	[pati:kams]
agradecido	pateicīgs	[patɛitsi:gs]
alegre	jautrs	[jautrs]

alto (ex. voz ~a)	skaļš	[skaliʃ]
amargo	rūgts	[ru:gts]
amplo	plašs	[plaʃs]
antigo	sens	[sens]
apertado (sapatos ~s)	ciešs	[tsiɛʃs]

apropriado	piepilsētas	[piɛpilsɛ:tas]
arriscado	riskants	[riskants]
artificial	mākslīgs	[ma:ksli:gs]
azedo	skābs	[ska:bs]

| baixo (voz ~a) | kluss | [klus] |
| barato | lēts | [le:ts] |

| belo | brīnišķīgs | [bri:niʃtʲi:gs] |
| bom | labs | [labs] |

bondoso	labs	[labs]
bonito	skaists	[skaists]
bronzeado	nosauļojies	[nɔsaulʲɔjiɛs]
burro, estúpido	muļķīgs	[mulʲtʲi:gs]
calmo	mierīgs	[miɛri:gs]

cansado	noguris	[nɔguris]
cansativo	nogurdinošs	[nɔgurdinɔʃs]
carinhoso	rūpīgs	[ru:pi:gs]
caro	dārgs	[da:rgs]
cego	akls	[akls]

central	centrālais	[tsentra:lais]
cerrado (ex. nevoeiro ~)	biezs	[biɛzs]
cheio (ex. copo ~)	pilns	[pilns]
civil	pilsonisks	[pilsɔnisks]

clandestino	pagrīdes	[pagri:des]
claro	gaišs	[gaiʃs]
claro (explicação ~a)	skaidrs	[skaidrs]
compatível	savietojams	[saviɛtɔjams]

comum, normal	parasts	[parasts]
congelado	iesaldēts	[iɛsalde:ts]
conjunto	kopējs	[kɔpe:js]
considerável	nozīmīgs	[nɔʐi:mi:gs]
contente	apmierināts	[apmiɛrina:ts]

contínuo	ilgstošs	[ilgstɔʃs]
contrário (ex. o efeito ~)	pretējs	[prɛte:js]
correto (resposta ~a)	pareizs	[parɛizs]
cru (não cozinhado)	jēls	[jɛ:ls]
curto	īss	[i:s]

de curta duração	īslaicīgs	[i:slaitsi:gs]
de sol, ensolarado	saulains	[saulains]
de trás	aizmugures	[aizmugures]
denso (fumo, etc.)	blīvs	[bli:vs]
desanuviado	bez mākoņiem	[bez ma:kɔɲiɛm]

descuidado	paviršs	[pavirʃs]
diferente	atšķirīgs	[atʃtʲiri:gs]
difícil	grūts	[gru:ts]
difícil, complexo	sarežģīts	[sareʒdʲi:ts]
direito	labais	[labais]

distante	tāls	[ta:ls]
diverso	dažādi	[daʒa:di]
doce (açucarado)	salds	[salds]
doce (água)	sājš	[sa:jʃ]
doente	slims	[slims]
duro (material ~)	ciets	[tsiɛts]
educado	laipns	[laipns]

encantador	mīļš	[mi:lʃ]
enigmático	noslēpumains	[nɔslɛ:pumains]
enorme	milzīgs	[milzi:gs]
escuro (quarto ~)	tumšs	[tumʃs]
especial	speciāls	[spetsia:ls]
esquerdo	kreisais	[krɛisais]
estrangeiro	ārzemju	[a:rzemju]
estreito	šaurs	[ʃaurs]
exato	precīzs	[pretsi:zs]
excelente	lielisks	[liɛlisks]
excessivo	pārmērīgs	[pa:rme:ri:gs]
externo	ārējs	[a:re:js]
fácil	vienkāršs	[viɛnka:rʃs]
faminto	izsalcis	[izsaltsis]
fechado	slēgts	[sle:gts]
feliz	laimīgs	[laimi:gs]
fértil (terreno ~)	auglīgs	[augli:gs]
forte (pessoa ~)	spēcīgs	[spe:tsi:gs]
fraco (luz ~a)	blāvs	[bla:vs]
frágil	trausls	[trausls]
fresco	vēss	[ve:s]
fresco (pão ~)	svaigs	[svaigs]
frio	auksts	[auksts]
gordo	trekns	[trekns]
gostoso	garšīgs	[garʃi:gs]
grande	liels	[liɛls]
gratuito, grátis	bez maksas	[bez maksas]
grosso (camada ~a)	biezs	[biɛzs]
hostil	naidīgs	[naidi:gs]
húmido	mitrs	[mitrs]

251. Modificadores. Adjetivos. Parte 2

igual	vienāds	[viɛna:ds]
imóvel	nekustīgs	[nɛkusti:gs]
importante	svarīgs	[svari:gs]
impossível	neiespējams	[nɛiɛspe:jams]
incompreensível	neskaidrs	[neskaidrs]
indigente	ubags	[ubags]
indispensável	nepieciešamais	[nepiɛtsiɛʃamais]
inexperiente	nepieredzējis	[nepiɛredze:jis]
infantil	bērnu	[be:rnu]
ininterrupto	nepārtraukts	[nɛpa:rtraukts]
insignificante	mazsvarīgs	[mazsvari:gs]
inteiro (completo)	vesels	[vɛsɛls]
inteligente	gudrs	[gudrs]

interno	iekšējs	[iɛkʃeːjs]
jovem	jauns	[jauns]
largo (caminho ~)	plats	[plats]
legal	likumīgs	[likumiːgs]
leve	viegls	[viɛgls]

limitado	ierobežots	[iɛrɔbeʒɔts]
limpo	tīrs	[tiːrs]
líquido	šķidrs	[ʃtʲidrs]
liso	gluds	[gluds]
liso (superfície ~a)	līdzens	[liːdzens]

livre	brīvs	[briːvs]
longo (ex. cabelos ~s)	garšīgs	[garʃiːgs]
maduro (ex. fruto ~)	nogatavojies	[nɔgatavɔjiɛs]
magro	vājš	[vaːjʃ]
magro (pessoa)	vājš	[vaːjʃ]

mais próximo	tuvākais	[tuvaːkais]
mais recente	pagājušais	[pagaːjuʃais]
mate, baço	matēts	[mateːts]
mau	slikts	[slikts]
meticuloso	akurāts	[akuraːts]

míope	tuvredzīgs	[tuvredziːgs]
mole	mīksts	[miːksts]
molhado	slapjš	[slapjʃ]
moreno	melnīgsnējs	[melniːgsneːjs]
morto	miris	[miris]

não difícil	viegls	[viɛgls]
não é clara	neskaidrs	[neskaidrs]
não muito grande	neliels	[neliɛls]
natal (país ~)	dzimtā	[dzimtaː]
necessário	vajadzīgs	[vajadziːgs]

negativo	negatīvs	[nɛgatiːvs]
nervoso	nervozs	[nervɔzs]
normal	normāls	[nɔrmaːls]
novo	jauns	[jauns]
o mais importante	vissvarīgākais	[visvariːgaːkais]

obrigatório	obligāts	[ɔbligaːts]
original	oriģināls	[ɔridʲinaːls]
passado	pagājušais	[pagaːjuʃais]
pequeno	mazs	[mazs]
perigoso	bīstams	[biːstams]

permanente	pastāvīgs	[pastaːviːgs]
porto	tuvākais	[tuvaːkais]
pesado	smags	[smags]
pessoal	privātais	[privaːtais]
plano (ex. ecrã ~ a)	plakans	[plakans]

pobre	nabags	[nabags]
pontual	punktuāls	[punktuaːls]

possível	iespējamais	[iɛspe:jamais]
pouco fundo	sekls	[sekls]
presente (ex. momento ~)	pašreizējs	[paʃrɛize:js]
prévio	iepriekšējs, agrāks	[iɛpriɛkʃe:js], [agra:ks]
primeiro (principal)	pamata	[pamata]
principal	galvenais	[galvɛnais]
privado	privātais	[priva:tais]
provável	varbūtējs	[varbu:te:js]
próximo	netāls	[nɛta:ls]
público	sabiedrisks	[sabiɛdrisks]
quente (cálido)	karsts	[karsts]
quente (morno)	silts	[silts]
rápido	ātrs	[a:trs]
raro	rets	[rets]
remoto, longínquo	attāls	[atta:ls]
reto	taisns	[taisns]
salgado	sāļš	[sa:lʲʃ]
satisfeito	apmierināts	[apmiɛrina:ts]
seco	sauss	[saus]
seguinte	nākamais	[na:kamais]
seguro	drošs	[drɔʃs]
similar	līdzīgs	[li:dzi:gs]
simples	vienkāršs	[viɛnka:rʃs]
soberbo	lielisks	[liɛlisks]
sólido	izturīgs	[izturi:gs]
sombrio	drūms	[dru:ms]
sujo	netīrs	[neti:rs]
superior	augstākais	[augsta:kais]
suplementar	papildu	[papildu]
terno, afetuoso	maigs	[maigs]
tranquilo	mierīgs	[miɛri:gs]
transparente	dzidrs	[dzidrs]
triste (pessoa)	skumjš	[skumjʃ]
triste (um ar ~)	skumjš	[skumjʃ]
último	pēdējais	[pɛ:de:jais]
único	unikāls	[unika:ls]
usado	lietots	[liɛtɔts]
vazio (meio ~)	tukšs	[tukʃs]
velho	vecs	[vets]
vizinho	kaimiņu	[kaimiɲu]

500 VERBOS PRINCIPAIS

252. Verbos A-B

aborrecer-se (vr)	garlaikoties	[garlaikotiɛs]
abraçar (vt)	apskaut	[apskaut]
abrir (~ a janela)	atvērt	[atve:rt]
acalmar (vt)	nomierināt	[nɔmiɛrina:t]
acariciar (vt)	glaudīt	[glaudi:t]
acenar (vt)	māt	[ma:t]
acender (~ uma fogueira)	iedegt	[iɛdegt]
achar (vt)	uzskatīt	[uzskati:t]
acompanhar (vt)	pavadīt	[pavadi:t]
aconselhar (vt)	dot padomu	[dɔt padɔmu]
acordar (despertar)	modināt	[mɔdina:t]
acrescentar (vt)	pievienot	[piɛviɛnɔt]
acusar (vt)	apsūdzēt	[apsu:dze:t]
adestrar (vt)	dresēt	[drɛse:t]
adivinhar (vt)	uzminēt	[uzmine:t]
admirar (vt)	būt sajūsmā	[bu:t saju:sma:]
advertir (vt)	brīdināt	[bri:dina:t]
afirmar (vt)	apgalvot	[apgalvɔt]
afogar-se (pessoa)	slīkt	[sli:kt]
afugentar (vt)	padzīt	[padzi:t]
agir (vi)	rīkoties	[ri:kɔtiɛs]
agitar, sacudir (objeto)	kratīt	[krati:t]
agradecer (vt)	pateikties	[patɛiktiɛs]
ajudar (vt)	palīdzēt	[pali:dze:t]
alcançar (objetivos)	panākt	[pana:kt]
alimentar (dar comida)	barot	[barɔt]
almoçar (vi)	pusdienot	[pusdiɛnɔt]
alugar (~ o barco, etc.)	nomāt	[nɔma:t]
alugar (~ um apartamento)	īrēt	[i:re:t]
amar (pessoa)	mīlēt	[mi:le:t]
amarrar (vt)	sasiet	[sasiɛt]
ameaçar (vt)	draudēt	[draude:t]
amputar (vt)	amputēt	[ampute:t]
anotar (escrever)	atzīmēt	[atzi:me:t]
anular, cancelar (vt)	atcelt	[attselt]
apagar (com apagador, etc.)	izdzēst	[izdze:st]
apagar (um incêndio)	dzēst	[dze:st]
apaixonar-se de ...	iemīlēties ...	[iɛmi:le:ties ...]

aparecer (vi)	parādīties	[para:di:tiɛs]
aplaudir (vi)	aplaudēt	[aplaude:t]
apoiar (vt)	atbalstīt	[atbalsti:t]
apontar para ...	tēmēt uz ...	[tɛ:me:t uz ...]
apresentar (alguém a alguém)	iepazīstināt	[iɛpazi:stina:t]
apresentar (Gostaria de ~)	stādīt priekšā	[sta:di:t priɛkʃa:]
apressar (vt)	steidzināt	[stɛidzina:t]
apressar-se (vr)	steigties	[stɛigtiɛs]
aproximar-se (vr)	tuvoties	[tuvɔtiɛs]
aquecer (vt)	sildīt	[sildi:t]
arrancar (vt)	noraut	[nɔraut]
arranhar (gato, etc.)	skrāpēt	[skra:pe:t]
arrepender-se (vr)	nožēlot	[nɔʒe:lɔt]
arriscar (vt)	riskēt	[riske:t]
arrumar, limpar (vt)	uzkopt	[uzkɔpt]
aspirar a ...	tiekties	[tiɛktiɛs]
assinar (vt)	parakstīt	[paraksti:t]
assistir (vt)	asistēt	[asiste:t]
atacar (vt)	uzbrukt	[uzbrukt]
atar (vt)	piesiet	[piɛsiɛt]
atirar (vi)	šaut	[ʃaut]
atracar (vi)	pietauvot	[piɛtauvɔt]
aumentar (vi)	palielināties	[paliɛlina:tiɛs]
aumentar (vt)	palielināt	[paliɛlina:t]
avançar (sb. trabalhos, etc.)	virzīties	[virzi:tiɛs]
avistar (vt)	ieraudzīt	[iɛraudzi:t]
baixar (guindaste)	nolaist zemāk	[nɔlaist zɛma:k]
barbear-se (vr)	skūties	[sku:tiɛs]
basear-se em ...	pamatoties uz ...	[pamatɔties uz ...]
bastar (vi)	pietikt	[piɛtikt]
bater (espancar)	sist	[sist]
bater (vi)	klauvēt	[klauve:t]
bater-se (vr)	kauties	[kautiɛs]
beber, tomar (vt)	dzert	[dzert]
brilhar (vi)	spīdēt	[spi:de:t]
brincar, jogar (crianças)	spēlēt	[spɛ:le:t]
buscar (vt)	meklēt ...	[mekle:t ...]

253. Verbos C-D

caçar (vi)	medīt	[medi:t]
calar-se (parar de falar)	apklust	[apklust]
calcular (vt)	skaitīt	[skaiti:t]
carregar (o caminhão)	iekraut	[iɛkraut]
carregar (uma arma)	ielādēt	[iɛla:de:t]

casar-se (vr)	apprecēties	[appretse:tiɛs]
causar (vt)	būt par iemeslu ...	[bu:t par iɛmeslu ...]
cavar (vt)	rakt	[rakt]

ceder (não resistir)	atkāpties	[atka:ptiɛs]
cegar, ofuscar (vt)	apžilbināt	[apʒilbina:t]
censurar (vt)	pārmest	[pa:rmest]
cessar (vt)	pārtraukt	[pa:rtraukt]

chamar (~ por socorro)	saukt	[saukt]
chamar (dizer em voz alta o nome)	saukt	[saukt]
chegar (a algum lugar)	nokļūt galapunktā	[nɔklʲu:t galapunkta:]
chegar (sb. comboio, etc.)	ierasties	[iɛrastiɛs]

cheirar (tem o cheiro)	smaržot	[smarʒɔt]
cheirar (uma flor)	ostīt	[ɔsti:t]
chorar (vi)	raudāt	[rauda:t]
citar (vt)	citēt	[tsite:t]

colher (flores)	plūkt	[plu:kt]
colocar (vt)	nolikt	[nɔlikt]
combater (vi, vt)	cīnīties	[tsi:ni:tiɛs]
começar (vt)	sākt	[sa:kt]

comer (vt)	ēst	[ɛ:st]
comparar (vt)	salīdzināt	[sali:dzina:t]
compensar (vt)	kompensēt	[kɔmpense:t]
competir (vi)	konkurēt	[kɔnkure:t]

complicar (vt)	sarežģīt	[sareʒdʲi:t]
compor (vt)	sacerēt	[satsɛre:t]
comportar-se (vr)	uzvesties	[uzvestiɛs]
comprar (vt)	pirkt	[pirkt]

compreender (vt)	saprast	[saprast]
comprometer (vt)	kompromitēt	[kɔmprɔmite:t]
concentrar-se (vr)	koncentrēties	[kɔntsentre:tiɛs]
concordar (dizer "sim")	piekrist	[piɛkrist]

condecorar (dar medalha)	apbalvot	[apbalvɔt]
conduzir (~ o carro)	vadīt mašīnu	[vadi:t maʃi:nu]
confessar-se (criminoso)	atzīties	[atzi:tiɛs]
confiar (vt)	uzticēt	[uztitse:t]

confundir (equivocar-se)	sajaukt	[sajaukt]
conhecer (vt)	pazīt	[pazi:t]
conhecer-se (vr)	iepazīties	[iɛpazi:tiɛs]
consertar (vt)	sakārtot	[saka:rtɔt]

consultar ...	konsultēties ar ...	[kɔnsulte:ties ar ...]
contagiar-se com ...	inficēties	[infitse:tiɛs]
contar (vt)	stāstīt	[sta:sti:t]
contar com ...	paļauties uz ...	[palʲauties uz ...]
continuar (vt)	turpināt	[turpina:t]
contratar (vt)	algot	[algɔt]

controlar (vt)	kontrolēt	[kontrole:t]
convencer (vt)	pārliecināt	[pa:rliɛtsina:t]
convidar (vt)	ielūgt	[iɛlu:gt]

cooperar (vi)	sadarboties	[sadarbotiɛs]
coordenar (vt)	koordinēt	[koordine:t]
corar (vi)	nosarkt	[nosarkt]
correr (vi)	bēgt	[be:gt]
corrigir (vt)	labot	[labot]

cortar (com um machado)	nocirst	[notsirst]
cortar (vt)	nogriezt	[nogriɛzt]
cozinhar (vt)	gatavot	[gatavot]
crer (pensar)	ticēt	[titse:t]
criar (vt)	izveidot	[izvɛidot]

cultivar (vt)	audzēt	[audze:t]
cuspir (vi)	spļaut	[spļaut]
custar (vt)	maksāt	[maksa:t]
dar (vt)	dot	[dot]

dar banho, lavar (vt)	peldināt	[peldina:t]
datar (vi)	datēt	[date:t]
decidir (vt)	lemt	[lemt]
decorar (enfeitar)	izrotāt	[izrota:t]
dedicar (vt)	veltīt	[velti:t]

defender (vt)	aizstāvēt	[aizsta:ve:t]
defender-se (vr)	aizstāvēties	[aizsta:ve:tiɛs]
deixar (~ a mulher)	pamest	[pamest]
deixar (esquecer)	aizmirst	[aizmirst]

deixar (permitir)	ļaut	[ļaut]
deixar cair (vt)	nomest	[nomest]
denominar (vt)	nosaukt	[nosaukt]
denunciar (vt)	denuncēt	[denuntse:t]
depender de ... (vi)	atkarāties no ...	[atkara:ties no ...]

derramar (vt)	izliet	[izliɛt]
derramar-se (vr)	izbirt	[izbirt]
desaparecer (vi)	pazust	[pazust]
desatar (vt)	atraisīt	[atraisi:t]
desatracar (vi)	atiet no krasta	[atiɛt no krasta]

descansar (um pouco)	atpūsties	[atpu:stiɛs]
descer (para baixo)	nokāpt	[noka:pt]
descobrir (novas terras)	atklāt	[atkla:t]
descolar (avião)	uzlidot	[uzlidot]

desculpar (vt)	piedot	[piɛdot]
desculpar-se (vr)	atvainoties	[atvainotiɛs]
desejar (vt)	vēlēties	[vɛ:le:tiɛs]
desempenhar (vt)	tēlot	[te:lot]

desligar (vt)	izslēgt	[izsle:gt]
desprezar (vt)	nicināt	[nitsina:t]

destruir (documentos, etc.)	iznīcināt	[izni:tsina:t]
dever (vi)	būt pienācīgam	[bu:t piɛna:tsi:gam]
devolver (vt)	sūtīt atpakaļ	[su:ti:t atpakalʲ]

direcionar (vt)	nosūtīt	[nɔsu:ti:t]
dirigir (~ uma empresa)	vadīt	[vadi:t]
dirigir-se	griezties pie	[griɛzties piɛ]
(a um auditório, etc.)		
discutir (notícias, etc.)	apspriest	[apspriɛst]

distribuir (folhetos, etc.)	izplatīt	[izplati:t]
distribuir (vt)	izdalīt	[izdali:t]
divertir (vt)	izklaidēt	[izklaide:t]
divertir-se (vr)	līksmot	[li:ksmɔt]

dividir (mat.)	dalīt	[dali:t]
dizer (vt)	teikt	[tɛikt]
dobrar (vt)	dubultot	[dubultɔt]
duvidar (vt)	šaubīties	[ʃaubi:tiɛs]

254. Verbos E-J

elaborar (uma lista)	sastādīt	[sasta:di:t]
elevar-se acima de ...	izcelties	[iztseltiɛs]
eliminar (um obstáculo)	novērst	[nɔvɛ:rst]
embrulhar (com papel)	iesaiņot	[iɛsaiɲot]

emergir (submarino)	uzpeldēt	[uzpelde:t]
emitir (vt)	izplatīt	[izplati:t]
empreender (vt)	uzsākt	[uzsa:kt]
empurrar (vt)	stumt	[stumt]

encabeçar (vt)	būt priekšgalā	[bu:t priɛkʃgala:]
encher (~ a garrafa, etc.)	piepildīt	[piɛpildi:t]
encontrar (achar)	atrast	[atrast]
enganar (vt)	krāpt	[kra:pt]

ensinar (vt)	apmācīt	[apma:tsi:t]
entrar (na sala, etc.)	ieiet	[iɛiɛt]
enviar (uma carta)	nosūtīt	[nɔsu:ti:t]
equipar (vt)	iekārtot	[iɛka:rtɔt]

errar (vi)	kļūdīties	[klʲu:di:tiɛs]
escolher (vt)	izvēlēties	[izvɛ:le:tiɛs]
esconder (vt)	slēpt	[sle:pt]
escrever (vt)	rakstīt	[raksti:t]

escutar (vt)	klausīt	[klausi:t]
escutar atrás da porta	noklausīties	[nɔklausi:tiɛs]
esmagar (um inseto, etc.)	nospiest	[nɔspiɛst]
esperar (contar com)	gaidīt	[gaidi:t]

esperar (o autocarro, etc.)	gaidīt	[gaidi:t]
esperar (ter esperança)	cerēt	[tsɛre:t]

espreitar (vi)	noskatīties	[nɔskati:tiɛs]
esquecer (vt)	aizmirst	[aizmirst]
estar	atrasties	[atrastiɛs]

estar convencido	pārliecināties	[pa:rliɛtsina:tiɛs]
estar deitado	gulēt	[gule:t]
estar perplexo	būt neizpratnē	[bu:t nɛizpratne:]

estar sentado	sēdēt	[sɛ:de:t]
estremecer (vi)	satrūkties	[satru:ktiɛs]
estudar (vt)	pētīt	[pe:ti:t]
evitar (vt)	izvairīties	[izvairi:tiɛs]

examinar (vt)	izskatīt	[izskati:t]
exigir (vt)	pieprasīt	[piɛprasi:t]
existir (vi)	eksistēt	[eksiste:t]
explicar (vt)	paskaidrot	[paskaidrɔt]

expressar (vt)	izteikt	[iztɛikt]
expulsar (vt)	izslēgt	[izsle:gt]
facilitar (vt)	atvieglot	[atviɛglɔt]
falar com ...	sarunāties ar ...	[saruna:ties ar ...]

faltar a ...	kavēt	[kave:t]
fascinar (vt)	savaldzināt	[savaldzina:t]
fatigar (vt)	nogurdināt	[nɔgurdina:t]
fazer (vt)	darīt	[dari:t]

fazer lembrar	atgādināt	[atga:dina:t]
fazer piadas	jokot	[jɔkɔt]
fazer uma tentativa	mēģināt	[me:dʲina:t]
fechar (vt)	aizvērt	[aizve:rt]
felicitar (dar os parabéns)	apsveikt	[apsvɛikt]

ficar cansado	nogurt	[nɔgurt]
ficar em silêncio	klusēt	[kluse:t]
ficar pensativo	kļūt domīgam	[klʲu:t dɔmi:gam]
forçar (vt)	piespiest	[piɛspiɛst]
formar (vt)	izglītot	[izgli:tɔt]

fotografar (vt)	fotografēt	[fɔtɔgrafe:t]
gabar-se (vr)	lielīties	[liɛli:tiɛs]
garantir (vt)	garantēt	[garante:t]
gostar (apreciar)	patikt	[patikt]

gostar (vt)	cienīt	[tsiɛni:t]
gritar (vi)	kliegt	[kliɛgt]
guardar (cartas, etc.)	glabāt	[glaba:t]
guardar (no armário, etc.)	aizvākt	[aizva:kt]
guerrear (vt)	karot	[karɔt]

herdar (vt)	mantot	[mantɔt]
iluminar (vt)	apgaismot	[apgaismɔt]
imaginar (vt)	iedomāties	[iɛdɔma:tiɛs]
imitar (vt)	imitēt	[imite:t]
implorar (vt)	ļoti lūgt	[lʲɔti lu:gt]

importar (vt)	importēt	[impɔrte:t]
indicar (orientar)	norādīt	[nɔra:di:t]
indignar-se (vr)	paust sašutumu	[paust saʃutumu]

infetar, contagiar (vt)	inficēt	[infitse:t]
influenciar (vt)	ietekmēt	[iɛtekme:t]
informar (fazer saber)	ziņot	[ziɲɔt]
informar (vt)	informēt	[infɔrme:t]

informar-se (~ sobre)	uzzināt	[uzzina:t]
inscrever (na lista)	ierakstīt	[iɛraksti:t]
inserir (vt)	ielikt	[iɛlikt]
insinuar (vt)	netieši norādīt	[netiɛʃi nɔra:di:t]

insistir (vi)	uzstāt	[uzsta:t]
inspirar (vt)	iedvesmot	[iɛdvesmɔt]
instruir (vt)	instruēt	[instrue:t]
insultar (vt)	aizvainot	[aizvainɔt]

interessar (vt)	interesēt	[intɛrɛse:t]
interessar-se (vr)	interesēties	[intɛrɛse:tiɛs]
intervir (vi)	iejaukties	[iɛjauktiɛs]
invejar (vt)	apskaust	[apskaust]

inventar (vt)	izgudrot	[izgudrɔt]
ir (a pé)	iet	[iɛt]
ir (de carro, etc.)	braukt	[braukt]
ir nadar	peldēties	[pelde:tiɛs]

ir para a cama	iet gulēt	[iɛt gule:t]
irritar (vt)	kaitināt	[kaitina:t]
irritar-se (vr)	dusmoties	[dusmɔtiɛs]
isolar (vt)	izolēt	[izɔle:t]

jantar (vi)	vakariņot	[vakariɲɔt]
jogar, atirar (vt)	mest	[mest]
juntar, unir (vt)	apvienot	[apviɛnɔt]
juntar-se a ...	pievienoties	[piɛviɛnɔtiɛs]

255. Verbos L-P

lançar (novo projeto)	palaist	[palaist]
lavar (vt)	mazgāt	[mazga:t]
lavar a roupa	mazgāt veļu	[mazga:t veļu]
lavar-se (vr)	mazgāties	[mazga:tiɛs]

lembrar (vt)	atcerēties	[attsɛre:tiɛs]
ler (vt)	lasīt	[lasi:t]
levantar-se (vr)	celties	[tseltiɛs]
levar (ex. leva isso daqui)	aiznest	[aiznest]

libertar (cidade, etc.)	atbrīvot	[atbri:vɔt]
ligar (o radio, etc.)	ieslēgt	[iɛsle:gt]
limitar (vt)	ierobežot	[iɛrɔbeʒɔt]

| limpar (eliminar sujeira) | tīrīt | [ti:ri:t] |
| limpar (vt) | attīrīt | [atti:ri:t] |

lisonjear (vt)	liekuļot	[liɛkuļot]
livrar-se de …	tikt vaļa no …	[tikt vaļa: no …]
lutar (combater)	karot	[karot]
lutar (desp.)	cīnīties	[tsi:ni:tiɛs]
marcar (com lápis, etc.)	atzīmēt	[atzi:me:t]

matar (vt)	nogalināt	[nogalina:t]
memorizar (vt)	iegaumēt	[iɛgaume:t]
mencionar (vt)	pieminēt	[piɛmine:t]
mentir (vi)	melot	[melot]

merecer (vt)	pelnīt	[pelni:t]
mergulhar (vi)	nirt	[nirt]
misturar (combinar)	sajaukt kopā	[sajaukt kopa:]
morar (vt)	dzīvot	[dzi:vot]

mostrar (vt)	rādīt	[ra:di:t]
mover (arredar)	pārvietot	[pa:rviɛtot]
mudar (modificar)	mainīt	[maini:t]
multiplicar (vt)	reizināt	[rɛizina:t]

nadar (vi)	peldēt	[pelde:t]
negar (vt)	noliegt	[noliɛgt]
negociar (vi)	vest pārrunas	[vest pa:rrunas]
nomear (função)	iecelt amatā	[iɛtselt amata:]

obedecer (vt)	paklausīt	[paklausi:t]
objetar (vt)	iebilst	[iɛbilst]
observar (vt)	novērot	[nove:rot]
ofender (vt)	aizvainot	[aizvainot]

olhar (vt)	skatīties	[skati:tiɛs]
omitir (vt)	izlaist garām	[izlaist gara:m]
ordenar (mil.)	pavēlēt	[pavɛ:le:t]
organizar (evento, etc.)	rīkot	[ri:kot]

ousar (vt)	uzdrošināties	[uzdroʃina:tiɛs]
ouvir (vt)	dzirdēt	[dzirde:t]
pagar (vt)	maksāt	[maksa:t]
parar (para descansar)	apstāties	[apsta:tiɛs]
parecer-se (vr)	būt līdzīgam	[bu:t li:dzi:gam]

participar (vi)	piedalīties	[piɛdali:tiɛs]
partir (~ para o estrangeiro)	aizbraukt	[aizbraukt]
passar (vt)	braukt garām	[braukt gara:m]
passar a ferro	gludināt	[gludina:t]

pecar (vi)	grēkot	[gre:kot]
pedir (comida)	pasūtīt	[pasu:ti:t]
pedir (um favor, etc.)	lūgt	[lu:gt]
pegar (tomar com a mão)	ķert	[tʲert]
pegar (tomar)	ņemt	[ɲemt]
pendurar (cortinas, etc.)	piekārt	[piɛka:rt]

penetrar (vt)	iekļūt	[iɛklʲuːt]
pensar (vt)	domāt	[domaːt]
pentear-se (vr)	ķemmēties	[tʲemmeːtiɛs]

perceber (ver)	pamanīt	[pamaniːt]
perder (o guarda-chuva, etc.)	pazaudēt	[pazaudeːt]
perdoar (vt)	piedot	[piɛdɔt]
permitir (vt)	atļaut	[atlʲaut]

pertencer a ...	piederēt	[piɛdɛreːt]
perturbar (vt)	traucēt	[trautseːt]
pesar (ter o peso)	svērt	[sveːrt]
pescar (vt)	zvejot	[zvejɔt]

planear (vt)	plānot	[plaːnɔt]
poder (vi)	spēt	[speːt]
pôr (posicionar)	izvietot	[izviɛtɔt]
possuir (vt)	pārvaldīt	[paːrvaldiːt]

predominar (vi, vt)	dominēt	[domineːt]
preferir (vt)	dot priekšroku	[dot priɛkʃrɔku]
preocupar (vt)	uztraukt	[uztraukt]
preocupar-se (vr)	uztraukties	[uztrauktiɛs]
preocupar-se (vr)	uztraukties	[uztrauktiɛs]

preparar (vt)	sagatavot	[sagatavɔt]
preservar (ex. ~ a paz)	saglabāt	[saglabaːt]
prever (vt)	paredzēt	[paredzeːt]
privar (vt)	atņemt	[atɲemt]

proibir (vt)	aizliegt	[aizliɛgt]
projetar, criar (vt)	projektēt	[projekteːt]
prometer (vt)	solīt	[soliːt]
pronunciar (vt)	izrunāt	[izrunaːt]

propor (vt)	piedāvāt	[piɛdaːvaːt]
proteger (a natureza)	apsargāt	[apsargaːt]
protestar (vi)	protestēt	[protesteːt]
provar (~ a teoria, etc.)	pierādīt	[piɛraːdiːt]

provocar (vt)	provocēt	[provɔtseːt]
publicitar (vt)	reklamēt	[reklameːt]
punir, castigar (vt)	sodīt	[sodiːt]
puxar (vt)	vilkt	[vilkt]

256. Verbos Q-Z

quebrar (vt)	lauzt	[lauzt]
queimar (vt)	dedzināt	[dedzinaːt]
queixar-se (vr)	sūdzēties	[suːdzeːtiɛs]
querer (desejar)	gribēt	[gribeːt]

| rachar-se (vr) | saplaisāt | [saplaisaːt] |
| realizar (vt) | īstenot | [iːstenɔt] |

| recomendar (vt) | ieteikt | [iɛtɛikt] |
| reconhecer (identificar) | atpazīt | [atpazi:t] |

reconhecer (o erro)	atzīt	[atzi:t]
recordar, lembrar (vt)	atcerēties	[attsɛre:tiɛs]
recuperar-se (vr)	atveseļoties	[atvɛseļʼotiɛs]
recusar (vt)	noraidīt	[nɔraidi:t]

reduzir (vt)	samazināt	[samazina:t]
refazer (vt)	pārtaisīt	[pa:rtaisi:t]
reforçar (vt)	stiprināt	[stiprina:t]
refrear (vt)	atturēt	[atture:t]

regar (plantas)	laistīt	[laisti:t]
remover (~ uma mancha)	likvidēt	[likvide:t]
reparar (vt)	izlabot	[izlabɔt]
repetir (dizer outra vez)	atkārtot	[atka:rtɔt]

reportar (vt)	ziņot	[ziɲɔt]
repreender (vt)	lamāt	[lama:t]
reservar (~ um quarto)	rezervēt	[rɛzerve:t]
resolver (o conflito)	nokārtot	[nɔka:rtɔt]
resolver (um problema)	risināt	[risina:t]

respirar (vi)	elpot	[elpɔt]
responder (vt)	atbildēt	[atbilde:t]
rezar, orar (vi)	lūgties	[lu:gtiɛs]
rir (vi)	smieties	[smiɛtiɛs]

romper-se (corda, etc.)	pārtrūkt	[pa:rtru:kt]
roubar (vt)	zagt	[zagt]
saber (vt)	zināt	[zina:t]
sair (~ de casa)	iziet	[iziɛt]

sair (livro)	iziet klajā	[iziɛt klaja:]
salvar (vt)	glābt	[gla:bt]
satisfazer (vt)	apmierināt	[apmiɛrina:t]
saudar (vt)	pasveicināt	[pasvɛitsina:t]
secar (vt)	žāvēt	[ʒa:ve:t]

seguir ...	sekot ...	[sekɔt ...]
selecionar (vt)	atlasīt	[atlasi:t]
semear (vt)	sēt	[se:t]
sentar-se (vr)	apsēsties	[apse:stiɛs]

sentenciar (vt)	piespriest	[piɛspriɛst]
sentir (~ perigo)	sajust	[sajust]
ser diferente	atšķirties	[atʃķirtiɛs]

ser indispensável	būt pieprasītam	[bu:t piɛprasi:tam]
ser necessário	būt vajadzīgam	[bu:t vajadzi:gam]
ser preservado	saglabāties	[saglaba:tiɛs]
ser, estar	būt	[bu:t]

| servir (restaurant, etc.) | apkalpot | [apkalpɔt] |
| servir (roupa) | derēt | [dɛre:t] |

significar (palavra, etc.)	nozīmēt	[nɔzi:me:t]
significar (vt)	nozīmēt	[nɔzi:me:t]
simplificar (vt)	vienkāršot	[viɛnka:rʃɔt]

sobrestimar (vt)	pārvērtēt	[pa:rve:rte:t]
sofrer (vt)	ciest	[tsiɛst]
sonhar (vi)	sapņot	[sapɲɔt]
sonhar (vt)	sapņot	[sapɲɔt]
soprar (vi)	pūst	[pu:st]

sorrir (vi)	smaidīt	[smaidi:t]
subestimar (vt)	par zemu vērtēt	[par zɛmu ve:rte:t]
sublinhar (vt)	pasvītrot	[pasvi:trɔt]
sujar-se (vr)	notraipīties	[nɔtraipi:tiɛs]

supor (vt)	pieņemt	[piɛɲemt]
suportar (as dores)	ciest	[tsiɛst]
surpreender (vt)	pārsteigt	[pa:rstɛigt]
surpreender-se (vr)	brīnīties	[bri:ni:tiɛs]
suspeitar (vt)	turēt aizdomās	[ture:t aizdɔma:s]

suspirar (vi)	uzelpot	[uzelpɔt]
tentar (vt)	mēģināt	[me:dʲina:t]
ter (vt)	piederēt, būt	[piɛdɛre:t], [bu:t]
ter medo	baidīties	[baidi:tiɛs]

terminar (vt)	beigt	[bɛigt]
tirar (vt)	noņemt	[nɔɲemt]
tirar cópias	pavairot	[pavairɔt]
tirar uma conclusão	sniegt slēdzienu	[sniɛgt sle:dziɛnu]

tocar (com as mãos)	pieskarties	[piɛskartiɛs]
tomar emprestado	aizņemties	[aizɲemtiɛs]
tomar nota	pierakstīt	[piɛraksti:t]
tomar o pequeno-almoço	brokastot	[brɔkastɔt]

tornar-se (ex. ~ conhecido)	kļūt par	[klʲu:t par]
trabalhar (vi)	strādāt	[stra:da:t]
traduzir (vt)	tulkot	[tulkɔt]
transformar (vt)	transformēt	[transfɔrme:t]

tratar (a doença)	ārstēt	[a:rste:t]
trazer (vt)	atvest	[atvest]
treinar (pessoa)	trenēt	[trɛne:t]
treinar-se (vr)	trenēties	[trɛne:tiɛs]
tremer (de frio)	trīcēt	[tri:tse:t]

trocar (vt)	apmainīties	[apmaini:tiɛs]
trocar, mudar (vt)	mainīt	[maini:t]
usar (uma palavra, etc.)	lietot	[liɛtɔt]
utilizar (vt)	lietot	[liɛtɔt]
vacinar (vt)	potēt	[pɔte:t]

vender (vt)	pārdot	[pa:rdɔt]
verter (encher)	ieliet	[iɛliɛt]
vingar (vt)	atriebties	[atriɛbtiɛs]

| virar (ex. ~ à direita) | pagriezt | [pagriɛzt] |
| virar (pedra, etc.) | apgriezt apkārt | [apgriɛzt apkaːrt] |

virar as costas	novērsties	[nɔvɛːrstiɛs]
viver (vi)	dzīvot	[dziːvot]
voar (vi)	lidot	[lidot]
voltar (vi)	atgriezties	[atgriɛztiɛs]

votar (vi)	balsot	[balsot]
zangar (vt)	dusmot	[dusmot]
zangar-se com ...	dusmoties uz ...	[dusmoties uz ...]
zombar (vt)	zoboties	[zɔbotiɛs]

www.ingramcontent.com/pod-product-compliance
Lightning Source LLC
Chambersburg PA
CBHW071328090426
42738CB00012B/2824